Staats-

und

völkerrechtliche Abhandlungen.

Herausgegeben

von

Dr. Georg Jellinek und **Dr. Georg Meyer,**

Professoren der Rechte in Heidelberg.

II. 1: Die Selbstverwaltung in politischer und juristischer Bedeutung. Von Dr. Julius Hatschek.

Leipzig,

Verlag von Duncker & Humblot.

1898.

Die

Selbstverwaltung

in

politischer und juristischer Bedeutung.

Von

Dr. Julius Hatschek.

Leipzig,
Verlag von Duncker & Humblot.
1898.

Vorwort.

Trotz der bahnbrechenden Untersuchungen von Laband und Rosin ist die Frage nach dem Begriffe der Selbstverwaltung noch nicht als endgültig beantwortet anzusehen. Noch in jüngster Zeit konnte O. Mayer (Deutsches Verwaltungsrecht 1896, II, 372) sagen, dafs sich der Begriff der Selbstverwaltung in einem „durch Juristen und Politiker geschaffenen Schwebezustande“ befinde. Vorliegende Abhandlung versucht nun, diesem Schwebezustande ein Ende zu machen. Sie will nicht eine detaillierte Beschreibung der Selbstverwaltung jedes Landes geben. Sie strebt nur an, die Idee der Selbstverwaltung historisch zu erfassen, um so auf Grund des gewonnenen Resultats die politische Bedeutung jeder Selbstverwaltung von ihren juristischen Bestandteilen zu sondern, kurz ein judicium finium regundorum zwischen der politischen und juristischen Bedeutung des Selbstverwaltungsbegriffs vorzunehmen.

Heidelberg im August 1897.

Der Verfasser.

Inhaltsverzeichnis.

Erster Teil.

Die Komposition des modernen Selbstverwaltungsbegriffes als historische Grundlegung.

Zweiter Teil.

Die politische Selbstverwaltung und ihre juristischen Elemente.

Anhang.

Erster Teil.

Die Komposition des modernen Selbstverwaltungsbegriffes als historische Grundlegung.

Erstes Kapitel.

Das englische Local Selfgovernment im 18. Jahrhundert.

I.

Schon die straffe Herrschaft der Normannenkönige hatte den englischen Staat zur Einheit mit eigenen Staatsaufgaben zusammengeschweifst. Dafs unter den letztern Heer- und Gerichtswesen die wesentlichsten seien, war schon der angelsächsischen[1] Zeit nicht fremd und ist im Laufe der Jahrhunderte, insbesondere unter den Normannenkönigen, zur feststehenden Thatsache geworden. Das Polizeiwesen mit seinem Hauptinhalt der Sicherheitspolizei hatte sich im engsten Anschlufs an die Strafgerichtsbarkeit entwickelt, war ebenfalls schon seit der angelsächsischen Periode als Staatsaufgabe erkannt[2] und im System der sog. Gesamtbürgschaft einer wenn auch unvollkommenen Lösung zugeführt worden[3]. Die Thätigkeit des mittelalterlichen Staates

[1] S. Francqueville, l'organisation judiciaire en Angleterre, Paris 1893, t. I p. 128 ff.

[2] Gneist, Geschichte des engl. Selfgovernments, 1863, I S. 22 ff. Stubbs, Constitutional history of England, 1895, I p. 96 ff.

[3] Da damit nur die bessere Verfolgung des Verbrechers und eine wirksamere Einziehung der verwirkten Geldbufsen bezweckt war. S. Gneist a. a. O.

war damit auch erschöpft. Es will schon viel sagen, wenn der englische Staat — und hierin liegt der gewaltige Unterschied von dem Kontinent — diese Probleme als Staatsaufgaben erfafst hatte.

Als aber gegen Ausgang des Mittelalters die Leibeigenschaft verschwand [1] und durch die Form des freien Lohn- und Pachtvertrages ersetzt wurde, da wurden früher nur latente Gemeinbedürfnisse frei, denen gegenüber die Staatsgesetzgebung sich nicht verschliefsen konnte. — Kurz, ein System der Gewerbe-, Sitten- und Arbeitspolizei wurde notwendig. Die englische Gesetzgebung unter den Plantagenets löste diese Aufgaben teils durch deren Aufteilung an schon bestehende Staatsorgane, teils durch Schaffung des Friedensrichteramts [2], ohne den Verwaltungsorganismus in erheblicher Weise zu verändern.

Mit der Reformation, die in England einer Inkorporierung der Kirche in den Staat gleichkam, wurde es auch notwendig, die bis zu der Zeit von der Kirche besorgte Armenpflege als Staatsaufgabe zu übernehmen. Das Kirchspiel bot den geeignetsten Anknüpfungspunkt auch für die staatliche Armenpflege. Ja noch mehr, der Staat fand in demselben überhaupt die geeignetste Grundlage seines Verwaltungsorganismus. So wurde denn auch an das Kirchspiel als untersten Kommunalverband die Wege- und Brückenpolizei angeknüpft. Diese hatte schon seit der angelsächsischen Zeit als Kommunallast bestanden, nur dafs sie seit dem 16. Jahrhundert den geänderten Verkehrsbedürfnissen entsprechend von ihrer Verbindung mit der Milizverwaltung [3]

---

[1] Seit dem 14. Jahrh. begannen massenhafte Emancipationen der Leibeigenen. S. Fischel, die Verfassung Englands S. 279. — Die vom Grundherrn geübte Gerichtsbarkeit wurde stets als Anomalie aufgefafst. Ihr Untergang erfolgte rapid. S. Vauthier, le government local de l'Angleterre, 1895, p. 15.

[2] S. darüber insbes. Francqueville a. a. O. p. 162 ff. Vauthier a. a. O. p. 33—40.

[3] Sie war ein Bestandteil der sog. trinoda necessitas, wie die alten Kommunallasten bezeichnet wurden. — S. Francqueville a. a. O. t. I p. 111. Stubbs a. a. O. I p. 82 ff.

losgelöst wurde, wo ihr nur eine ungleichmäfsige und zufällige Berücksichtigung zuteil geworden.

Das sind die Aufgaben, mit denen sich der englische Staat des 18. Jahrhunderts abzufinden hat; und wir finden das uns, die wir an der kontinentalen Verwaltungsgeschichte gebildet sind, überraschende Resultat: der Staat ersieht die zweckmäfsigste Lösung dieser Aufgaben, selbst des Heer- und Gerichtswesens, nur in der Heranziehung örtlich geschlossener Kollektivverbände[1].

Zwei Umstände haben dazu wesentlich beigetragen. Vor allem das Vorherrschen der Naturalwirtschaft und dann das frühe Erfassen jener Aufgaben als Staatsaufgaben. Beide Momente vereint erklären uns, dafs der Staat, als er bewufst die Kommunalverbände zur Lösung seiner Aufgaben heranzog, nicht plötzlich von einer „Idee“[2] erfafst wurde. Vielmehr hat der englische Staat anfangs aus wirtschaftlichen Ursachen und unter deren Druck die Unzulänglichkeit einer Erfüllung der Heer- und Gerichtspflicht auf anderem Wege als durch örtlich geschlossene Kollektivverbände verspürt und bitter empfunden. War ja doch das angelsächsische Reich hauptsächlich wegen des Verfalls der alten Grafschaftsmiliz[3] zu Grunde gegangen. Anfangs durch die Macht wirtschaftlicher Thatsachen gedrängt, suchte der englische Staat später ihrer Herr zu werden und rechnete ganz entschieden mit ihnen.

---

[1] Ich vermeide geflissentlich den Ausdruck „Gebietskörperschaft“. Dieser drückt eben nur aus, dafs der örtlich geschlossene Kollektivverband juristische Person sei. Wir werden jedoch — namentlich im englischen Recht — sehen, dafs es auch örtlich geschlossene Kollektivverbände giebt, die nicht juristische Personen sind. Da ich diesen Ausdruck sehr oft verwende, so verweise ich aufser auf die folgenden Ausführungen noch insbes. auf Bernatzik, Archiv für öff. Recht V. Bd. S. 249 ff.

[2] Eine „Idee“ im sog. „Rankeschen Sinne“. S. Lamprecht, alte und neue Richtungen in der Geschichtswissenschaft, 1896, und Rankes Ideenlehre und Jungrankianer, 1896, S. 56 ff.

[3] Gneist, Englische Verfassungsgeschichte S. 89. S. auch Noorden in Sybels hist. Zeitschrift 13. Bd. S. 27 ff. Diese Thatsache hängt mit der Decentralisation des angelsächsischen Reiches zusammen. Stubbs a. a. O. I p. 230 ff. Vauthier a. a. O. p. 11.

Anders war die Sache auf dem Kontinent; als man diese Aufgaben als Staatsaufgaben zu lösen unternahm, war der Übergang von der Natural- in die Geldwirtschaft bereits vollzogen.

Der englische Staat sah sich jedoch noch auf die persönlichen Dienste seiner Unterthanen angewiesen, als er an die Konsolidierung seines Heer- und Gerichtswesens ging.

Eine allgemeine Wehr- [1] und Gerichtspflicht setzt eine gewisse unabhängige sociale Position des Pflichtigen voraus, die diesem einen entsprechenden Zeit- und Kostenaufwand ermöglicht. Die Schaffung solch unabhängiger Position ist aber wegen der vorherrschenden Naturalwirtschaft nur durch örtlich geschlossene Kollektivverbände möglich [2]. Auch ist nur in diesen eine wirksame Kontrolle der Erfüllung dieser Pflichten zu finden. Im Gerichtswesen spielt noch der Umstand mit, dafs bei Mangel geschriebener Gesetze eine Rechtsfindung nur durch Rechtsüberzeugung der Nachbarn und ein genügendes Beweisverfahren nur im Nachbarverbande denkbar ist [3].

Dafs die Polizei, die sich als System der Friedensbewahrung im engsten Anschlufs an das Gerichtswesen entwickelt hatte, nur in örtlich geschlossenen Kollektivverbänden zu realisieren war [4], erscheint sonach begreiflich. Ähnlich

---

[1] Wir können auch hinzufügen „Polizeidienstpflicht". Denn diese gehört eben auch zur alten trinoda necessitas. Stubbs, Constitutional history I p. 213.

[2] Die ersten Ansätze dieser Erkenntnis finden sich schon unter dem angelsächsischen König Eadgar. Insbesondere aber in der Folgezeit sind es die Könige Heinrich II. und Richard I. Die Assize of arms (1181) verlangt ein ähnliches Kollektivzusammenwirken für Heereszwecke wie bereits unter Karl dem Grofsen das bekannte Capitulare von 807. S. Stubbs a. a. O. I p. 631 ff.

[3] Vauthier a. a. O. p. 13. Allerdings konnte die Parteilichkeit hier gefährlich werden. S. Gneist, engl. Selfgovernment I S. 73. Aber erstaunt blickt man auf den Verwaltungsapparat zurück, den die englischen Könige seit Heinrich I. in Anwendung bringen, um diesem Übelstand vorzubeugen. S. Hardy in seiner Ausgabe d. „Rotuli literarum clausarum", Introduction p. XXII ff.

[4] Auf andere Weise konnte das System der „Gesamtbürgschaft" (frankpledge) nicht durchgeführt werden. S. darüber Francqueville a. a. O. p. 562 et suiv.

die Wege- und Brückenpolizei, die in Anknüpfung an das System der Milizverwaltung entstanden war[1]. — Bezüglich der Armenpflege war ja von der Kirche schon von vornherein auf einen Kommunalverband, das Kirchspiel, verwiesen worden.

Es war demnach für den englischen Staat des 18. Jahrhunderts feststehende Maxime: die genannten Verwaltungsaufgaben nur durch örtlich geschlossene Kollektivverbände zu lösen. Diese waren: Grafschaft, Kirchspiel[2] und Städte.

II.

Die Grafschaft[3]. Die Heeres- und Gerichtsverwaltung sowie die Friedensbewahrung, die zum grofsen Teil mit unserer kontinentalen Sicherheitspolizei zusammenfällt, besorgt der Staat durch die Grafschaftsverbände (counties). Wie gewinnt er nun den entsprechenden Kollektivwillen des Grafschaftsverbandes? Durch zweckmäfsige Verteilung von Rechten an Individuen des Grafschaftsverbandes und, wo er ein genügendes Interesse nicht vorfindet, das er zum rechtlichen erheben könnte, durch Aufstellung staatsbürgerlicher Kommunalpflichten auf Grund seines imperium.

Vor allem das Heereskontingent der Grafschaftsmiliz ist nach Grafschaften aufgeteilt[4]. Daneben besteht aber die Wehrpflicht als ordentliche und persönliche Dienstpflicht für

---

[1] S. Stubbs, Constit. history I p. 213. Adolphus, the Political State of the Brit. Empire, 1818, vol. 11 p. 279/80.

[2] Hundert- und Zehntschaft waren im 18. Jahrh. nicht mehr selbstthätige Kollektivverbände. S. Gneist, Gesch. d. Selfgov. S. 360. Vauthier a. a. O. p. 82. 83. Allerdings waren sie es in der anglonormannischen Periode und in der Zeit der ersten Plantagenets. S. meinen Exkurs und aufserdem Vauthier a. a. O. p. 18. 19.

[3] Hauptwerk für diese Epoche: Adolphus, The political State of the British Empire, 1818, 4 vol.

[4] Durch die sog. additionel defence act 44 Geo. III c. 56. S. Adolphus a. a. O. vol. II p. 347. Die Grafschaftsmilizen zählen im 18. Jahrh. 800000 Mann, das stehende Heer blofs 260000 Mann. Adolphus a. a. O. II p. 285.

jeden, der einen Minimalbesitz von 100 £ in der Grafschaft hat. Doch ist diese Dienstpflicht nur als in der Grafschaft zu leistende gedacht[1].

Die Offiziersstellen sind Ehrenämter, welche angenommen werden müssen, also auch nichts anderes als Kommunalpflichten, welche mit einem bestimmt grofsen Besitz in der Grafschaft verbunden sind. Allerdings das Ehrenamt hat noch einen anderen Charakter. Solange der im Ehrenamt gelegene ideale Lohn[2] als solcher empfunden wird, ist es ein Recht, wird aber seinem Inhaber sofort in seiner Pflichtnatur bedeutsam, sobald dieser sich des Amts entledigen will[3].

An der Spitze der Heeresverwaltung und gleichsam sie in Bewegung setzend stehen der Lordlieutenant[4] und seine Deputylieutenants, ebenfalls Ehrenämter. Diese üben wichtige Funktionen, die das System der Grafschaftsmiliz notwendig ergänzen. — Denn durch die eben geschilderte Art der Verteilung von Pflichten und, wenn man die Ehrenämter auch von der Seite des in ihnen enthaltenen idealen Lohnes ansieht, auch von Rechten an die Besitzenden in der Grafschaft, ist nur die M ö g l i c h k e i t einer Kollektivthätigkeit der Grafschaft für Staatszwecke gegeben, die allerdings ihren Zusammenhalt in der auf der Grafschaft ruhenden Pflicht zur Stellung ihres Kontingents findet. Die Realisierung dieser durch Gesetz gegebenen Möglichkeit erfolgt aber nur durch eine w i r k l i c h e Verteilung[5] dieser Rechte und Pflichten an jeden einzelnen Grafschaftsgrundbesitzer, kurz durch eine Konkretisierung der Gesetzesbestimmungen für jeden einzelnen Fall. Das nennen die Engländer jurisdiction, wir, mit einem kontinentalen ter-

---

[1] S. Adolphus a. a. O. vol. II p. 282 und p. 330 i. fine.

[2] S. Jhering, Zweck im Recht I. Bd. S. 200.

[3] S. Blackstone, Commentaries ed. Kerr I p. 348.

[4] Adolphus a. a. O. vol. II p. 324—328. Man vgl. darüber Vauthier a. a. O. p. 58. — Dieser Posten wird heutzutage gewöhnlich von dem Haupt der Friedensrichter, dem Custos rotulorum, versehen. S. auch Adolphus a. a. O. vol. II p. 575.

[5] Über diese (namentl. Militär-Listenbildung) s. Adolphus a. a. O. p. 328—33.

minus, Verwaltungsrechtspflege. Diese wird nun auf dem Gebiet der Milizverwaltung vom Lordlieutenant und seinen Deputylieutenants gehandhabt[1].

Durch diese beiden Elemente: gesetzliche Verteilung von Pflichten und Rechten, Konkretisierung im Einzelfall (Verwaltungsrechtspflege) wird der Kollektivwille der Grafschaft für Heereszwecke erzeugt.

Analog ist die Thätigkeit der Grafschaft für die Zwecke des Gerichts- und Polizeiwesens. Beide haben sich bis ins 14. Jahrhundert im engen Zusammenhang miteinander entwickelt[2]. Seit der Entstehung des Friedensrichteramts, das gleichfalls in diese Zeit fällt[3], gehen sie, wenn auch voneinander gesondert, parallel nebeneinander her.

Im Gerichtswesen war notwendig schon früh die Erkenntnis gereift, dafs eine unparteiische Rechtsprechung durch die Gemeindegenossen sich nicht durchführen lasse[4], und mit Ausgang der normännischen Periode hatte sich die Mitwirkung der Gemeindegenossen auf die Erhebung der Anklage und das Beweisverfahren beschränkt. Im 18. Jahrhundert war dieser Geschworenendienst[5] in der Weise organisiert, dafs eine entsprechende Verteilung von Pflichten[6], geknüpft an ein Grundbesitzminimum in der (Gemeinde) Grafschaft, die Kollektivthätigkeit der Grafschaft als Civil-, Anklage- und Urteilsjury (im Strafverfahren) erzeugt. Um den Kollektivwillen für diese Zwecke auch wirklich in Aktion zu setzen, kommt hier, ähnlich wie im System

---

[1] Adolphus a. a. O. p. 328.

[2] S. Gneist, Gesch. d. Selfgov. I S. 171. S. auch meinen Exkurs.

[3] 34 Edw. III. c. 1 (a. 1360). Über die Funktionen der Friedensrichter im 18. Jahrh. Adolphus a. a. O. p. 570—575.

[4] S. Gneist a. a. O. I S. 73. Vauthier a. a. O. p. 19 et suiv.

[5] Darüber Adolphus a. a. O. p. 552 ff. für die Zeit des 18. Jahrh.

[6] S. Gneist, Gesch. I S. 170, dafs diese Pflichten auch als politische Rechte empfunden waren. Selbst noch zur Zeit, da Thomas Smith seine „Descriptio Angliae", 1562, schrieb. Die bez. Stelle lib. I Cap. XXII (er spricht zuvor von politischen Rechten der Städter) lautet: In comitalibus haud magno aestimantur nisi quod ad publica regni comitia ... convocantur.

der Grafschaftsmiliz, zur gesetzlichen Normierung die Konkretisierung für den Einzelfall. Dieser Akt der Verwaltungsrechtssprechung rücksichtlich des Geschworenendienstes wird für die Civiljury vom Sheriff[1] besorgt. Der Sheriff hat ein Ehrenamt auf Grund königlicher Ernennung. Die Fähigkeit, Sheriff zu sein, hängt von einem ansehnlichen Grundbesitz in der Grafschaft ab[2]. Jene Thätigkeit der jurisdiction, die wir als Konkretisierung der Pflichten des Grafschaftsangehörigen bezeichnen, ist im 18. Jahrhundert seine wesentlichste Funktion[3] innerhalb der Kollektivthätigkeit des Grafschaftsverbandes. Für die Kriminalassisen üben die Friedensrichter dieselbe Art der jurisdiction[4].

Das System der Polizei ist im 18. Jahrhundert noch zum gröfsten Teil Friedensbewahrung; aber schon hat eine reich entwickelte und detaillierte Gesetzgebung die Wohlfahrtspolizei zum Gegenstand genommen. Die Grundlage der Polizeiverwaltung ist die Grafschaft. Der Hauptnerv dieser Grafschaftsthätigkeit — die Friedensrichter. Ihre Ämter sind Ehrenämter, die einen bedeutenden Besitz in der Grafschaft[5] zur Voraussetzung haben. Königliches Ernennungsrecht besetzt sie.

---

[1] S. darüber Adolphus a. a. O. p. 553. Unterstützt von den Ortsschulzen, die von den Friedensrichtern ernannt sind und deren Ämter ebenfalls Ehrenämter sind. S. Adolphus a. a. O. p. 576.

[2] Vauthier a. a. O. p. 47. Dieses Grundbesitzminimum soll nach englischer Auffassung gewissermafsen als Kaution dienen, sowohl der Krone als auch dem Volke gegenüber. Gesetz 13 et 14 Charles II. c. 21 und aus früherer Zeit 4 Edw. III. c. 9—13, „dont respondre au Roi et au peuple."

[3] S. Gneist, Gesch. d. Selfgov. S. 363 u. 367. Valframbert, Le Régime municipal de l'Angleterre, 1873, p. 15. Von ihrer alten Bedeutung als Vorsitzende des county court und sheriff turn sind ihnen nur Verhandlungen über Klagen, deren Gegenstand den Wert von 40 sh nicht übersteigt, geblieben. Aber auch das verschwindet, und Ende des 18. Jahrh. sind sie nur Vollstreckungsbeamte der Reichsgerichte und Friedensrichter. S. Vauthier a. a. O. p. 47. 48.

[4] Im Ausgang des 18. Jahrh. ging diese andere Thätigkeit auf die neugebildeten special sessions der Friedensrichter über. S. Vauthier a. a. O. p. 84.

[5] S. darüber und über das heutige Friedensrichteramt Vauthier a. a. O. p. 53—110. Nach heutigem Recht (38 et 39 Vict. c. 54) ist die Ansässigkeit des Friedensrichters in der Grafschaft nicht mehr erforderlich.

Durch den Mechanismus der Ehrenämter[1] erlangt so der Staat jenen Kollektivwillen der Grafschaft, welchen er für sein Polizeiverordnungs- und Strafrecht benötigt[2]. Durch order und conviction üben die Friedensrichter einzeln und in Kombinationen ihre Polizeigewalt[3]. Dafs sie einzeln auch fungieren, steht mit ihrer sonstigen Kollektivthätigkeit und mit der Kollektivthätigkeit der Grafschaft nicht in Widerspruch. Ein Blick auf die Geschichte belehrt uns hierüber. Ursprünglich gab es nur eine Kollektivthätigkeit der Friedensrichter. Bekannt ist ja die Quorumklausel, wodurch die rechtsgelehrten Friedensrichter bestellt wurden, an den Funktionen der übrigen Friedensrichter teilzunehmen. Noch Thom. Smith, descriptio lib. II cap. XXII, kennt nur die sessiones trimestres. Zur Vereinfachung der Geschäfte wird ein Teil von diesen Geschäften einem oder zwei Friedensrichtern überwiesen. Der Umstand, dafs die Quarter sessions die Oberinstanz sind, giebt auch der Thätigkeit der einzelnen noch heute den Charakter der Kollektivthätigkeit.

Als Ergänzung der friedensrichterlichen Thätigkeit tritt hinzu die schon seit der normannischen Zeit bestehende Rügejury[4], die sich erst im 18. Jahrhundert für die Kriminalgerichtsbarkeit zu einer Anklagejury im modernen Sinne[5]

---

[1] Das Amt des Friedensrichters stellt auch nichts anderes als eine Kommunalpflicht dar. S. Entstehung derselben bei Gneist, Gesch. d. Selfgov. I S. 181 ff. Die sociale Anschauung kann es aber bewirken, dafs die Erfüllung dieser Pflicht als Recht empfunden wird.

[2] Vauthier a. a. O. p. 38: „Le juge de paix est avant tout un magistrat chargé de la police."

[3] S. auch Vauthier a. a. O. p. 37 u. 61 ff. Die Tendenz der heutigen Gesetzgebung geht wieder auf Kollektivthätigkeit der Friedensrichter.

[4] Der sog. ‚Coroners inquest' sowie das Amt des Coroners für Polizeigeschäfte existiert im 18. Jahrh. de facto nicht mehr. S. Palgrave, „Principles on the new muncipal corporations", 1835, p. 25 ff. Der Grund hiefür liegt in einer mifsverständlichen Auslegung von zwei Gesetzen jener Zeit (25 Geo. II. c. 29 und 7 Wilh. IV. und 1 Vict. c. 68). S. Smith, „the parish", 1857, p. 374 ff. In unserm Jahrhundert taucht er wieder auf und existiert noch jetzt in seiner ursprünglichen Thätigkeit: Einschreiten bei unvermuteten Todesfällen, wo der Verdacht eines Verbrechens nicht ausgeschlossen ist.

[5] S. Vauthier a. a. O. p. 21. Die Scheidung von grand inquest und petty jury vollzieht sich schon unter Edw. III. Aber erst im 18. Jahrh.

herausgebildet hat und als grand inquest in den Quartalsitzungen der Friedensrichter für die Polizeiverwaltungsgeschäfte der Grafschaft in Aktion kommt. — Parallel zu diesem Zusammenwirken von Friedensrichter (judge) und jury geht ein anderes, älteres und ursprünglicheres Zusammenwirken für die Zwecke der Aburteilung mittlerer Straffälle [1].

So detailliert und reich der Inhalt der Polizeiverwaltung des 18. Jahrhunderts schon ist, so überraschend einfach sind die Formen, durch welche diese Kollektivthätigkeit der Grafschaft erzielt wird: eine einfache Verteilung von Kommunalrechten und -pflichten im Ehrenamte und von Kommunalpflichten, als welche sich Übernahme und Erfüllung des Geschworenendienstes darstellen. Diese Kollektivthätigkeit ist frei von jedem Einflufs der Centralgewalt, da sich das Eingreifen der Reichsgerichte in diesen Organismus im 18. Jahrhundert nur auf Principienfragen beschränkt [2]. Wenn nun, nachdem wir vor unsern Augen die Kollektivthätigkeiten des Grafschaftsverbandes Revue passieren liefsen, die Frage aufgeworfen wird, ob der Grafschaftsverband wirklich ein eigenes Leben hat, ein Gemeinwesen ist oder ein blofser Verwaltungsbezirk, so werden wir die Frage im ersten Sinne beantworten müssen. — Denn es ist ein Gemeinzweck vorhanden, der seinen wirksamen Ausdruck in der county rate [3] (Grafschaftssteuer) findet und dahin zielt, durch eine entsprechende gesetzliche Verteilung von Pflichten,

werden die Mitglieder der petty jury auch wirklich das, was man allerdings ungenau ‚judices facti' nennt, und diese Qualität wirkt natürlich auf die Anklagejury zurück.

[1] In dieser Gestalt ausdrücklich erwähnt schon von Thom. Smith, ‚descriptio' lib. II cap. XXII. S. Vauthier a. a. O. p. 39, und für die modern-rechtliche Entwicklung p. 68—75.

[2] In neuester Zeit wird von diesem System der Decentralisation, das man in Verbindung mit der Freihandelsschule bringt, abgewichen. S. darüber Valframbert a. a. O. p. 74 et suiv. und Leroy Beaulieu, L'administration locale en France et en Angleterre, 1872, introd. p. X. Vauthier a. a. O. p. 98—101.

[3] S. darüber weiter unten.

geknüpft an Realbesitz in der Gemeinde, das Eintreten des wirtschaftlich Starken für den Schwächeren im Nachbarverbande der Grafschaft zu bewirken.

III.

Das Kirchspiel[1] ist die Vereinigung der christlichen Hausstände innerhalb eines Pfarrbezirks, also eines örtlich geschlossenen Kollektivverbands. Die Staatsaufgaben, die der englische Staat des 18. Jahrhunderts mit Hilfe dieses Kommunalverbandes zu lösen unternimmt, sind Armenpflege[2] und Wegverwaltung.

Schon vor den Tudors ist die Anknüpfung dieser Verwaltungszweige an das Kirchspiel vorgenommen worden.

Die Verteilung von Rechten und Pflichten an die dem Kirchspiel Zugehörigen zum Zwecke der Erzeugung des notwendigen Kollektivwillens geschieht hier, wie folgt:

1. Auf dem Gebiete der Armenpflege haben sich die zu verteilenden persönlichen Dienstpflichten in Kommunalsteuern verwandelt, insbesondere die Armensteuer[3], die jeder christliche Hausstand von seiner visible property rate in der Gemeinde, also von seinem Realbesitz, zu entrichten hat, was in der Folgezeit durch die Praxis auch auf aufserhalb der Gemeinde wohnende occupiers (Realbesitzer) ausgedehnt worden ist[4].

Um diese Zuteilung von Pflichten, wie sie durch das

---

[1] Das Hauptwerk für die Kirchspielsverwaltung Toulmin Smith, „The parish“, 1857.

[2] Dafs gerade die staatliche Armenpflege durch Kommunalverbände realisiert wird, hat seinen Grund darin, dafs das Kirchspiel schon vor der Reformation ein reges Kommunalleben entfaltet hat. S. Smith a. a. O. p. 16—28. S. Fischel, Verfassung Englands S. 307. Auf dem Gebiete der Armenpflege insbesondere war Tüchtiges geleistet worden. — Die Tudors schritten in den von der Kirche eingeschlagenen Bahnen vorwärts, indem sie die grofse Bedeutung erkannten, die in der Anknüpfung der Armenpflege an schon bestehende Kommunalverbände gelegen sei. Ein Gedanke, der dem französischen Staat des ancien régime fehlte, was deshalb zur Centralisation führte. S. Gneist, Selfgov., 2. Aufl., S. 1227.

[3] S. Smith a. a. O. p. 576—581.

[4] Smith a. a. O. p. 576.

Gesetz[1] vorgeschrieben, an jeden Steuerpflichtigen vorzunehmen, also um das Gesetz zu konkretisieren, werden Ehrenämter als Kommunalpflichten geschaffen. Es sind dies die von den Friedensrichtern ernannten Armenaufseher (overseers of the Poor)[2]. Diese besorgen nicht nur die Aufbringung der Armensteuer[3], ihnen steht auch das mit der Armenpflege verbundene Polizeidecernat zu, wer unterstützt, wer mit Arbeit versehen werden soll[4]. Für diese obrigkeitliche Thätigkeit bilden die Friedensrichter, in Kombinationen von zwei oder mehr als zwei, die Appellinstanz.

So fügt sich die Kirchspielverfassung in die Grafschaft ein, und man nimmt schon seit der Zeit der Stuarts keinen Anstand, dem immer mehr verfallenden Constableamt obrigkeitliche Befugnisse, welche dem Gebiete der Ortspolizei angehören, abzunehmen und den Ehrenämtern des Kirchspiels anzuvertrauen[5].

Was diesen örtlichen Kollektivverband in seiner aktiven Teilnahme an Staatsaufgaben erhält, ist, wie wir sehen, nicht nur der vorgeschriebene Gemeinzweck, die Armen des Kirchspiels zu versorgen, sondern die für diesen Zweck erfolgte Zuteilung von Steuerpflichten auf Grund des Realbesitzes im Kirchspiel.

Wie wirksam das Kirchspiel diese seine Kollektivthätigkeit auffaſst und diesen Gemeinzweck fühlt, geht aus einem Übelstand der Kirchspielsarmenpflege hervor. Man hält sich an ein engherziges Niederlassungsrecht[6] und wird hierin insbesondere zur Zeit der Stuarts von der Staatsgewalt unterstützt. Die Niederlassungsfrage, die einen Präjudizialpunkt für die Armenversorgung bildet, wird sorgsam

---

[1] 43 Eliz. c. 2.
[2] Smith a. a. O. p. 143—161.
[3] a. a. O. p. 153.
[4] a. a. O. p. 154—158.
[5] a. a. O. p. 154—158.
[6] a. a. O. p. 419—20. S. auch die gute Schilderung dieser Verhältnisse bei Roger Coke, A detection of the court and state of England, 1697, p. 27.

erwogen und bildet den Mittelpunkt des Polizeidecernats der Armenaufseher.

Die Verknüpfung der Steuerpflicht mit dem Realbesitz im Kirchspiel prägt jenen Gemeinzweck noch schärfer aus. Denn wo eine solche Verknüpfung mangelte, war es auch mit der Kollektivthätigkeit der Gemeinde zu Ende. Dies lehrt der Vergleich des Kirchspiels mit der Ortschaft, tithing. Hier überwog ungefähr seit dem 13. und 14. Jahrhundert der grofse Realbesitz, füllte die Ortschaft aus. Eine Kollektivthätigkeit war hier nicht denkbar, weil der Mafsstab für eine Verknüpfung von Realbesitz und Steuerpflicht fehlte [1]. — Die Folge davon war die Degradierung der Ortschaft zum Verwaltungsbezirk und das Einrücken des Kirchspiels an seine Stelle, womit auch die Ortspolizei der Zehntschaft auf das Kirchspiel überging.

2. In der Wegeverwaltung, die seit der angelsächsischen [1] Zeit als Kommunallast galt, fanden die Stuarts für gut, durch das Kirchspiel die erforderlichen Leistungen zu bewirken. Naturaldienste überwiegen noch im 18. Jahrhundert. Die Leistung von Hand- und Spanndiensten wird an den Realbesitz [2] im Kirchspiel geknüpft. Aushilfsweise tritt eine Steuer ein, die teils von den petty sessions der Friedensrichter, teils von den Wegeaufsehern (surveyors) [3] ausgeschrieben wird. Die letzteren versehen Ehrenämter und werden von den Friedensrichtern ernannt [4]. Bei ihnen steht das mit der Wegeverwaltung verbundene Decernat in unterster Instanz, also die Zuteilung der Hand- und Spanndienste, die Steuereinschätzung [5]. Wir finden demnach, dafs

---

[1] Gneist, Selfgovernment I S. 268. Der andere Grund für das Erstarren des Tithing liegt darin, dafs seit dem 13. Jahrh. sich durch Erbteilungen der grundherrliche mannor mit seiner Gerichtsversammlung vom Tithing trennt. S. Pollock, history of English Law, 1895, I p. 596. Die Folge davon ist eben jenes unverhältnismäfsige Überwiegen des grofsen Grundbesitzes im Tithing.

[2] Smith a. a. O. p. 467—469.

[3] a. a. O. p. 114—116.

[4] a. a. O. p. 110.

[5] a. a. O. p. 108. 111. 357.

auch diese Kollektivthätigkeit des Kirchspiels für Staatszwecke durch zweckmäſsige, an Realbesitz im Kirchspiel geknüpfte Verteilung von Rechten und Pflichten erzielt wird.

IV.

Die Städte. Eine Grundverschiedenheit besteht zwischen den Städten des Kontinents, insbesondere den deutschen und englischen Städten, die in der Litteratur wohl anerkannt[1], deren politischer Grund aber nicht gewürdigt wird. Er liegt in dem verschiedenen Verhältnisse zur Staatsgewalt. Die deutschen Städte, insbesondere die Reichsstädte, waren im Mittelalter der Reichsgewalt nebengeordnet; die englischen waren dies niemals, sie waren stets dem Staate eingeordnet und sind es auch im 18. Jahrhundert.

Die Erklärung dieser Thatsache ist auch aufzufinden, wenn wir uns vergegenwärtigen, was die deutschen Städte zu Staatsgewalten hat werden lassen: es war die Verdrängung der Reichsgewalt aus dem Umkreis der Stadt, durch Lösung jeder unmittelbaren Beziehung zwischen Städten und Reichsgewalt. Die Stadtpersönlichkeit war die Mittlerin zwischen beiden geworden[2]. — Ganz anders lagen diese Verhältnisse in den englischen Städten. Hier hatte nie eine Lösung der Beziehung zwischen Staatsgewalt und Städten stattgefunden[3]. Selbst dann nicht, als die Städte eigene Verfassung oder charters bekamen[4]. — In ihrem Verhältnisse zur Staatsgewalt waren sich die Städte ihres Zusammenhanges mit dem Ganzen stets bewuſst. Sie sind, sofern sie öffentliche Funktionen ausüben, örtlich ge-

[1] S. Fischel, die Verfassung Englands S. 292. Gneist, Gesch. d. Selfgov. I S. 200.

[2] S. Gierke, Genoss. R. II. Bd. S. 705 ff.

[3] S. Stubbs, Constit. history III p. 288. 307. Ashley, engl. Wirtschaftsgesch., deutsch von Oppenheim, 1896, II. Bd. S. 8—10.

[4] Stubbs a. a. O. III p. 567.

schlossene Kollektivverbände[1] für Staatszwecke. — Dieser Unterschied der englischen von den deutschen Städten hat, wie wir weiter unten sehen werden, dazu beigetragen, dafs der Begriff der öffentlichen Korporation dem englischen Recht des 18. Jahrhunderts überhaupt fehlt.

Die englische Stadt des 18. Jahrhunderts ist nicht juristische Person des öffentlichen Rechts, wenngleich sie durch „Inkorporationscharten" juristische Person des Privatrechts ist. — Als Person des Privatrechts hat sie auch Privilegien, wie z. B. das Recht, Abgeordnete ins Parlament zu schicken, zuweilen auch als county corporate das Recht als selbständige Grafschaft mit eigenen Friedensrichtern[2] zu funktionieren. Ja, ihre ganze öffentliche Stellung beruht auf Privilegienbasis. Aber gerade der Umstand deutet darauf, dafs die Städte, sofern sie öffentliche Interessen besorgen, sich vollkommen als Kollektivverbände für Staatszwecke fühlen. Sie üben ihre Privilegien in der Art von Privatrechten aus, versehen aber damit jene öffentlich-rechtlichen Funktionen[3], die der Staat sonst durch den Grafschafts- und Hundertschaftsverband versehen läfst. Diese öffentlichrechtlichen Funktionen sind im 18. Jahrhundert Gerichts- und Polizeiverwaltung[4]. Sie sind aber in den Städten in argem Verfall. Der alte städtische court leet hat seine Bedeutung seit der neuen Verwaltungs- und Gerichtsorganisation, wie sie von den Plantagenets in den Reichsgerichten, Civilassisen und Friedensrichtern eingerichtet

[1] Dies auch die Ansicht Gneists, Verw., Justiz, Rechtsweg S. 43: „Die englische Stadtverfassung ist keine eigentümliche Bildung, sondern nur die Übertragung der Kreis- und Kirchspielsverfassung auf die städtische Lebensweise."

[2] S. Blackstone vol. I p. 107 (ed. Kerr).

[3] Ähnlich wie im deutschen Recht die Patrimonialherren. Pollock a. a. O. I p. 493 erblickt mit Recht hierin den Keim der öffentlich-rechtlichen Korporation.

[4] S. Pollock a. a. O. vol. I p. 627 ff. In Bezug auf die Milizverwaltung gehört die Stadt in den Grafschaftsverband. S. Gneist, Gesch. d. Selfgov. I S. 371.

worden war, eingebüfst[1]. Sofern er noch wirksam ist, beruht die Erzeugung der hiefür notwendigen Kollektivthätigkeit auf derselben Kommunalpflichtenverteilung[2], wie wir sie in der Grafschaft kennen gelernt. Doch operiert hier die Rechtsordnung ergänzend durch ein System von Wahlberechtigungen. Die Stadtobrigkeit wird oder soll[3] wenigstens von den Einwohnern gewählt werden, die die Qualifikation des bearing lot and paying scot haben, d. h. die Steuer- und öffentliche Dienstpflicht im Kommunalverbande erfüllen. — Dieses System von Wahlberechtigungen hängt also mit jener Kommunalpflichtverteilung innig zusammen und ergänzt die Kollektivthätigkeit des court leet, indem es die obrigkeitlichen Organe schafft.

Die Städte des 18. Jahrhunderts spielen im Verwaltungsorganismus des englischen Staats eine nur untergeordnete Rolle, die ihnen überhaupt nur deshalb nicht genommen wird, weil der Staat die geschichtliche Kontinuität wahren will. Er zieht es vor, ihre Verwaltungsthätigkeit durch parallel wirkende Staatsorgane zu lähmen und die Städte selbst, wo möglich[4], in der Verwaltungsmaschinerie der Grafschaft aufgehen zu lassen. In dieser Zeit hätten sie allerdings neue Kraft für Verwaltungsaufgaben schöpfen können. Die Kirchspielverfassung, die Grundlage der staatlichen Verwaltungsthätigkeit, hatte sich auch über die Städte ausgebreitet. Aber zu einem Zusammenwachsen der Stadt- und Kirchspielverwaltung kam es damals nicht[5]. Die Stuarts verunstalteten nämlich die alten Stadtverfassungen

---

[1] S. First Report on the Municipal Corporations (England und Wales) observed by the house of Commons to be printed, 1835, p. 26—28 u. p. 41—43, ferner Palgrave, Observations on the principles of New municipalities, 1833, p. 23 ff.

[2] First Report p. 27.

[3] S. First Report p. 35—39 über den Mifsbrauch, der von dieser Qualifikation absieht und diese Wahlen zum Tummelplatz der verschiedensten politischen Parteien macht, auch Blackstone, Comm. ed. Kerr vol. I p. 517—522.

[4] So z. B. in der Milizverwaltung.

[5] Palgrave, Observations p. 18 ff.

(charters), durch welche die ganze Bürgerschaft inkorporiert war, indem sie nur comittees, Ausschüsse der Bürgerschaft (select bodies) für das Stadtregiment bestimmten und nach ihrer Willkür die Besetzung dieser Ausschüsse beeinflufsten, um sie für parlamentarische Zwecke auszunützen[1]. (Diese select bodies machten die Parlamentswahlen.) Hiebei leisteten ihnen die Reichsgerichte schon seit der Zeit Elisabeths[2] Vorschub, indem sie es als eine alte und „gute" Gewohnheit erklärten, wenn unter „all burgesness" ein engerer Ausschufs als korporationsberechtigt aufgefafst würde.

Fügten sich diese select bodies nicht den Wünschen des Königs, so wurde durch informations[3] quo warranto der Stadt die Verfassung genommen. Die select bodies trieben im Innern der Stadt auf eigene Faust Politik und terrorisierten die übrige Bürgerschaft[4], indem sie in engherziger Weise das Stadtregiment führten, sich durch Kooptation (aus dem willkürlich gestalteten Kreise der freemen)[5] zusammensetzten. Es ist demnach auf den ersten Blick einleuchtend, dafs sie mit den auf der breiten Basis aller Angehörigen ruhenden Kirchspielverwaltung nicht in Zusammenhang stehen konnten. — Das war die böse Frucht der von den Stuarts gesäeten Saat: die Frucht der select bodies. Die Nachfolger der Stuarts beliefsen diese Zustände[6]. — Ein Wandel wurde erst durch das unserem Jahrhundert angehörige Municipalgesetz geschaffen[7].

---

[1] May, Constitutional history I p. 274—75. First Report p. 34—35.
[2] Das bekannte Gutachten im Michaelisterm des 40. Regierungsjahres der Königin, s. darüber Merewether u. Stephens, History of Boroughs and Municipal Corporations, 1835, vol. 11 p. 1449—53.
[3] S. darüber Merewether u. Stephens a. a. O. vol. III p. 1768—1800.
[4] First Report p. 36—37.
[5] First Report p. 18—20 u. p. 32 f.
[6] First Report p. 17. May, Const. history p. 278 ff.
[7] S. hierüber weiter unten S. 27.

Zweites Kapitel.

Das juristische Substrat des englischen Selfgovernments und dessen politischer Charakter.

I.

Wir hatten im vorhergehenden Gelegenheit, den socialen Mechanismus zu beobachten, den die staatliche Rechtsordnung zur Erzeugung eines Kollektivwillens auf örtlicher Grundlage für Staatszwecke in Bewegung setzt. Die juristische Form desselben ist die Verteilung von Rechten und Pflichten.

So lange Individual- und Gemeininteresse miteinander derart verknüpft sind, daſs die Befriedigung des einen zugleich des andern Befriedigung ist, muſs der Staat, um die Befriedigung des Gemeininteresses zu realisieren, nur das faktisch schon vorhandene Individualinteresse zum öffentlichen Recht erheben. Dies thut auch der englische Staat des 18. Jahrhunderts. Er schafft ein System von Ehrenämtern, das zur Grundlage hat den Realbesitz von entsprechender Gröſse in der Gemeinde. Mit der Verleihung desselben an ein entsprechend qualifiziertes Individuum hat er ein Individualinteresse zur Erscheinung gebracht, das wir mit Jhering „den idealen Lohn“ nennen möchten. Es ist das Interesse an der Ausübung der mit dem Ehrenamt verbundenen Funktionen innerhalb des Kommunalverbandes. Dies wird zum Recht erhoben. Die Ausübung der Funktionen des Ehrenamts wird durch seinen Pflichtcharakter gesichert[1].

Das Ehrenamt ist Kommunalrecht[2] und Kommunalpflicht. Es führt uns dies zur Verteilung von Pflichten im Kommunalverband.

Dort, wo der Staat eine solche Verknüpfung von Gemein- und Individualinteresse nicht vorfindet und auch nicht schaffen kann, da nimmt er auf Grund seines imperium eine Verteilung von öffentlichen Pflichten vor, die unter den Allgemeinbegriff der Staatsbürgerpflichten fallen. Das thut auch der englische Staat im 18. Jahrhundert. Die öffentlichen Kommunalpflichten, die wir ihn vorhin an seine Unterthanen, entsprechend ihrem Realbesitz in der Gemeinde verteilen sahen, beruhen auf dem alten englischen Grundsatz[3], dafs der Unterthan zum Gehorsam bezüglich der vom König ihm auferlegten Pflichten verhalten sei. Die Kommunalpflichten sind nicht nur Erfüllung persönlicher Dienste. Die Kommunalsteuerpflichten gehören ebenfalls hierher. —

Schon zur Zeit der Tudors[4] hatte der Staat erkannt, dafs bei dem Fortschreiten der Geldwirtschaft eine entsprechende Verwendung der persönlichen Dienste, die eine Naturalwirtschaft voraussetzt, auf dem Gebiete der Brücken-

---

[1] Blackstone, Comm. I. ed. Kerr. p. 348 (vom Friedensrichteramt) ‚that without sinister views of his own will' mufs er seines Amtes walten. Über den Pflichtcharakter des Sheriffamtes. Vauthier a. a. O. p. 47.

[2] Gemeint sind hier nur die Ehrenämter des Selfgovernments. Das öffentliche Recht auf Anerkennung im Ehrenamte ist auf den Umfang des Kommunalverbandes beschränkt.

[3] Gneist, engl. Selfgov. 2. Aufl. S. 898.

[4] Die ältere Steuergeschichte interessiert uns hier nicht, weil sie ein Steuersystem nicht kennt und auf Zufälligkeit basiert. Steuern (wie die ältern county rate, die hundred rate und tithing rate) werden nur zum Zwecke verwirkter Gemeindebufsen und Taxen (fines und amerciaments der Gemeinde) erhoben. S. Gneist, engl. Verfassungsgeschichte S. 307 ff.

und Wegeverwaltung, insbesondere aber auf dem der Armenpflege nicht mehr möglich sei[1]. Im 18. Jahrhundert erscheint demnach statt der ursprünglichen Verteilung von persönlichen Dienstpflichten innerhalb des Nachbarverbands, eine entsprechende Verteilung von Kommunalsteuerpflichten, vorgenommen durch Gesetz überall dort, wo Naturaldienste nicht mehr nützen können. — Die Steuerpflicht des Einzelnen ist mit dem Realbesitz in der Gemeinde verbunden. Mit ihrer dauernden Erfüllung wird eine Funktion des öffentlichen Rechts erfüllt[2]. — Dies Zusammenwirken der so öffentlich-rechtlich Verpflichteten in Verbindung mit der Konkretisierung der Verteilung dieser Pflichten an die Einzelnen nach Gesetzesvorschrift, wie sie durch die Ehrenämter in den Kommunalverbänden durchgeführt wird, erzeugt einen Kollektivwillen, der unser kontinentales Besteuerungsrecht durch die Gemeinde ersetzt. Das feste Rückgrat jener Kollektivthätigkeit ist der Realbesitz in der Gemeinde, der gewissermafsen nach aufsen hin die Beziehung zum Gemeindezweck vergegenwärtigt. Dieser selbst ist des Ganzen Seele. — Dafs jeder sich in Erfüllung seiner Steuerpflicht als Träger einer öffentlich-rechtlichen Funktion fühlt, läfst die Steuerpflicht geknüpft an Realbesitz nie zu einer privatrechtlichen Reallast herabsinken[3].

Durch diese Art der gesetzlichen Verteilung öffentlicher Rechte und Pflichten, durch deren Begrenzung auf den Kommunalverband werden die physischen Willen der Einzelnen zu einem Kollektivwillen auf örtlich geschlossener Grundlage für Staatszwecke vereinigt.

---

[1] Diesen Übergang markiert sehr gut der Wortlaut des Armengesetzes 43 Eliz c 2. S. 1: . . . . to take convenient stock of flax . . . and also competent sums of money . . . .

[2] S. darüber Gerber „über öffentliche Rechte“ S. 45, der zuerst die öffentlich-rechtliche Bedeutung der Steuerpflicht im Gegensatz zur Zahlungspflicht erkannt hat.

[3] S. Gneist, Geschichte des Selfgov. I S. 502.

II.

Welche juristische Qualität haben nun die Träger dieses Kollektivwillens, die örtlich geschlossenen Kollektivverbände? Darüber giebt uns die englische Korporationstheorie des 18. Jahrhunderts, insbesondere Blackstone[1] keinen Aufschlufs. —

Soviel steht fest: ihr fehlt der Begriff der öffentlich-rechtlichen Korporation. Alle Korporationen, die Blackstone aufzählt, dienen rein privatrechtlichen Zwecken, den Übergang der von einer Personengesamtheit oder einem einzelnen[2] einmal erworbenen Privatrechte auf den Rechtsnachfolger ipso jure zu sichern. Unter den von Blackstone aufgezählten Korporationszwecken (capacities and incapacities of the corporation) finden wir keine einzige öffentlich-rechtliche Befugnis. Selbst das Recht, Statuten (bye-laws) zu erlassen, ist rein privatrechtlichen Charakters[3], da sie nur die Mitglieder bindet, sofern diese eben Mitglieder des Verbandes sind und solange sie ihm angehören. Bye-laws und private statutes sind identisch[4]. Zu diesen Privatrechtskorporationen gehören unter der Kategorie „other lay corporations . . . for the good government of a town or particular district as a major and commonalty, baillif and burgesnesses or the like“ . . . die municipal corporations. —

Dafs, wie wir sehen, der englischen Rechtswissenschaft des 18. Jahrhunderts der Begriff der öffentlich-rechtlichen Korporation mangelt, ist nicht zu verwundern. Der Begriff fehlte dem Rechte selbst. —

Um uns über die Frage nach dem öffentlichen Korporationsrecht zu orientieren, werden wir durch die eng-

---

[1] S. Blackstone, Comm. vol. I. (ed. Kerr) p. 497 ff.

[2] So auch die sogenannte sole corporation, die wir als Amt mit juristischer Persönlichkeit bezeichnen können. —

[3] Darauf weist auch der von Blackstone a. a. O. citierte Satz der 12 Tafeln hin: Sodales legem quam volent sibi ferunto. Siehe über die ähnliche Bedeutung der bye-laws des Kirchspiels Smith a. a. O. p. 47—50.

[4] Blackstone a. a. O. p. 505.

lische Gesetzgebung[1] und Jurisprudenz[2] an die Verfassung der Städte gewiesen. Wir begegnen hier der Eigentümlichkeit, daſs der Begriff der Korporation überhaupt zuerst auf Städte angewendet wird[3]. Die sogenannten Incorporations charters sind hier von Bedeutung. Seit der Zeit der Tudors kommen Verleihungen von Korporationsrechten an Städte durch charters (Verleihungsurkunden) vor. Eine solche „Incorporation“ hat nur die Bedeutung, die Stadt zur juristischen Person des Privatrechts zu machen[4]. — Wird derselben noch eine Gerichtsbarkeit und Polizeigewalt innerhalb des Stadtbezirkes verliehen, so wird dies nur als Privileg aufgefaſst, das durchaus nicht in einem Zusammenhang mit der „Inkorporation“ der Stadt steht, aus ihr etwa von selbst folgen würde, sondern durch sie bloſs ermöglicht wird[5]. — Daſs die Stadt nur privatrechtlich Korporation ist, ändert sich während des 18. Jahrhunderts nicht und damit bleibt dem 18. Jahrhundert überhaupt der Begriff der öffentlichrechtlichen Korporation versagt. —

Zwei Umstände sind die Ursache davon. Vor allem die seit der Normannenzeit in England entwickelte Macht des sogenannten „central government“[6] der Staatsgewalt, die niemals der Auffassung Raum lieſs, daſs zwischen ihr und den Unterthanen die Stadt Mittlerin sei, geschweige denn eine Verdrängung ihrer selbst als Herrschaftsgewalt aus dem Um-

---

[1] S. Merewether und Stephens, History of boroughs vol. II. p. 693 u. 860—869.

[2] S. Grant, Law of corporations 1850. Neuestens behauptet dies auch Pollock, history of English Law vol. I p. 493.

[3] S. Gneist, Geschichte des Selfgovernments S. 203. Merewether u. Stephens a. a. O. II p. 693 u. 860 ff.

[4] S. Gneist, Geschichte des Selfgovernments S. 204. Merewether u. Stephens a. a. O. II p. 860: „giving to them the corporate powers subsequently so common of suing and being sued and of being capable in the law to purchase and hold lauds by their corporate name“. — (Englische Übersetzung einer solchen Charter.)

[5] Noch vor dem Aufkommen der Incorporations-charters finden wir Immunitätsverleihungen an Städte, welche deren Befähigung zur Ausübung der Gerichts- und Polizeiverwaltung zum Inhalt haben. —

[6] Dicey, The Law of the constitution 1886 p. 168. Die engl Gerichtsmaxime: „tout fuit in luy (le Roi) et vient de lui al commencement“.

kreise der Stadt duldete. Dafs dies aber durchaus notwendig gewesen wäre, um die Stadt Rechtspersönlichkeit (im öffentlich-rechtlichen Sinne) werden zu lassen, das lehrt die deutsche Städtegeschichte[1].

Der zweite und wichtigste Grund war, dafs das Verhältnis zwischen Stadt und Staatsgewalt nur auf Privilegienbasis ruhend, anerkannt wurde[2].

Dem englischen Städterecht fehlte jene Gleichheit, welche die Persönlichkeit des Rechts als status überhaupt voraussetzt. Wenn auch für das Privatrecht diese Gleichheit unter den städtischen Korporationen vorhanden war: sie mangelte bezüglich der öffentlich-rechtlichen Funktionen, welche die Städte versahen, eben wegen jener Privilegienbasis.

An folgenden Punkten mögen wir den Mangel des Begriffs der öffentlich-rechtlichen Korporation im englischen Städterecht erkennen:

Vor allem das Recht, Statuten (bye-laws) zu erlassen, war allen Korporationen zuerkannt und aus dem Begriff der Privatrechtskorporation gefolgert[3]. Das, was aber die Korporation zur öffentlichen macht und in diesem Charakter auch von der heutigen englischen Rechtswissenschaft anerkannt wird, fehlte, nämlich die selbständige Zwangsgewalt der Stadt, die statutarischen Normen durchzusetzen; oder wenn sie hie und da[4] vorhanden war, wurde sie nicht ausgeübt. Das Surrogat dafür war die Klage vor den Reichsgerichten auf Zahlung der verwirkten Strafe (action

---

[1] S. Gierke, Genoss.-R. 2. Bd. S. 828 ff.

[2] Die neue englische Korporationstheorie erkennt gerade dies als dem Begriff der öffentlich-rechtlichen Korporation zuwiderlaufend, dafs ein Ausschufs, ein select body, privilegiert werde, Statuten zu erlassen. S. Grant a. a. O. p. 77. Gegen diese select bodies richtete auch die Reform in unserem Jahrhundert ihre Spitze. S. Palgrave, Observations p. 55 ff. und First Report p. 32.

[3] S. Blackstones (a. a. O.) cit. Satz aus dem römischen XII. Tafelgesetz: Sodales legem, quam volent sibi ferunto. Ganz anders die heutige Korporationstheorie. S. Grant a. a. O. p. 76.

[4] First Report p. 22.

of debt)[1]. Damit im Zusammenhange steht, dafs man zuweilen sich des Befolgens statutarischer Normen entschlagen, es auf eine Klage von Seite der Stadt ankommen lassen konnte, wenn man die Ungesetzlichkeit der bye-laws behauptete[2].

Von einer Gebietshoheit der Stadt Fremden gegenüber, wie sie das heutige englische Recht[3] als wesentliches Merkmal der öffentlich-rechtlichen Korporationen aufgestellt, war keine Rede. Die Statuten banden nur die inhabitants[4].

Auch ein anderes, nach Anschauung der heutigen englischen Rechtswissenschaft[5] wesentliches Merkmal fehlte, nämlich, dafs die Stadt auf anderem als gesetzlichem Wege ihrer Korporationsqualität entkleidet werden könnte. In der Zeit der Stuarts sind durch königliche informations quo warranto massenhaft Stadtverfassungen kassiert worden[6]. — Die Erteilung einer Charter wurde damals als königlicher Gnadenakt aufgefafst[7].

Diese Privilegienbasis im Verhältnis von Staatsgewalt und Stadt, die den Begriff der öffentlich-rechtlichen Korporation unmöglich machte, wurde in der Zeit der Stuarts noch mehr zugespitzt: durch die Einführung der select bodies. Schon früher war durch Gutachten der Reichsrichter[8] als gute Gewohnheit festgestellt, dafs unter der durch Charter berechtigten Bürgerschaft ein engerer Ausschufs zu verstehen sei. Diese Praxis förderten die Stuarts und verkünstelten die Stadtverfassungen in diesem Sinne.

---

[1] Merewether u. Stephens p. 1524 (vol. II) Grant a. a. O. p. 88, 97, 364.

[2] Merewether u. Stephens p. 1524, anders im heutigen Recht. Grant a. a. O. p. 78.

[3] Grant a. a. O. p. 76.

[4] Merewether u. Stephens a. a. O. III p. 1523.

[5] Grant a. a. O. p. 90.

[6] Merewether u. Stephens a. a. O. III. p. 1776 ff. S. ferner Goodnow, municipal home rule 1895 p. 242 ff.

[7] Merewether u. Stephens III 1705—31.

[8] S. oben S. 19 Merewether u. Stephens sagte treffend von diesem Gutachten, dafs es mehr to expedience than to law or reasons zu dienen bestrebt war. Ähnlich Palgrave Observations p. 74.

Nur so wird es uns erklärlich, dafs zu einer Zeit, da die bill of rights das subjektive öffentliche Recht des Individuums — allerdings in einer anderen Weise, als auf dem Kontinente[1] der Staatsgewalt gegenüber abgrenzte, von den Städten nicht die Rede ist. Alles war damals[2] nur darauf bedacht, diese Willkür des Königs aus der Privilegienbasis zu entfernen: die Städteprivilegien sollen wie Privatrechte geschützt werden. — Damit wollte man nur den status quo ante herstellen, ohne an der Privilegienbasis selbst etwas zu ändern.

Das ganze 18. Jahrhundert ist durch die Belassung dieses status quo gekennzeichnet[3].

Erst das Municipalgesetz vom Jahre 1835 hat die Stadt zur Korporation des öffentlichen Rechts erhoben und damit den Begriff der öffentlichen Korporation in das englische Recht eingeführt. Daher bezeichnen auch die englichen Schriftsteller als Zweck des Municipalgesetzes eine einheitliche Regelung des Verhältnisses von Staat und Stadt, um den vielen Abweichungen und Verschiedenheiten, hervorgerufen durch die Privilegenbasis, ein Ende zu machen[4]. — Sieht man aber näher zu, so ist dies nur eine juristische Bezeichnung für die wirklich schöpferische That des Gesetzes: eine einheitliche, überall gleiche Rechtspersönlichkeit (status), einen Durchschnittstypus des öffentlichen Rechtssubjekts in der Stadt geschaffen zu haben.

Aus der Thatsache, dafs dem 18. Jahrhundert der Begriff der öffentlich-rechtlichen Korporation fehlte, ergiebt sich, dafs auch die örtlich geschlossenen Kollektivverbände des Selfgovernments nicht öffentlich-rechtliche Korporationen

[1] S. Jellinek in den Heidelberger staats- und völkerrechtlichen Abhandlungen Heft 3 S. 26.

[2] Merewether und Stephens III 1845—1848.

[3] Merewether u. Stephens III 1843, 1943 und First Report p. 17.

[4] Blackstone, comm. I p. 521 (ed. Kerr), Palgrave, Observations p. 62—63.

sind[1]. — Was sind sie aber sonst? Der Staat rechnet ja mit ihnen als mit örtlich geschlossenen Kollektivverbänden. Er verfällt sie in Bufsen, wenn sie in ihrer Kollektivthätigkeit säumig sind, ja selbst wenn eines ihrer Mitglieder säumig ist[2]. Dies altenglische Princip der Kollektivhaftung macht es uns zur Gewifsheit: Die Kommunalverbände des englischen Selfgovernments sind passive öffentlich-rechtliche Verbände[3].

Sie haben kein vom Staate übertragenes imperium zu subjektivem öffentlichem Rechte, gehören aber dennoch dem öffentlichen Rechte an, weil ihre Bildung durch Zwang zur Mitgliedschaft erfolgt und die Leistungen an den Verband (in Form der Kommunalsteuern) auf öffentlich-rechtlicher Pflichtstellung beruhen. Durch jene Satzungen objektiven Rechts entsteht als Reflexwirkung der Schein einer Privilegierung des Verbands selbst. Es wird nun der Schein hervorgerufen, als sei der Verband selbst Träger von subjektiven öffentlichen Rechten. Dafs das englische Recht solche passiv öffentlich-rechtliche Verbände kennt, glaube ich in meinem Exkurse zu dieser Abhandlung nachgewiesen zu haben. Sie werden in der Jurisprudenz unseres 18. Jahrhunderts aggregate bodies[4] im Gegensatz von corporate bodies, den Trägern subj. Rechte genannt. So sagt Merewether u. Stephens II vol. p. 691 mit Berufung auf Madox, den ausgezeichneten Juristen des 18. Jahrhunderts: „We have already seen, by the instances quoted from Madox[5],

---

[1] Daher die Einreihung der Stadt unter „other lay corporations“ und der Grafschaft unter die Rubrik civil division of England (also nur Mittel der Gebietseinteilung) bei Blackstone I p. 103.

[2] S. Madox ‚firma burgi‘ 1726 p. 154 ff. Gneist Selfgovernment S. 188—192.

[3] Über die Natur der passiven öffentl-rechtl. Verbände s. Jellinek, System der subj. öffentl. R. S. 253 ff. und insbesondere mein Exkurs zu dieser Abhandlung, wo der ausführliche Nachweis der im Texte aufgestellten Behauptung gegeben wird. — Ich werde statt des Ausdrucks „passive öffentl.-rechtl.“ im folgenden der Bequemlichkeit halber von „passiv“ öffentl.-rechtl. Verbänden reden.

[4] Madox a. a. O. p. 5 und passim.

[5] Madox ‚firma burgi‘ im V. Kapitel.

that the doctrine which' autorizes the proceeding in this manner against aggregate bodies of counties, hundreds ... wapentakes, cities boroughs, was fully recognised, notwithstanding they were not incorporated — and therefore in this case we find the practice referred to generally and without any particular remark or any doubt or explanation accompanying it. Indeed it is rather stated as a matter well known and a knowledged and requiring no illustration. — . . . . . This could not have been the case if it had been any new of particular doctrine . . . to Corporations; but it was the practical doctrine, which necessarily resulted from the recognition of the liability of aggregate bodies, and which we find occuring in the earliest periods of our law." —

An dieser Stelle vertritt Merewether u. Stephens gegen eine unrichtige Doktrin die Ansicht, dafs es sich in einem Rechtsfall aus dem Jahre 1371, wo der mayor und die commonalty der Stadt Hũll geklagt werden, nicht wie jene Doktrin behauptete, um die Einführung des Korporationsgedankens handle, was man eventuell daraus schliefsen könnte, dafs der Stadt die Beklagtenrolle zugewiesen sei. Die Ansicht Merewethers mit Bezug auf Madox geht nun dahin, dafs es aggregate bodies im Gegensatze zu incorporated bodies gebe. Der Gedanke, der erstere ergebe sich aus der Anerkennung einer Kollektivverantwortlichkeit der aggregate bodies, und habe schon seit den frühesten Zeiten bestanden. Solche aggregate bodies wären, Grafschaft, Hundertschaft etc. Diese seien jedoch keine Korporationen.

Wir haben somit hier genügend klar den Gegensatz von aktiv und passiv öffentlich-rechtlichen Verbänden präcisiert.

Wie Merewether diese Theorie der aggregate bodies für die Grafschaft, Hundertschaft etc. entwickelt, so hat diese bereits schon vor ihm der ausgezeichnete Rechtshistoriker Madox für die Stadt zu geben versucht.

Madox unterscheidet in seinem Buche ‚firma burgi'.

die corporated towns von den non-corporated. Er vergleicht beide miteinander und findet folgende Berührungspunkte beider:

Beide haben die rechtliche Fähigkeit zu fortdauerndem Eigentum an Sachgütern mit Universalsuccession [1]. Sieht man jedoch genauer zu, so handelt es sich bei den non corporated towns bloſs um den wirklichen Effekt der Rechtsnachfolge in das der communitas zugeschriebene Eigentum, bei den towns corporated geschieht dies auf Grund von subjektiven Rechten, die die Stadt durch deren Vorstand ausübt [2].

Wir würden präciser die Sache dahin fassen, wenn wir sagen, die erstere habe eine Universalsuccession auf Grund objektiver Rechtssatzungen als Reflexwirkungen subjektiven Rechts, die letztere auf Grund wirklicher subjektiver Rechte der Korporation [3].

Einen anderen Vergleichungspunkt bietet die Thatsache, daſs beide in gleicher Weise für die firma burgi aufkommen [4], daſs beide auch sonst ihre Schuldigkeit in gleicher Weise erfüllen müssen [5], daſs beide in gleicher Weise geklagt werden können.

Ihre Unterschiede bestehen nach Madox darin, daſs die towns corporated gewöhnlich unter demselben Namen vor Gericht auftreten, nicht so die towns non corporated [6], daſs die ersteren gewöhnlich nicht ihre Vertreter vor Gericht besonders zu bevollmächtigen brauchen [7], wohl aber die

---

[1] Madox, firma burgi p. 37.

[2] a. a. O. p. 50. Madox drückt diesen Gegensatz ungefähr so aus, daſs im ersten Falle (bei den bodies non corporated) eine natural succession eintrete „as one generation succedeth another“, während bei den bodies corporated die succession eine artificial sei, ausgeübt durch die Organe der Stadt.

[3] S. darüber auch Merewether u. Stephens a. a. O. II p. 1098 ff. Pollock u. Maitland a. a. O. I p. 672—74.

[4] Madox a. a. O. p. 54—55.

[5] Madox a. a. O. p. 57—62.

[6] a. a. O. p. 115.

[7] a. a. O. p. 153.

letzteren, schliefslich, dafs die ersteren gewöhnlich nicht für die Verbindlichkeiten aller einzelnen Angehörigen aufzukommen haben, und umgekehrt alle Angehörigen nicht für die Verbindlichkeit der Stadt[1].

Aber in dem Moment, wo Madox diese Unterschiede anerkennt, verwischt er sie auch, indem er Übergänge statuiert, sodafs man wohl am Schlusse seiner Monographie kaum mehr scharfe Marken zwischen bodies corporate und non corporate finden kann. Das steht jedoch für Madox fest, dafs towns corporated von towns non corporated (aggregate bodies) zu unterscheiden sind. Er macht in dieser Unterscheidung, die nach ihm Merewether so richtig präcisiert hat, einen so schönen Anfang zu richtiger Erkenntnis. Dafs er aber die einmal gewonnene Unterscheidung dann verschwinden läfst, erklärt sich nur aus der Thatsache — von einzelnen historischen Ungenauigkeiten sehe ich hier ab —, dafs ihm die Unterscheidung von Reflexwirkung des objektiven Rechts, die gewissermafsen den Schein subjektiven Rechts hervorruft und zwischen wirklichen subjektiven Rechten fehlt. Alle Privilegien der Städte sind nach englischem Rechte objektives Recht[2]. Selbst das Privileg einer Korporationsverfassung.

Aber dies letztere hat eben zur Folge, dafs die Korporation Trägerin subjektiven Rechts (des Privatrechts) wird[3]. Das unterscheidet eben unsere kontinentale Korporation von der englischen des 18. Jahrhnnderts. Diese gelangt erst durch Satzungen objektiven Rechts zu Organen, und diese Organbildung bewirkt oder macht den Verband fähig Träger subjektiver Rechte zu sein. Der König, das ist die englische Auffassung, schafft Korporationsverfassungen „for

---

[1] a. a. O. p. 181.

[2] Sehr gut wird von Pollock a. a. O. I p. 626 die Stadt (borough) als ‚a masse of franchises‘ definiert.

[3] S. Blackstone Commentaries (ed. Kerr.) I p. 497. Madox a. a. O. d. 50 u. 295. Gross ‚Merchant Gilds‘ I p. 94 Note 1.

a more orderly government" [1] „for a good government" [2], auch dafs die Städte leistungsfähiger in erster Linie für seine (des Königs) [3] Zwecke werden (to pay with more easy punctualness their yearly ferme and other duties to the king). Wenn man demnach die ganze Entwicklung des Korporationsbegriffs in England bis ins 18. Jahrhundert mit einem genug weiten Ausblick zu erfassen sucht, so wird man konstatieren müssen, dafs hier der passiv öffentlichrechtliche Verband die Führung übernommen hat. Daraus erklärt sich auch die Thatsache, weshalb bei Madox die towns corporated und non corporated zusammenfliefsen; ferner ersieht man daraus leicht, weshalb, wie auch neuestens anerkannt wird, die Inkorporation keine wesentliche Veränderungen in der rechtlichen Stellung der Stadt herbeiführt [4]. Die inkorporierten und nicht inkorporierten Städte sind passiv öffentlich-rechtliche Verbände. Durch Privileg kann an einen passiv öffentlich-rechtlichen Verband die juristische Person des Civilrechts geknüpft werden, wie dies bei den towns corporated der Fall ist. Nur so lösen sich die Widersprüche, die auch nach den jüngsten Untersuchungen im englischen Recht [5] selbst noch vorwalten und die darin bestehen, aus dem Vorhandensein einer firma burgi, einer gilda burgi den Korporationsgedanken zu erschliefsen, der erweislich einer viel späteren Zeit angehört, als die Entstehung der firma oder gilda. Im Gegensatz zum Kontinent — wo der aktiv öffentlich-rechtliche Verband die Führung übernommen —, war in England die führende Rolle dem passiv öffentlich-rechtlichen Verbande beschieden.

III.

Wie im Privatrecht die Brauchbarkeit seiner Normen für den Verkehr von wesentlichem Belang ist, Privatrechts-

---

[1] Madox p. 296.
[2] Blackstone a. a. O. I p. 500 (ed. Kerr).
[3] Madox a. a. O. 242.
[4] Gross ‚Merchant Gilds' I p. 96.
[5] Gross Merchant Gilds I 103. 104.

normen absterben, wenn diese Brauchbarkeit ihnen mangelt, ebenso ist für die Institute des öffentlichen Rechts ihre politische Brauchbarkeit mafsgebend.

Das politische Agens der englischen Kommunalverbände des Selfgovernments liegt darin, dafs sie das Heranziehen der Unterthanen für Staatsaufgaben, die nur durch örtlich geschlossene Kollektivverbände gelöst werden können, ermöglichen. Nur im örtlich geschlossenen Kollektivverbande konnte im 18. Jahrhundert jene sociale Position des einzelnen geschaffen werden, die ihn zur Teilnahme an jenen Staatsaufgaben befähigte. Dieser Grundgedanke durchzieht die Geschichte des englischen Selfgovernments überall, er giebt den Kollektivverbänden immer neues Leben, erhält sie in ihrer Kollektivthätigkeit. Auf diesem Grundgedanken beruht auch die Heranziehung des einzelnen nach seinem Realbesitz in der Gemeinde. Man braucht aber diesen Gedanken nur von der Seite des einzelnen, nicht vom Standpunkte des Staates zu betrachten, jene Heranziehung für Staatsaufgaben nur auf das dem Kollektivverbande angehörige Individuum zu reflektieren und man erhält das englische Selfgovernment, die Selbstregierung: der Stolz des Engländers!

Drittes Kapitel.

Das pouvoir municipal in der französischen Constituante.

I.

Die Kommunalverbände des ancien régime.

Der streng centralisierte Staat des ancien régime konnte infolge der grofsen Finanzlasten nur wenige Verwaltungsaufgaben zu lösen unternehmen, obwohl die Notwendigkeit, ein Staat im modernen Sinne zu werden, gerade in Frankreich viel früher, als anderswo auf dem Kontinent eintrat. Die Hörigkeits- und Gutsunterthänigkeitsverhältnisse lösten sich hier früher und die Verwaltungsaufgaben, die der Staat beispielsweise in Deutschland zu der Zeit durch die Gutsherrschaften durchführen konnte, sollte hier der Staat selbst durchführen. Der französische paysan war zu früh ein propriétaire foncier geworden [1]. Je gröfser nun infolgedessen die Anforderungen an den Staat wurden, je weniger er der grofsen Finanzlasten Herr zu werden wufste, weil er in der sinnlosesten Weise von einer gerechten Lastenverteilung absah, desto unzulänglicher war die Lösung selbst der geringeren Anzahl von Staatsaufgaben, die er sich gestellt.

[1] S. Tocqueville, l'ancien régime S. 35

Der hauptsächlichste Grund aber, dafs die Staatsverwaltung unzulänglich, war die Heranziehung des einzelnen zu Staatsaufgaben auf privatrechtlicher, weil feudalrechtlicher[1], Basis[2].

Dem einzelnen mangelte ebenso wie dem Staate die Einsicht, dafs der Unterthan bei fortgesetzer Erfüllung öffentlicher Pflichten (und Lasten) eine gliedliche Stellung im Staatsorganismus einnehme, eine Funktion öffentlichrechtlicher Natur ausübe.

Und ganz dasselbe Verhältnis war zwischen Staat und Kommunalverbänden des ancien régime gegeben. Selbstthätige Kommunalverbände waren nur einige Städte. Die übrigen und die kleineren Flecken[3] und Dörfer waren blofs Verwaltungsbezirke, die nur den Schein eines Wahlrechts für die zwei Ortsbeamten, den syndic (Vorsteher) und greffier (Steuereinnehmer) hatten, die in Wirklichkeit dem Willen des allmächtigen Intendanten und seinem subdelegué weichen mufsten. Aber selbst jene erstgenannten Städte, die kraft Verleihungsurkunden (chartes) gewisse Privilegien, wie freie Besetzung ihrer Ämter mit Ausschlufs der allmächtigen Staatsgewalt, ferner eine dürftige Polizeigewalt, und das Recht der Steuererhebung für Staats- und Gemeindezwecke hatten, selbst diese Städte erfüllten dort, wo ihre Heranziehung Staatszwecken dienen sollte, ihre Pflichten nur auf Grund dieser durch Charten verliehenen Privilegien,

---

[1] S. a. Haenel, Studien I S. 33 A. 35 über den feudalen Staat in Deutschland, „dessen anomale Struktur es war, die verschiedenartigsten öffentlichen Rechte den wohl erworbenen Privatrechten gleichzustellen“.

[2] So die Heranziehung des einzelnen paysan zu Wegebauten auf Grund der corvées. Diese sind nach Tocqueville S. 440: droit, que le seigneur a sur les sujets en vertu du quel il peut employer à son profit un certain nombre de . . . journées de travail ou de celle de leurs bœufs et de leurs chevaux. Der Forderungsberechtigte war allerdings der seigneur; der König nahm aber als premier seigneur suzerain diese Leistungen in Anspruch und die Bauern waren selbst dann, als die Beziehungen zwischen Gutsunterthänigen und Herren gelöst waren, noch verpflichtet, für den eximierten Herrn diese Wegebauten zu leisten. S. Batbie ‚Turgot‘ S. 328 ff.

[3] S. Lucay, La Décentralisation 1895 p. 23. 24.

die im Verhältnisse zur Staatsgewalt Privatrechte waren und wie „wohlerworbene Privatrechte“ nach Umständen geschützt und berücksichtigt wurden. Es mufste nämlich ihre Wahrung immer erst erkauft werden, wenn der Staatssäckel leer war.

Auf diese privatrechliche Grundlage des Verhältnisses von Staat und Gemeinde wirft die Entstehungsgeschichte dieser Verleihungsurkunden ein interessantes Streiflicht[1].

So waren die französischen Städte des Nordens im 12. Jahrhundert nach einer Revolution im kleineren Mafsstabe aus einem Kampfe gegen die seigneurs emporgewachsen[2] und hatten nun seitdem kleine Staaten innerhalb ihrer Stadtmauern gebildet. In diesen Kämpfen gegen den Adel waren sie von den Königen von Frankreich unterstützt worden, eben um die Kraft der damals so mächtigen und dem Hause Capet ebenbürtigen unabhängigen Barone zu brechen.

Als es sich nun um die Inkorporation dieser Städte in den französischen Staat handelte, mufste dieser mit ihren wohlerworbenen Freiheiten rechnen. Er griff sie nicht gewaltsam an, er anerkannte sie durch Chartes[3], jedoch nur, um dann von diesen Stück für Stück abzubröckeln[4]. Die minder mächtigen Städte, die durch Konsolidierung des Staates an Frankreich kamen, die Städte zweiter und dritter Ordnung, ja oft blofse Landgemeinden, namentlich auf den königlichen Domänen[5], wurden auch mit Privilegien ausgestattet, weil man sie nicht fürchtete und auf diese Weise den Wert, den die Privilegien der mächtigen Städte in der Languedoc, Normandie, Bretagne hatten, herabdrücken

---

[1] S. Thierry, lettres sur l'histoire de la France No. 13.
Glasson, Histoire du droit et des institutions de la France 1893 t. IV.

[2] Glasson, Histoire du droit et des institutions de la France 1893 t. IV p. 4 ff. p. 15

[3] S. Glasson a. a. O. t. IV p. 12 u. 13.

[4] Thierry S. 147: »qu'il est plus difficile d'anéantir une liberté acquise, que l'étouffer à son berceau.«

[5] Glasson a. a. O. p. 18.

wollte. Es folgen nun die massenhaften Charteverleihungen des 13. Jahrhunderts. Insbesonders im Centrum Frankreichs werden zahlreiche Städte gegründet, die aber direkt unter die Lehnshoheit des Königs kommen. Seine Stelle vertrat in den Städten der sogenannte prêvot. Diese Städte geniefsen viel Freiheit, aber nicht als subjektives Recht[1]. Jederzeit können sie ihnen genommen werden, sie haben mehr faktische als rechtliche Freiheiten.

Aus der Entstehungsgeschichte dieser Charten ersehen wir, dafs der Staat nicht planbewufst die Mitwirkung der Kommunalverbände in der Staatsverwaltung wollte, wie wir diese im englischen kennen gelernt haben. Im Gegenteil, diese Mitwirkung, garantiert durch Privilegien, duldete er nur und war in dieselbe Breschen zu schlagen stets bereit, sobald dies nur irgendwie anging. Um so egoistischer schlossen sich nun die Städte in ihre Privilegien ein und übten diese ohne jeden höheren Gemeinzweck vor Augen als Privatrechte aus.

Mit dieser rein privatrechtlichen Auffassung der Beziehungen zwischen Staatsgewalt[2] und Städten hing die Verkäuflichkeit der Stadtämter zusammen. Die Stadt erkaufte die Wahrung ihres Privilegs, ihre Organe selbst wählen zu dürfen (gewöhnlich erfolgte dann die Besetzung durch Kooptation aus dem Stande der Patrizier, oder, wie sie in Frankreich hiefsen, Notablen) mit schwerem Gelde. Unterliefs sie dies, dann verkaufte der Staat die einzelnen Ämter (mettre en office) an die Kapitalisten[3] der Stadt, trotz Charten und Privilegien. Solch Ämterkauf bewirkte, wenn er von Seite der Stadt erfolgte, natürlich die Aufnahme neuer Schulden und damit eine grofse Belastung der an und für sich arg zerrütteten Kommunalfinanzen.

---

[1] S. Glasson a. a. O. p. 18—20. Die übrigen mit Charten ausgestatteten Städte sind allerdings Personen des Civil- u. Lehensrechts.

[2] S. Glasson a. a. O. p. 41. „La commune formant une personne civile et feudale".

[3] Für diese deshalb von Wichtigkeit, weil mit der Ausübung jener Ämter insbes. Steuerprivilegien verbunden waren.

Eine auf solche Grundlage gestellte Kommunalverwaltung konnte nicht den Anforderungen einer modernen Staatsverwaltung genügen. Der Staat mufste selbst die Zügel in die Hand nehmen, er mufste centralisieren [1]! Und welchen Erfolg er damit erzielte, lehrt die Entstehungsgeschichte der grofsen Revolution [2].

Es gab allerdings im ancien régime als Überrest verklungener Herrlichkeit ein Kommunalsystem, das von zwei Übeln der andern Kommunalverbände sich hatte frei zu halten gewufst: von Verkäuflickheit der Ämter und zerrütteten Finanzen. Das waren die sogenannten pays d'état, kaum fünf an Zahl. Von diesen entwickelten eigentlich nur Languedoc und Bretagne eine Selbstthätigkeit. Dieses Kommunalsystem hatte einen Oberbau in der Provinz mit ihrer assemblée provinciale, die aus den gens des trois états zusammengesetzt war. Die Provinzialversammlung, in der der dritte Stand (tiers état) einen überwiegenden Einflufs hatte [3], war durch Privilegien geschützt und berechtigt [4], ihre besonderen Angelegenheiten selbst zu beraten, Beschlüsse zu fassen und, allerdings mit Genehmigung der Staatsregierung, zur Ausführung zu bringen. Sie hatte das Recht, die ihr vom Staate aufgelasteten Steuern zu repartieren, solche selbst auszuschreiben, die für gemeinnützige Zwecke erforderlichen Provinzialanstalten zu errichten und zu verwalten.

Der Mittelbau des Kommunalsystems bestand aus diocèses, die zum Unterbau die communautés (Städte und Dörfer) hatten. Mittel- und Unterbau hatten gleichfalls eigene Versammlungen wie die Provinz.

---

[1] Die zerrütteten Finanzen der Städte geben oft dem Staate willkommene Veranlassung, die Wahl der Magistraturen den Städten zu nehmen. S. Lucay a. a. O. p. 23.

[2] S. Tocqueville Ch. XVIII u. Ch. XIX.

[3] S. Tocqueville a. a. O. S. 339. 340.

[4] S. Tocqueville a. a. O. S. 329 ff. S. Lucay a. a. O. p. 21—23.

Zwei Vorzüge vor den übrigen Kommunalverbänden waren diesen eigen: Freie Wahl ihrer Organe, also keine Verkäuflichkeit der Ämter, und infolge der Regsamkeit ihres Kommunallebens geordnete Finanzen. Diese Vorzüge bewirkten, dafs später, als die Constituante sich mit der Abfassung eines Gemeindegesetzes beschäftigte, ein Entwurf von Mirabeau vorgelegt wurde [1], der diesen Kommunalbau zum Vorbild nahm. Aber wie allen Kommunalverbänden, haftete auch ihnen der Fehler an: die Kommunalverwaltung war nicht im Zusammenhang mit Staatszwecken gedacht, sie war gegenüber der Staatsgewalt auch nur privatrechtliche Ausnützung von Privilegien. Ausnützung von Privilegien von Seite der pays d'états, Duldung von Seite der Staatsgewalt. — Nichts beleuchtet greller dies Verhältnis, als dafs oft Staats- und Kommunalinteresse in den Haaren lagen und als vollkommen getrennt gedacht wurden, wenn eine Kollision der Interessen vorlag. So, wenn die Provinzialversammlung beschlofs, gemeinnützige Anstalten in der Provinz zu errichten, der Staat aber befürchtete, die damit verbundenen Auslagen könnten die Steuerfähigkeit der Provinz mindern: dann wurde vom Staate dies zu thun abgeraten [2], mitunter auch die Genehmigung versagt.

Man würde aber dem Zeitalter des ancien régime Unrecht thun, behauptete man, dafs es die Reformbedürftigkeit des Kommunalwesens nicht bemerkt hätte. — Eine Reform, sollte sie erspriefslich sein, mufste die von mir oben hervorgehobenen drei Hauptübel des Kommunalwesens vor Augen haben, ihre Spitze kehren gegen: 1. Privilegien, als privatrechtliche Grundlage des Verhältnisses von Staat und Gemeinde, 2. Verkäuflichkeit der Ämter, 3. Schlechte Finanzen der Gemeinden.

Zwei erleuchtete Männer wendeten diesen Fragen ihr Augenmerk zu, und wurden so von mafsgebender Bedeutung

---

[1] Archives parlementaires t. IX (der I. série) p. 659.

[2] S. Tocqueville S. 331 ff., auch Turgot, œuvres t. II S. 529 ed. Daire.

für die Constituante. Es war Marquis d'Argenson der ältere und Turgot. Bemerkenswert ist, dafs diese Reformvorschläge ganz und gar nicht auf englisches Vorbild eingehen, ja dieses bewufst ablehnen [1]. Die Gründe, die unsere beiden Reformer dafür angeben, treffen allerdings den entscheidenden Punkt nicht, aber eine bewufste Vermeidung englischen Einflusses liegt vor [2]. Die Gründe hiefür sind teils politischer, teils juristischer Natur: der politische Grund ist, dafs mit der Verpflanzung des englischen Selfgovernment die hohe Bedeutung der englischen Gentry mit nach Frankreich hätte verpflanzt werden müssen. Dafür fehlte aber hier die notwendige Voraussetzung, nämlich ein Interesse des französischen Adels für Staatsangelegenheiten [3]. Eben mit dieser Entwöhnung des Adels vom Handeln für Staatsaufgaben mufsten unsere Reformer rechnen, und sie thaten dies, indem sie nicht nur auf eine Mitwirkung des Adels in ihren Reformplänen verzichteten, sondern [4] geradezu der Abschaffung des Adels das Wort redeten.

Der juristisch-technische Grund war die Unmöglichkeit, aus den damaligen Schriften englischer Juristen, die sich

---

[1] Marquis d'Argenson „Considérations sur le gouvernement" Amsterdam 1764 S. ?7 ff. (Ch. III. Art II.) insbesondere über die engl. Kommunalverfassung S. 23 ff. Auch Turgot, œuvres II p. 807.

[2] Insbesondere ist dies bei Argenson auffällig, der regen Verkehr mit englischen Staatsmännern, insbesondere mit Lord Bolingbroke unterhielt. Lord Bolingbroke war doch auch in jenen bekannten Club d'entresol eingeführt worden, in dem zuerst Marquis d'Argenson seine „Condérations" veröffentlichte. Marquis d'Argenson, Mémoires ed. 1837 t. I. p. C. II. C. III. Unrichtig ist die Behauptung Moriers „Selbstregierung" 1876 (deutsch von Beta) 3 ff., dafs die Franzosen mit der Herübertransportierung des englischen Parlamentarismus auch die englische „Selbstregierung" schaffen wollten. Sie kannten sie wohl schwerlich, nicht einmal dem Namen nach.

[3] S. Taine, l'ancien régime t. I. p. 31, wo treffend die Parallele zwischen englischem und französischem Adel gezogen wird. Über den Zusammenhang der Privilegienbasis, auf welcher die damalige Gesellschaft für die Thätigkeit im Staat organisiert war, und der zerrütteten Finanzen s. Levasseur, Séances et travaux de l'académie des sciences politiques et morales t. 50 p. 106 ff.

[4] S. Argenson, Considérations Ch. IV.

mit englischer Kommunalverfassung befafsten, also Burn's „Justice of the peace" und aus Blackstone ein anschauliches Bild der englischen Kommunalverfassung zu gewinnen. Die Darstellung in diesen Schriften ist aufgelöst in eine Charakterisierung der einzelnen Ämter des Selfgovernment[1]. Ein zusammenfassendes Bild — allerdings nur ein Mosaikbild, hätte mühsam gewonnen werden müssen und dies war nicht nach dem Geschmacke der damaligen französischen Publizisten.

So sind die beiden Reformpläne, die uns vorliegen, Originale.

II.

Der Reformplan des Marquis d'Argenson.

Marquis d'Argenson geht in seinem Buche „Considérations sur le gouvernement ancien et présent de la France" von dem Grundgedanken aus[2], dafs die beste Regierung eines Staates die nach Gesetzen sei, welche die gröfste Freiheit den Unterthanen belasse. Es sei deshalb Aufgabe einer guten Gesetzgebung, dieses Interesse der Unterthanen an ihrer möglichst grofsen Freiheit für die Zwecke des Staates auszunützen. Zu wenig habe man bis jetzt mit diesen inneren Kräften der menschlichen Natur in der Politik gerechnet[3], „on n'y reflêchit pas assez ordinairement sur les forces de l'homme, sur ses penchants et sur la necessité d'écouter la nature." Dies sei aber ein unumgängliches Erfordernis jeder vernünftigen Politik, denn auf diese Weise werde der Mensch, indem er sich so frei als nur möglich fühle, dahin gelenkt, seine Dienste dem Staate zu weihen, für den Staat thätig zu werden; „so könne selbst der Sklave noch glauben, Herr zu sein" und als solcher handeln.

---

[1] S. Blackstone, Commentaries (ed. Kerr) vol. I Chap. IX „the subordinate magistrats", wo die Ämter des Selfgovernment abgehandelt werden.
[2] S. 22. Chap. II principes.
[3] p. 276.

Ebenso wie beim Individuum, komme es auch bei den Gemeinden (communautés) darauf an, ihnen die gröfste Freiheit derart mit den Staatsinteressen zu verbinden, dafs sie eigentlich für Staatszwecke thätig werden, während sie selbst glauben, nur ihrem Interesse zu folgen. Das Mittel, dies zu erreichen sei, den Gemeinden das Recht zu geben, sich zu versammeln, ihre Angelegenheiten zu beraten und „mit einer gewissen Unabhängigkeit" zu handeln.

„Voilà ce qui a produit originairement dans les états ce qu'on appelle le droit de Commune". Das sind die Grundgedanken seines Reformplanes; und sie verdienen nach doppelter Richtung unsere Bewunderung.

Wir sehen hier das Recht auf Selbstverwaltung zum Vorschlag gebracht, wie es der Konstitutionalismus später nicht schärfer präcisiert hat; ja noch mehr, wir finden die politische Bedeutung der Selbstverwaltung auf ein Princip zurückgeführt, das ich den socialen Mechanismus der Rechtsordnung nennen möchte und das ich in meinen dogmatischen Ausführungen des nähern darlegen werde. Dies Princip des socialen Mechanismus der Rechtsordnung besteht darin, sorgsam der Verknüpfung des Einzelinteresses mit dem Staatsinteresse, des Interesses der organisierten Gesellschaftsgruppen mit dem Staatsinteresse nachzugehen, faktisch vorhandene derartige Interessen zu rechtlichen, also zu Rechten zu erheben [1], und mit der Befriedigung des Partikularinteresses die der Staatsinteressen zu garantieren, auf diese Weise durch eine zweckmäfsige Verteilung von Berechtigungen eventuell Pflichten jenen Willen, auch einen Kollektivwillen zu gewinnen, den der Staat zur Äufserung des Gemeinwillens benötigt.

Im einzelnen betrachtet, enthält der Plan von Argenson den Vorschlag, in ganz Frankreich jeder Gemeinde eine

---

[1] S. Jellinek, System der subj. öffentl. Rechte S. 231: „Wie gewinnt der Staat den physischen Willen, in dem seine Willensbildung sich vollzieht? Die Antwort hierauf kann nur zwei Möglichkeiten umfassen: durch Verpflichtung und Berechtigung."

selbständige, unabhängige Stellung in Bezug auf die Verwaltung ihrer Angelegenheiten, worunter die ganze innere Verwaltung (police) und die Finanzverwaltung verstanden wird, einzuräumen [1]. Kleine, an sich schwache Gemeinden sollen mit andern zusammengelegt werden [2]. Jede Gemeinde besitzt eigene Organe, welche die der Gemeinde zugewiesenen Verwaltungsaufgaben zu erfüllen haben. Diese Gemeindeorgane werden von den Gemeindeinsassen gewählt. — Durch Zuweisung der wichtigsten Verwaltungsaufgaben an die Gemeindeorgane, durch Zuteilung des Steuererhebungsgeschäftes, sowohl der Staats- als auch der Kommunalsteuern, wird das Interesse der Gemeindeorgane, also für Staatszwecke thätig zu werden, besonders geweckt, da sie ja doch so ihre eigenen Angelegenheiten am zweckmäſsigsten verwalten [3]. Die Volkswahl der Gemeindebeamten wird neues Leben in den erstarrten Gemeinsinn der Gemeindebevölkerung bringen und die Verkäuflichkeit der Ämter wird aufhören [4]. — Die Gemeindeorgane können partikuläre Verordnungen für die innere Verwaltung erlassen, sofern diese nicht den Reichsverordnungen zuwiderlaufen [5]. Die Gemeindeorgane sind von der Handhabung der „streitigen Gerichtsbarkeit“ (justice contentieuse) [6] und umgekehrt die königlichen Beamten, der Intendant an der Spitze des Departements und sein Subdelegué, ferner der Einnehmer königlicher Abgaben, von der Kompetenz der Gemeindeorgane ausgeschlossen [7]. — Die königlichen Beamten, insbesondere der Intendant sind auf die Oberaufsicht über die Gemeindeorgane beschränkt [8].

Der Plan des Marquis d'Argenson berücksichtigt nun

---

1 S. Argenson. Chap. VII Art. 7.
2 Chap. VII Art. 3.
3 Chap. VII Art. 12 u. 13.
4 passim. Chap. VII Art. 51.
5 Art. 21 u. 22 (Chap. VII).
6 Chap. VII Art. 7.
7 Chap. VII Art. 20.
8 Chap. VI Art. 31.

jene drei Gesichtspunkte, die wir oben als die wichtigsten einer zweckmäfsigen Reform der Gemeinden des ancien régime erkannt haben, in folgender Weise:

1. Die Gemeinden sollen nicht mehr auf privatrechtlicher Basis zur Staatsgewalt stehen; sie sind nunmehr Persönlichkeiten des öffentlichen Rechts. Das bezeichnet d'Argenson mit dem Ausdruck Demokratie. Jede Gemeinde ist eine solche Demokratie. Wenn man nur den Wortlaut berücksichtigte, könnte man wirklich glauben, es handle sich dem Marquis d'Argenson darum, Frankreich in eine Anzahl Demokratien zu zerlegen [1]. Aber davon ist er weit entfernt. Im Gegenteil, es ist ihm, und dies geht aus zahlreichen Stellen seines Planes hervor, um ein starkes Königtum und eine starke Exekutivgewalt zu thun, wo das Funktionieren der Gemeinde allein unzulänglich ist. Die höchste Regierungskunst ist für ihn eben diejenige, welche Mäfsigung gegenüber der Unterthanenfreiheit mit Energie paart (Cet art difficile composé de modération et de sévérité).

Auch der Umstand, dafs Marquis d'Argenson die holländischen und selbst die flämischen Gemeinden in jenen Provinzen zum Vorbilde nimmt [2], die gegen Ende des 17. Jahrhunderts [3] auf kurze Zeit an Frankreich gefallen waren, also innerhalb Frankreichs zur Zeit des Marquis d'Argenson waren, deutet entschieden darauf hin, dafs er sich nicht die Gemeinden als möglichst unabhängige Demokratieen (im eigentlichen Sinne des Wortes) dachte. Er wollte nur eine in sich geschlossene und konsolidierte Gemeindegewalt, wie sie die Gemeinde als Kor-

---

[1] Das glaubt Oncken, das Zeitalter Friedrich des Grofsen Bd. I S. 451 ff. Falsch ist auch Onckens Ansicht, dafs überhaupt keine andern als nur Gemeindebeamten im Reiche funktionieren sollen. S. d'Argenson, Considérations Chap. VII art. 22. art. 27—37 besprechen in extenso die Stellung der königlichen Beamten in Onckens „Gemeindestaat".

[2] S. Considérations p. 67.

[3] Im Pyrenäischen Frieden 1659, Frieden von Aachen 1668 und Frieden von Ryswick 1696.

poration des öffentlichen Rechts haben konnte, und sprach deshalb von Demokratieen, wie ja auch die ganze damalige Publizistik an eine Sonderung der politischen und juristischen Terminologie nicht gedacht hat.

2. Die Verkäuflichkeit der Ämter wird abgestellt. Volkswahlen bestellen die Gemeindeorgane und diese Methode kann auch auf königliche Ämter angewendet werden[1].

3. In einer engen Verknüpfung des Gemeindeinteresses mit dem Staatsinteresse bei der Steuererhebung liegt die zweckmäfsigste Besteuerungsart.

Gemeinde- und Staatssteuern werden auf einmal erhoben[2] und dann nach dem Verhältnis von 3 : 1 zwischen Staat und Gemeinde geteilt. Den Gemeinden bleibt es überlassen, die zweckmäfsigste Art der Steuererhebung zu wählen, die Staatsgewalt beschränkt sich nur auf die Feststellung allgemeiner Grundsätze.

III.

Der Reformplan von Turgot[3].

Um die in seiner Reform der Gemeinden niedergelegten Gedanken politisch zu erfassen und zu würdigen, müssen wir uns das politische Glaubensbekenntnis der Physiokraten vergegenwärtigen.

Mit Nachdruck betonen sie ein System der socialen Triebkräfte[4], die im Staate vorherrschen, die repräsentiert werden durch das Volk im Staate, die aber nur einem einzigen mit „ihrer Evidenz“ (le principe de l'évidence)[5] zum Bewufstsein kommen, der sie nur in die Gesetzesformel zu

---

[1] Considérations Chap. VII Art. 27—30.

[2] Considérations Chap. VII Art. 26.

[3] Turgot, œuvres II t. p. 502 ff. ed. Daire, betitelt, „über die Municipalitäten, über die Hierarchie, die man unter ihnen errichten soll und über die Dienste, welche sie der Regierung leisten könnten“. Über einen ähnlichen Plan von Le Trosne s. Lucay a. a. O. p. 28.

[4] S. Janet, histoire de la science politique II p. 646.

[5] Janet a. a. O.

bannen hat. Um ihn (diesen einzigen) zu kontrollieren, giebt es nur eine öffentliche Meinung[1].

In diesem Gedankenkreise bewegt sich auch Turgot. — Nichts ist ihm feststehender, als daſs auch fürderhin das Königtum Gesetzgebung und Ausführung der Gesetze handhaben soll[2]. — Aber er will jene socialen Triebkräfte[3] in den Dienst des Staates stellen, sie einordnen in Form von Municipalitäten (repräsentativen Volksversammlungen), die die Exekutive in der Staatsverwaltung insoweit ergänzen sollen, als dies nur möglich ist. — Die Punkte, wo eine solche Ergänzung möglich, sind[4] die Steuerverteilung, die Steuererhebung, die innere Verwaltung, unter welcher er mit Ausschluſs der Polizei[5], die Verwaltung der öffentlichen Anstalten versteht.

Wie aber diesen Plan realisieren? Etwa auf die Vergangenheit mit ihren privilegierten Korporationen zurückgehen, die privatrechtliche Basis des Verhältnisses zwischen Staatsgewalt und Unterthanen verlassen?! Nein. Diese privilegierten Menschen und Korporationen müssen von der Bildfläche des Staates verschwinden. — „Les droits des hommes réunis en societé ne sont point fondés sur leur histoire, mais sur leur nature[6]". Ja selbst die pays d'états, Kommunalverbände mit groſsem Interessenkreise sollen verschwinden[7].

---

[1] S. Tocqueville p. 249.

[2] S. 504: „concourrir par la protection générale, que vous devez à vos sujets".

[3] a. a. O.: „Il serait impossible si l'on n'y imaginait pas quelques formes, quelques institutions, d'après les quelles la plupart des choses, qui doivent être, se fassent d'elles mêmes suffisement bien".

[4] p. 503.

[5] In dem Wirkungskreise, den er den Municipalitäten (p. 509) absteckt, fehlt die police, was wohl, wie Batbie, „Turgot" p. 142 meint, mit Fleiſs geschehen ist u. m. A. nach seinen Erklärungsgrund darin findet, daſs Turgot alle obrigkeitliche Gewalt (als Teil der Exekutive) dem Könige anheimgegeben wissen wollte.

[6] Es ist dies der naturrechtliche Standpunkt, den wir im Ideenkreise der Constituante zu voller Kraft im pouvoir municipal aufleben sehen werden.

[7] p. 505.

Das Reich mufs in seinen kleineren örtlichen Interessengruppen (provinces) und diese wieder in ihren kleineren örtlichen Interessengruppen (communautés, villes, villages) betrachtet werden. Hier sind die socialen Triebkräfte rege. Es handelt sich nur darum, sie zu meistern und Staatszwecken dienstbar zu machen. Zu diesem Zwecke wird jeder dieser örtlichen Interessenkreise eine municipalité, Volksvertretung haben, betraut mit jenen Funktionen, die wir oben aufgezählt haben. Diese Municipalitäten sind die Staatseinrichtungen, „qui se fassent d'elles mêmes suffisement bien“. Sie stellten für Staatszwecke thätige Kollektivverbände auf örtlicher Grundlage dar, die selbst und ohne Zuthun des Staats thätig werden.

Einen solchen Kollektivwillen bilden, erfordert eine Heranziehung einzelner physischer Willen, was durch Verleihung von Wahlberechtigungen an die Grundbesitzer in der Gemeinde zu erreichen ist. — Rechte haben nur die einzelnen Individuen (Wahlrechte). Die Versammlung (municipalité) als solche hat keine Rechte, sondern nur Pflichten[1]. — Die zur Municipalität der einzelnen Gemeinden Gewählten, schicken ihre Vertreter in die Municipalität der Provinz, diese ihre Vertreter in die Municipalität des Reiches (la municipalité générale du royaume).

Die Durchführung dieser Reform sichert drei Vorteile gegenüber dem früheren Zustande der Gemeinden:

1. Die Abschaffung der privatrechtlichen Grundlage des Verhältnisses von Staat und Gemeinde. Die Gemeindeverwaltung einmal durch Municipalitäten besorgt, realisiert mit der Befriedigung ihrer sie zunächst angehenden Interessen zugleich das Staatsdienstinteresse auf den Hauptgebieten der inneren Verwaltung und der Finanzverwaltung.

2. Durch die Municipalitäten werden die Staatsorgane,

---

[1] Siehe oben S. 45 Anm. 3 den Titel dieses Mémoire: u. Oncken, Zeitalter Friedrich des Grofsen II. Bd. S. 620.

die mit der Verwaltung betraut werden müfsten, überflüssig und mehr als hinreichend ersetzt. — Turgot sagt nämlich [1] von diesen Municipalitäten, sie seien eine Notwendigkeit, „qui peuvent soulager votre gouvernement sire d'une fonction, que le peuple regard comme odieuse, et pourvoir en même temps aux besoins speciaux de chaques lieus“. . . . .

Das Hauptübel der Verkäuflichkeit der Ämter konnte so nach Turgot's Plan überwunden werden, wenn es zu der Zeit nicht schon überwunden war.

3. Durch zweckmäfsige Anknüpfung des Wahlrechts und der Steuerpflicht an den Grundbesitz [2] wird der besondere Vorteil eines geregelten Steuersystems erzielt. „Mais [3] les plus grands avantages, qui frapperont votre Majesté dans l'arrangement, qui distribuerait le voix de citoyen en raison de la fortune . . . . celui de donner par la forme même de la distribution des voix la meilleure règle possible de repartition et la moins sujette à querelles“. Der Staat soll hier mit dem natürlichen Interesse (ambition naturelle) des einzelnen wählen zu dürfen, rechnen. Wer sein Eigentum bekennt, um die Wahlberechtigung zu erhalten, mufs es sich gefallen lassen, dafs dieses Eigentumsbekenntnis auch für Steuerzwecke verwendet werde [4]. Durch Verteilung der mit dem Eigentum und der Steuerzahlung verknüpften Wahlberechtigungen gewährleistet der Staat sich die Erfüllung der Steuerpflicht des einzelnen nnd hält dessen Interesse an der pünktlichen Erfüllung stets wach [5]. Eine Schwierigkeit, die Municipalitäten auf Grund eines so gearteten Wahlrechtes zu bilden, besteht nach Turgot in der Ungleichheit der Belastung der einzelnen, insbesondere in

[1] p. 510.

[2] 600 Livres Revenue geben eine Stimme, zu der sich einzelne, die weniger haben, vereinigen können.

[3] p. 516.

[4] p. 516—517.

[5] Dieser sociale Mechanismus der Rechtsordnung wird von Turgot besonders scharf hervorgehoben p. 517 f. u. p. 518.

den Exemtionen des Adels und Klerus. Dem sei aber in der Weise abzuhelfen, dafs letztere nur insoweit in die Municipalitäten eintreten, als sie Steuern zahlen. Sie haben auf Grund der taille d'exploitation, die sie durch ihre Pächter zahlen, ein Stimmrecht, das sie durch den Pächter oder einen anderen Stellvertreter ausüben können. Die taille de propriété, von der sie ausgenommen sind, giebt ihnen keine Stimme. Wohl aber die Steuern, die sie entrichten, nämlich die vingtième[1]. Die vorgeschlagene Finanzwirtschaft im Vergleiche zu der des ancien régime berechtigt Turgot zum Ausrufe: „Wenn die Einrichtung dieser Municipalitäten keinen andern Vorteil brächte, als die gerechteste Verteilung der Steuern, so wäre dies genügend, um die Regierung Ew. Majestät zur glorreichsten zu machen"[2]. — Dieser Plan Turgots verwarf jede Anknüpfung an die Vergangenheit, jegliche Art von Privilegierung selbst der Gemeindeverbände. Seine Realisierung war die Revolution selbst. Das erkannte auch Ludwig XVI., als ihm dieser Plan vorlag. Er sagte[2]: „Le système de Mr. Turgot est un beau rêve. C'est une autre utopie particulière, qui part d'un homme, qui a de bonnes vues, mais qui bouleversait l'état actuel". Ludwig XVI. nennt hier Turgots Plan einen schönen Traum. Er ahnte, als er dies schrieb, nicht, dafs diesem „Traum" die Constituante sobald Wirklichkeit verleihen würde[3].

---

[1] Die Capitatio ist hier nicht genannt, weil Turgot nur eine Steuerart, die Grundsteuer verficht.

[2] S. Mémoires de Louis XVI. ed. par Soulavie p. 152, t. III.

[3] Leroy-Beaulieu behauptet in seinem Werke l'administration locale en France et en Angleterre, 1872 p. 79, dafs diesem Mémoire folgend, jenes Gemeindeedikt vom 7. Juni 1787 ergangen sei, das Tocqueville in seinem l'ancien régime einer so vernichtenden Kritik unterzieht. Ich halte diese Ansicht, wenn sie sich nur auf die vom Abg. Mounier im Jahre 1837 ausgesprochene Meinung stützt, für unhaltbar, da Ludwig XVI. den Plan Turgots, wie aus der obigen Stelle bei Soulavie hervorgeht, verwarf. — Der Zusammenhang zwischen dem Edikt und dem Plane Turgots ist nur ein indirekter. Die Gedanken Turgot's lagen gewissermafsen in der Luft. Mirabeau, der ältere, Le Trosne, Necker hatten ähnliche Reformpläne. S. Lucay a. a. O. p. 24—26. Man folgte nur

IV.

Die „Constituante“.

Eine der wesentlichsten Reformen, denen sich die Constituante zuwendete, war die Gemeindegesetzgebung und in Zusammenhang mit ihr die gesamte Verwaltungsorganisation des Reiches. Ihre Wichtigkeit wird von den damaligen Wortführern so sehr gefühlt und so energisch betont, daſs man die endgültige Erledigung dieser Frage vor die Einrichtung gesetzgebender Körper stellte[1]. — Es stand für die Gesetzgeber von vornherein fest, daſs die Gemeinden die wirksame Grundlage sowohl für die Exekutive, als auch für die Legislative sein sollten. Sie durften aber nur Teile — wenn auch wesentliche — „Teile desselben Ganzen, des Reiches sein, nicht verbündete Staaten, sondern mehr als verbündete Staaten“. Dies sagt Sièyes[2]. Er fügt hinzu: „Diese Beobachtung ist wichtig, damit man uns nicht mit den vereinigten Staaten von Amerika vergleicht“. Es wird also der sonst so groſse Einfluſs der amerikanischen Verfassungen[3] auf die Constituante hier entschieden zurückgewiesen, und dieser Gedanke im Laufe der Beratungen festgehalten. — Kein Frankreich auf demokratisch-föderalistischer Basis, daher keine Gemeinden mit selbständiger Rechtspersönlichkeit. Es ist bezeichnend für die damalige Vermengung von Staatsrecht und Politik, daſs sie sich auch

dem Gedanken der herrschenden Publizistik, als man jenes Gemeindeedikt schuf. S. Lucay a. a. O. p. 27.

[1] S. Sièyes Rede in den Archives parlementaires I série t. 8. p. 593 ff.

[2] Sièyes polit. Schriften (übers. v. Usteri) 1796 I. Bd. S. 304 in den Abhandlungen: „Quelques considérations sur la constitution applicquées à la ville de Paris“. — Von welch bedeutendem Einflusse gerade Sièyes auch für die Abfassung des Gemeinde- und Departementgesetzes von 1789 gewesen, geht aus verschiedenen Stellen der Verhandlungen in der Nationalversammlung hervor. Insbesondere jene Stelle Archives parlementaires I série t. IX p. 208, wo Thouret in seinem Berichte von der Gemeinde als petit état mit eigener Legislative und Exekutive spricht. Ganz so drückt sich auch Sièyes in oben cit. Abhandlungen S. 384 (cit. nach der Übersetzung von Usteri) rücksichtlich der Gemeinde aus. —

[3] Jellinek, Staats- u. völkerr. Abhdlgn. I. Bd. 3. Heft S. 11 ff.

in der Terminologie wiederspiegelt. Sièyes spricht an oben angeführtem Orte nicht von einer Rechtspersönlichkeit der Gemeinde, die vermieden werden soll; er will sagen: die Gemeinden keine juristischen Personen! und sagt statt dessen: die Gemeinden sollen keine „Staaten“ im Staate sein.

Sehen wir nun zu, in welcher Weise die Gesetzgeber von 1789 diese Absichten verwirklichten.

Als Thouret am 29. September 1789 in der Nationalversammlung seinen ersten Bericht über den Entwurf einer Gemeinde- und Departementsordnung erstattete, legte er gleich im Eingang desselben klar, dafs es sich hier um zweierlei handle: um Gewinnung von Grundlagen, einerseits für die Legislative, andrerseits für die Administration in Gestalt von Volksvertretungen (représentation proportionnelle)[1]. Zu diesem Behufe wird das ganze Reich in Departements, diese in Kommunen (Distrikte) und letztere in Kantone eingeteilt, wobei in erster Linie die Gröfse des Territoriums und in zweiter Linie Bevölkerung und Steuerbeitragsquote mafsgebend sind. Jeder Kanton bildet sowohl für die Zwecke der Legislative als auch für die der Administration eine Versammlung von Wählern (assemblées primaires). Die Wählerversammlungen entsenden sowohl für die Zwecke der Legislative, als auch für die der Administration Deputierte, die Versammlungen der Kommunen bilden[2]. — Diese Versammlungen entsenden Deputierte, welche die Departementsversammlungen, diese ebenfalls Vertreter, welche den legislativen Körper bilden. Dieser Bau über- und untergeordneter Versammlungen interessiert uns

[1] Archives parlementaires I. série t. IX p. 203: „Cette similitude (nämlich die Heranziehung des genossenschaftlichen Elements) établit par la nature de la chose même l'importance de fonder sur des bases communes le double édifice de la représentation nationale et de l'administration municipale et provinciale“.

[2] Der Unterschied, ob diese Versammlungen für die Zwecke der Legislative oder für die der Administration gebildet werden, liegt nur in der Zahl der zu entsendenden Abgeordneten.

hier nur, soweit er administrativen Zwecken dienlich sein soll.

Die Versammlung des Departements, als die oberste des Baues, zerfällt in zwei Abteilungen, den conseil und das Direktorium (directoire). Der erstere als beratendes und beschliefsendes, das letztere als ausführendes Organ. — Der Gegenstand der Thätigkeit dieser Departementsversammlungen ist die Verwaltung des Departements, das ungefähr mit den Grenzen der früheren Provinz zusammenfällt.

Eine Aufzählung der einzelnen Verwaltungsgegenstände vermeidet der erste Entwurf[1]. Die Departementsversammlungen werden als Agenten der Exekutive (agents du pouvoir exécutif) bezeichnet. — Ihnen untergeordnet, ähnlich wie unterm ancien régime der Intendant vom Subdelegué unterstützt worden war[2], ist die Versammlung der Kommune (district), die ebenfalls ein beratendes und beschliefsendes (conseil) und ein ausführendes Organ hat. Diese Kommunen, die später den Namen arrondissements erhalten, haben den Zweck, die Departementsverwaltung den Ortschaften, die sie zum Gegenstand ihrer Thätigkeit nimmt, möglichst nahe zu bringen (corps intermédiaires)[3]. Die Grundlage dieser Verwaltungsorganisation bilden die Gemeindeversammlungen (municipalités) der Kantone, gewählt von deren assemblées primaires. Die Gesetzgeber waren hierbei der Ansicht, dafs die einzelnen Dörfer, Flecken, Städte nicht mehr ihre eigene Verwaltung haben

---

[1] Archives parlementaires I. série t. IX p. 207. Es soll nur eine Abgrenzung gegen die anderen pouvoirs (die Legislative und die richterliche Gewalt) vorgenommen werden. Art. 37 u. 38 des ersten Entwurfs Arch. parl. a. a. O. p. 209.

[2] Archives parlementaires I. série t. IX p. 747, wo Target auf diesen Vergleich des nähern eingeht.

[3] Siehe Thourets Ausführungen Arch. parl. l. c. p. 725 ff. gegen Mirabeau, der diese corps intermédiaires für überflüssig hält. Thouret sagt: „Établissez au contraire des administrations subordonnées, qui sans pouvoir rien décider par elles-mêmes puissent seulement délibrer surtout ce qui importe à leur district, présenter les petitions au corps administratives rendre compte de tous les affairer des particuliers et tenir la main à l'exécution des décisions“. . .

sollten. Diese Verwaltung wäre nur zu schwach gewesen und hätte einer Terrorisierung durch die mächtigen seigneurs und die reichen bourgeois nicht standgehalten[1]. — Ferner seien die bestehenden Dörfer, Flecken, Städte, gleichsam Individuen und ebenso wie die Individuen von der Staatsgewalt beherrscht. In ihrer Trennung und Isolierung voneinander, nach der sie stets streben, könnten sie unmöglich Elemente der Staatsverwaltung sein. Deshalb müfsten sie zu Kantonen vereinigt werden[2]. — So würden sie, für Staatszwecke stark gemacht (donner aux municipalités une consistance utile et réspectable), die Grundlage der Verwaltung[3] bilden können.

Ebenso wie die Departements- und Kommunenversammlungen keinen vom Staatszweck unterschiedenen Zweck ihrer Thätigkeit haben, so sollen auch die Municipalitäten keinen haben und nur im Hinblick darauf gebildet werden, dafs sie für eine Unzahl von Staatsaufgaben tragfähig werden (devenir utiles sous une infinité d'autres rapports publics, soit pour l'administration de l'impot, soit pour l'inspection et l'emploi de la garde nationale et milice intérieure[4]).

So waren die Municipalitäten des ersten Entwurfes, nach der Absicht der Gesetzgeber, nur Verwaltungsbezirke, gleich den Distrikten und Departements, denen sie untergeordnet waren[5]. Wie diese, hatten auch die Municipalitäten des Kantons zwei Organe, den conseil als beratendes und beschliefsendes, den maire als ausführendes Organ.

Jede Stadt, jede Landgemeinde des Kantons hatte nur ein bureau municipal, „welches die Lokalinteressen über-

---

[1] Thouret in den Archives parl. a. a. O. p. 208.

[2] Thouret a. a. O.

[3] Thouret a. a. O.: „peuvent être élémentaires d'aucun des pouvoirs gouvernants".

[4] Archives parlementaires I. série t. IX. p. 208.

[5] Arch. parl. a. a. O. p. 655: „une baillage, une province disions nous simples membres et parties sujettes de la nation ne peuvent lui dicter des lois faire, prévaloir leurs opinions particulières, ni empêcher le bien général par ce qu'elles croient être de leur intérêt particulier".

wachen und zu diesem Zwecke Verkehr mit der Municipalität unterhalten sollte[1]".

Dieser erste Entwurf, der beinahe wie ein Abdruck von Turgots Plan erscheint, — ist ja doch selbst der Name Municipalität beibehalten — fand nicht allseitige Zustimmung. Insbesondere wurde von Mirabeau[2] die Überflüssigkeit der sogenannten corps intermédiaires und ein Anlehnen an schon bestehende Verhältnisse betont, was ihm bei der „mathematischen Teilung" des Reiches durch den ersten Entwurf unmöglich schien. Allerdings stände es bei ihm fest, daſs man die alten Vorrechte der Provinzen abschaffen müsse[3]. Aber man könne doch die gegenwärtige Verfassung der Provence — wenn auch mit einigen Abänderungen — zum Vorbild nehmen, ohne die bestehenden Privilegien aufrecht zu erhalten. Städte und Dörfer mit selbständiger Verwaltungsorganisation sollen die Grundlage sein. Es sei kein Grund vorhanden, sie bloſs mit „Municipalagenturen" abzufertigen.

Auch die von anderen Rednern gemachten Einwände gipfeln darin, der Stadt, dem Flecken, dem Dorfe, eine selbständige Verwaltung zu geben.

Diesen Einwänden sucht nun Thouret in seinem zweiten Berichte zu begegnen, der aus zwei Reden besteht[4], Meisterwerken politischer Beredsamkeit. Hier macht er darauf aufmerksam, daſs es sich vorläufig nur um die Einteilung des Reiches im Verwaltungsbezirke, nicht um die eigentliche Gemeindegesetzgebung handle[5], und setzt dann die Vorteile

---

[1] Thouret in den Archives parl. a. a. O. p. 208.

[2] Archives parlementaires a. a. O. p. 659.

[3] Archives parlementaires p. 657: „il faut changer la division actuelle par provinces, parcequ'après avoir aboli les prétentions et les privilèges, il serait imprudent de laisser une administration, qui pourrait offrir des moyens de les réclamer".

[4] Rede vom 3. Nov. 1789 und Rede vom 9. Nov. 1789, beide vereint zu einer Brochüre, betitelt: „Second discours de Mr. Thouret, fait à l'Assemblée nationale sur la nouvelle division territoriale du Royaume". (Paris chez Baudouin, imprimeur).

[5] Wir finden hier in der Scheidung beider Fragen (Gemeinde als eigener Organismus und Gemeinde als Verwaltungsbezirk) im Keime die

des ersten Entwurfes auseinander. Nur die assemblés primaires der Kantone, welche die Ungleichheit[1] der sie zusammensetzenden Städte und Landgemeinden beseitigten, könnten eine entsprechende Grundlage für die Zwecke der Volksvertretung abgeben.

Man möge sich — und hier liegt Thourets Zugeständnis an jene oben erwähnten Einwürfe — hüten, die Einteilung des Königreiches mit der Municipalitätenfrage zu vermengen[2]. Er sagt: „Gardons nous donc de confondre le pouvoir municipal qui a sa nature propre et son objet à part avec les pouvoirs nationaux qui s'exercent tant par la législature, que par l'administration générale. Les pouvoirs nationaux existent et sont exercées pour l'intérêt et pour les besoins communs de toute la nation, le pouvoir municipal n'a trait qu'à l'intérêt privé et aux besoins particuliers de chaque district municipalisé. — Tout état a commencé par de petites agrégations élémentaires, qui se sont réunies pour former les sociétés plus puissantes et plus étendues, qu'on appelle nations. Chacune a séparé de la masse des pouvoirs dont elle était essentiellement revêtue la portion de ces pouvoirs, qu'il était necessaire, de mettre en commun pour former le gouvernement général; mais elle a dû réserver celle, qui lui était necessaire pour l'administration de ces affaires intérieures domestiques et étrangères à la grande administration nationale . . . . ."

Die Departements sind demnach blofse Verwaltungsbezirke geblieben[3]. Aber auch die Gemeinden, wie wir unten sehen werden. Doch ist zugleich die grofse, prak-

Grundlage des sog. „vermittelnden Systems" in der Selbstverwaltung der späteren konstitutionellen deutschen Doktrin. S. auch dieselbe Scheidung bei Siéyes a. a. O. S. 383.

[1] Archives parlementaires a. a. O. p. 725 ff.

[2] Archives parlementaires a. a. O. p. 725 ff. Das Verdienst, zuerst die Aufmerksamkeit auf diese klassische Stelle gelenkt zu haben, gebührt Jellinek, System der subj. öffentl. Rechte a. a. O. S. 269 ff.

[3] S. die Instruktion zum Dezembergesetz vom 8. Januar 1790: „l'état est un, les departements ne sont que les sections d'une même tout". S. darüber Lucay a. a. O. p. 55 ff.

tische Errungenschaft der Revolutionszeit für die Entwicklung des kontinentalen Selbstverwaltungsbegriffes, die Anerkennung des pouvoir municipal propre mit jenen Worten Thourets gekennzeichnet. — Allerdings vermeint hier Thouret, um den wissenschaftlichen Ursprung des pouvoir municipal zu wahren, seine naturrechtliche Begründung vornehmen zu müssen: Dieses pouvoir soll der Gemeinde verblieben sein, als sie sich der übrigen pouvoirs entkleidete, um sich mit anderen Staatsgliedern in der Staatsgemeinschaft zu vereinigen. — Aber diese naturrechtliche Begründung der Gemeinde als Individualität gegenüber dem Staate entsprach ganz dem Geiste der damaligen Zeit, die ja in den sogenannten „Menschenrechten" denselben Zweck, nämlich die Abgrenzung des Individuums gegen den Staat verfolgte. — Zu einem Grundrechte jedoch, das die Gemeinde in derselben Weise wie der einzelne hätte in Anspruch nehmen können, drang die Jurisprudenz jener Zeit nicht vor, oder besser, sie wollte nicht vordringen. Man hatte nur allzu schlimme Erfahrungen mit solchen Rechten der Gemeinden gemacht. Sie auf ihrer alten privatrechtlichen Basis in Form von Privilegien belassen, das hieſse zu einer Zeit, wo allen Privilegien ein Ende gemacht wurde, für die Gemeinde eine Ausnahmestellung schaffen.

Das Ergebnis der bekannten Sitzung des 4. August war im Art. 10: „Une constitution nationale et la liberté publique étant plus avantageuses aux provinces que les privilèges dont quelques-unes puissaient et dont le sacrifice est necessaire a l'union intime de toutes les parties de l'empire, il est déclaré que tous les privilèges particuliers de provinces principautés, pays, cantons, villes et communautés d'habitants . . . sont abolis . . . et confondus dans le droit commun de tous les français". — Die Rechte auf öffentlich-rechtliche Basis stellen, kurz, eine konsolidierte öffentlich-rechtliche Gemeindegewalt schaffen, war nach der damaligen Vorstellung gleichbedeutend mit der Umwandlung des Einheitsstaates Frankreich in einen Staat auf föderalistisch-demokratischer Grundlage nach amerikanischem Muster. Das wollten aber die Gesetzgeber von 1789 auf jeden Fall vermeiden[1]. — Wir sehen, wie weit amerikanischem Beispiel gefolgt wird: In Rücksicht auf die Individualrechte enthusiastische Begeisterung für das amerikanische Vorbild[2], aber entschiedene Ablehnung von „Grundrechten" der Gemeinde.

Wir sind nun in der Lage, die rationalisierende Gesetzgebung der Constituante in ihrer Werkstätte gewissermaſsen zn belauschen. Konsequent fortschreitend, hätten die Gesetzgeber zu einem Grundrechte der Gemeinde von deren naturrechtlicher Basis aus gelangen müssen. Sie waren aber zu sehr Realpolitiker, um diese letzten Konsequenzen gegen ihren Willen und ihre bessere Überzeugung zu ziehen. Das, was Thouret mit seiner Zurückführung des pouvoir municipal auf naturrechtliche Grundlagen bezweckt, war weit entfernt, entsprechend diesen Grundlagen auch positives Recht zu werden. Nur um eine Rationalisierung, nicht um eine Erklärung des historisch Gewordenen oder positiv-rechtlich erst zu Schaffenden handelte es sich ihm, ganz im Sinne Montesquieus und Rousseaus. — Trotz dieser Tendenz war aber hier eine Formulierung des Verhältnisses von Staat und Gemeinde gegeben, die an genialer Erfassung beinahe nichts zu wünschen übrig läſst: Wie das Individuum, wie die Familie, so ist auch die Gemeinde nur nach einer Seite juristischer Konstruktion fähig, nach der anderen voll und ganz ein historisch-positives Gemeinwesen. Sie hat einen selbständigen, naturwüchsigen Zweck, den der Staat nur in einen gewissen Zusammenhang mit seinen eigenen Zwecken bringen kann. Dieser Gemeindezweck ist, wie die Gemeinde, der Herrschaft der Staatsorgane unterworfen; aber sie bilden keinen Teil des

---

[1] Sièyes a. a. O.

[2] Jellinek: „Die Erklärung der Menschenrechte". Staats- u. völkerrechtliche Abhandlungen, I. 3 S. 11 ff.

Staatsorganismus. „Disons-nous, qu'elles sont soumises à ces pouvoirs mais n'en font pas partie“ [1]. Diesem Gedanken Thouret's trägt die nachfolgende Gesetzgebung Rechnung. Sie scheidet [2] vom Gesetze über die Administration des Reiches das Gesetz über die Municipalitäten, welche nun jeder Stadt und Landgemeinde verliehen werden.

Sie anerkennt ferner eigene Funktionen des pouvoir municipal und solche, die ihm vom Staate übertragen worden sind [3].

Das pouvoir municipal hat als solches keine juristische, sondern rein politische Bedeutung, wie dies aus obigen Ausführungen folgt. Juristisch bedeutsam wird es nur in seinen Funktionen, die in Art. 50 des Gesetzes vom 14. Dezember 1789 aufgezählt werden. Diese Funktionen sind als Pflichten der Gemeinden juristisch gedacht.

Die Gemeinde ist aber nicht Subjekt des öffentlichen Rechtes, sie wird es auch nicht durch Statuierung von Pflichten in Gestalt der „fonctions“. Sie ist juristisch genommen, staatlicher Verwaltungsbezirk. Ebenso die der Gemeinde übergeordneten Municipalitäten. Allerdings, was die Municipalitäten in der Folgezeit wurden, entsprach nicht dem juristischen Wesen, das durch die Gesetzgebung des Jahres 1789 in sie hineingetragen worden war. Sie wurden dennoch souveraine, miteinander konföderierte Gemeinwesen. Juristisch sollten sie, wie die Gemeinden, nur staatliche Verwaltungsbezirke sein [4].

---

[1] Thouret in den Archives parlementaires a. a. O.

[2] Über den Antrag Targets Archives parl. I. série t. X p. 563.

[3] Art. 49, 50 u. 51 des Gesetzes v. 14. Dez. 1789 bei Helié, Les constitutions de la France abgedruckt.

[4] Wie sehr die Municipalitäten der Constituante in der Folgezeit beinahe zu souveränen miteinander föderierten Gemeinwesen heranwachsen, darüber Lucey, a. a. O. und der dort citierte Bericht des Abgeordneten Boissy d'Anglas über die bezügliche Stelle der Constitution des Jahres III; er sagt unter anderm: „nous voulons naturaliser en France l'esprit de famille plus que celui de territoire“. Damit hatte auch der Selbständigkeit der Municipalitäten die letzte Stunde geschlagen. Sie wurden in der Verfassung des Jahres III in bloſse Verwaltungsbezirke zerschlagen.

So sehen wir die Constituante das Problem lösen, wie die Gemeinden für Staatszwecke herangezogen werden können. Sie steht rücksichtlich der Administration générale durch départements, arrondissements und cantons unter Turgots Einfluſs. Die Anerkennung eines pouvoir municipal danken wir dem offenkundigen Einflusse des Marquis d'Argenson.

Viertes Kapitel.

Das pouvoir municipal im belgischen Nationalkongreſs und in der französischen Litteratur der Restaurationszeit.

Die Idee vom pouvoir municipal der Constituante machte in Frankreich bald andern Platz, die nichts weniger als Freiheit und Selbständigkeit der Gemeinde anerkannten. Aber in Belgien erwachte sie zu neuem Leben, als der Nationalkongreſs im Jahre 1830 an das Verfassungswerk ging. Hier wurde das politische pouvoir municipal der Constituante zum juristischen pouvoir provincial et communal, die Gemeinde zum Organ der Staatsgewalt und zur juristischen Person des öffentlichen Rechts.

Es war kein Zufall, daſs gerade Belgien die Idee vom pouvoir municipal in dieser Weise ausbildete. Schon der Marquis d'Argenson hatte bei der Konzeption seines groſsartigen Entwurfes einer Verwaltungsorganisation Frankreichs sich die Verwaltung Hollands und des heutigen Belgiens[1] zum Vorbilde genommen[2]. Sein Ideal war der Bestand von Gemeinden als Demokratien, vereint unter dem Scepter eines

[1] S. oben S. 44.

[2] Wir wissen dies jetzt ganz sicher auch aus der Vorrede, mit der der Neffe des Marquis die Memoiren desselben eingeleitet. (Mémoires de M. d'Argenson par René d'Argenson, Paris 1830.)

Königs. Wenn wir uns, was oben[1] ausgeführt, vor Augen halten, dafs mit dem politischen Ausdruck „démocratie“ juristisch nur das gemeint war, was wir heute juristische Persönlichkeit des öffentlichen Rechts nennen, wenn wir dazu noch in Erwägung ziehen, dafs Marquis d'Argenson in den Niederlanden dies Verfassungsideal (das „se gouverner par les magistrats municipaux“[2] verwirklicht sah, dann begreifen wir auch, dafs die Idee vom pouvoir municipal, die ein gut Teil des Argenson'schen Reformplanes ist, keinen fruchtbareren Boden als Belgien für ihre Fortentwicklung finden konnte.

Die alte Verfassung Belgiens zur Zeit der österreichischen Herrschaft kannte hochentwickelte Provinzial- und Kommunalfreiheiten. Jede Provinz bildete einen Staat für sich[3] mit eigener Staatsgewalt. Die der Provinz eingegliederten Gemeinden waren als selbständige Gemeinwesen mit „eigener Existenz und eigenem Rechte“[4] stets anerkannt. Sie hatten freie Verwaltung ihres Vermögens und Besorgung der Ortsinteressen, eine selbständige Lokalpolizei, ja selbst eine eigene Gerichtsbarkeit[5]. Provinzial- und Gemeindeorgane (mit Ausnahme der Organe der Landgemeinden)[6] wurden von den Gemeindemitgliedern gewählt.

Der Unterschied der Gemeinden Belgiens von denen Frankreichs derselben Epoche liegt vornehmlich darin, dafs die Gemeindeverwaltung nicht so zersplittert war, die Gemeindegewalt, sofern sie für Staatszwecke in Betracht kam, nicht als eine Summe von Privilegien, sondern als eine Einheit aufgefafst wurde. — Insofern waren aber die Gemeinden Belgiens denen Frankreichs ähnlich, dafs sie gleichfalls den Gedanken eines gemeindlichen Wirkens für Staatszwecke nicht erfafsten. Für sie war die Ausübung der

[1] S. oben S. 45.
[2] Considérations p. 67.
[3] Faider, Les constitutions belges p. 155.
[4] Faider a. a. O. p. 172.
[5] Giron, le droit public de la Belgique p. 60 ff.
[6] Diese wurden vom Generalgouverneur bestellt, s. Giron a. a. O.

Gemeindegewalt, ebenso wie für die Provinzen die Ausübung der Provinzialgewalt, engherzige Ausnutzung ohne höhere Staatsgedanken. Treffend sagt Giron [1], mit Berufung auf den Deputierten Nothomb, zu ihrer Charakteristik: „Il n'y avait pas de vis national mais seulement de destinées locales, mesquines, sans éclat et sans grandeur." Die Gemeinde- und Provinzialgewalt wurde eben als „Patrimonium" der Gemeinde und Provinz angesehen [2].

So lagen die Verhältnisse, als mit den siegreichen französischen Waffen zur Zeit der Revolutionskriege das französische pouvoir municipal in Belgien seinen Einzug hielt. Hier konnte sich die Gemeinde zur Persönlichkeit des öffentlichen Rechtes umbilden; sie brauchte nur die Idee vom pouvoir municipal in sich aufzunehmen und die privatrechtliche Basis ihres Verhältnisses zum Staate aufzugeben. Beides that der Nationalkongreſs: er erklärte das pouvoir municipal als vierte Gewalt im Staate, er machte die Gemeinde zum Staatsorgan. Allerdings bis zu dieser Entfaltung der Idee des pouvoir municipal brauchte es über drei Decennien.

Wie in Frankreich zu dieser Zeit, drohte auch in Belgien das Kommunalleben zu ersterben. Die holländische Gesetzgebung, die auf die französische folgte, hatte und zwar mit Bedacht, die Kommunalverbände, auf denen der Verfassungsbau, insbesondere nach der damaligen Verfassung die Volksvertretung ruhte, nicht zu stärken gesucht. Galt es ja doch, den holländischen Volksvertretern das Übergewicht der Zahl zu verschaffen [3].

Deshalb war namentlich das Gemeindewahlrecht ver-

---

[1] Giron a. a. O.

[2] Nothomb, essai sur la Révolution belge p. 22: „Les pouvoirs étaient confondus et considérés comme le patrimoine d'une communauté ou d'une famille."

[3] Dies war die Hauptursache der belgischen Revolution von 1830. S. Nothomb a. a. O. p. 10—20. Daher auch die Äuſserung des Abgeordneten Debus in der Kammer der Abgeordneten (Moniteur 1836 Nr. 40), daſs die Verkümmerung des Gemeindewahlrechts die Revolution herbeigeführt.

kümmert: die Landgemeinden hatten überhaupt kein Gemeindewahlrecht. In den Städten waren indirekte Wahlen zur Bildung des beratenden Organs (conseil de régence) eingeführt. Das exekutive Organ, der Bürgermeister und die Schöffen, wurden vom Könige ernannt[1]. Der belgische Nationalkongreſs beschäftigte sich im Jahre 1830 bei Abfassung der Verfassungsurkunde auch mit der grundsätzlichen Regelung des Verhältnisses von Staat und Gemeinde.

Art. 31 und 108 der Verfassungsurkunde bestimmen die staatsrechtliche Stellung der Gemeinde dahin, daſs sie

1. Ein pouvoir (provincial ou communal) vorstelle, gleichgeartet den drei andern konstitutionellen Gewalten und, da diese entsprechend der damaligen Theorie[2] personifiziert gedacht wurden, ein Staatsorgan sein solle. Dies ergiebt sich aus der Einreihung des Art. 31 unter den Titel „über die Gewalten," insbesondere aber aus dem Bericht des Abgeordneten Raikem[3] vor dem versammelten Nationalkongresse. Damit glaubte man, wie schon oben von mir angedeutet wurde, erreicht zu haben, daſs das Verhältnis von Staat und Gemeinde nicht mehr auf privatrechtlicher Grundlage wie früher stand, sondern ein öffentlich-rechtliches wurde.

2. Wurde im Art. 108, 2 (in Verbindung mit Art. 31) der Gemeinde das öffentliche Recht zuerkannt, ihre eigenen Interessen (les intérêts exclusivement communaux ou provinciaux) selbständig zu regeln[4]. Daſs diese Zuerkennung

---

[1] Giron a. a. O.

[2] S. über diesen Grundirrtum der Theorie von der Teilung der Gewalten Jellinek, Gesetz u. Verordnung S. 220—225.

[3] S. Huyttens, pièces justificatives t. V No. 54: „Le projet qui vous est présenté a rétabli l'existence des trois pouvoirs et la section centrale a cru qu'en outre il était utile de reconnaitre l'éxistence d'un quatrième pouvoir, le pouvoir provincial et communal."

[4] Art. 108: Les institutions communale et provinciales sont réglées par des lois. Ces lois consacrent l'application des principes suivants:

1° . . . .

2° l'attribution aux conseils provinciaux et communaux de tout ce qui d'intérêt provincial et communal sans préjudice de l'approbation de leurs actes dans les cas et suivant la mode que la loi détermine.

Art. 31: Les intérêts exclusivement communaux ou provinciaux sont réglés par les conseils communaux ou provinciaux d'après les principes établis par la constitution.

im Sinne einer Anerkennung der Gemeinde als Persönlichkeit des öffentlichen Rechts gemeint war, geht aus den Verhandlungen des Nationalkongresses, insbesondere aus denen bei der Beratung des Gemeindegesetzes des Jahres 1836[1], zur Genüge hervor. — Die Bestimmungen der Art. 108, 2 und 31 sind die Vorläufer des sogenannten „eigenen Wirkungskreises," der in den Verfassungen des Kontinents, die dem belgischen Muster folgten, eine so bedeutende Rolle spielt, juristisch aber wegen seiner Unbestimmtheit[2] wertlos ist. Mit diesen Bestimmungen der belgischen Verfassungsurkunde sollte das französische pouvoir municipal der Constituante wieder zu Ehren kommen[3].

Nur verkannte der Nationalkongrefs und mit ihm die nachmalige konstitutionelle Doktrin in Deutschland eines und zwar das wesentlichste: dafs das pouvoir municipal nach der Auffassung der Constituante kein juristischer, sondern ein politischer Begriff ist, der mitten im Leben steht, selbst so vielseitig und vielgestaltig wie das Leben[4]. Diese Vielgestaltigkeit des pouvoir municipal in juristische Formeln bringen, mufste jene von mir gerügte Unbestimmtheit bei seiner Umgrenzung hervorrufen. Darüber kann uns am allerwenigsten das Wörtchen „exclusivement" (korrespon-

[1] S. Moniteur Belge 1836 No. 40—43, insbes. die ausgezeichneten Reden von Debus und Dubois.

[2] „Les intérêts exclusivement provinciaux et communaux" .... Was kann nicht alles unter „exclusivement" in den eigentlichen Wirkungskreis eingeschmuggelt und aus demselben weggeschmuggelt werden! — Ähnlich österr. R.-Gem.-Ges. v. Jahre 1862 Art. V und schon das österr. Gem.-Ges. vom Jahre 1849 Einl. Nr. 11. Siehe dazu Brockhausens Bemühungen, dieser allgemeinen Fassung juristischen Wert zu geben. Brockhausen, „die Trennung und Vereinigung von Gemeinden", 1893, Kap. 5. Allerdings knüpfen sich an den eigenen Wirkungskreis juristische Folgen auch für das österreichische Recht. Diese zu bestimmen ist leicht, wenn man nur ihre Voraussetzung, die Bestimmung: „was gehört zum eigenen Wirkungskreise?", kennt. Aber diese Bestimmung ist nur aus den Einzelgesetzen, aber nicht aus dem eigenen Wirkungskreise zu entnehmen. — Die Verehrer des eigenen Wirkungskreises halten sich immer an die juristischen Folgen und ignorieren seine Unbestimmtheit. S. II. Teil dieser Abhandlung S. 103 f.

[3] S. Moniteur Belge No. 40 (1836) die Ausführungen von Debus.

[4] S. oben S. 58 f.

dierend dem französischen propre au pouvoir municipal), hinwegtäuschen.

3. Sollte das Verhältnis von Staat und Gemeinde noch durch das Princip der freien Wahl der Gemeindeorgane, durch die Öffentlichkeit der Gemeindeberatungen und des Gemeindebudgets gesichert werden[1]. Vornehmlich wird die freie Wahl der Gemeindeorgane gleichsam als das Palladium der freien Gemeinde vom Nationalkongreſs angesehen[2] und die Verhandlungen, betreffend diesen Punkt, nehmen den gröſsten Raum der Beratungen über das Verhältnis von Staat und Gemeinde ein. Man wird dies mit der politisch wichtigen Thatsache zu erklären haben, daſs in der holländischen Periode Belgiens die Verkümmerung des Wahlrechts dazu benutzt wurde, um die Selbstthätigkeit der Gemeinde, wie sie von Natur aus in den belgischen Verhältnissen begründet war, zu ertöten, wenngleich die Freiheit der Gemeinde auf dem Papier stand. Übrigens ein Mittel, dessen sich auch die andern kontinentalen Staaten mit Erfolg bedienten. Daher der Ruf nach freiem Gemeindewahlrecht im Vordergrunde der sogenannten „Gemeindeautonomie“.

Wenn wir zurückblickend den Fortschritt betrachten, den die Idee des pouvoir municipal in ihrer Entwicklung durch die belgische Verfassungsurkunde gemacht, so müssen wir vor allem konstatieren, daſs die Gemeinde zur Persönlichkeit des öffentlichen Rechts geworden; daſs sie aber mit ihrer ganzen Persönlichkeit Staatsorgan geworden, war ein folgenschwerer Irrtum des Nationalkongresses. Die Erkenntnis nämlich, daſs die Gemeinde noch etwas anderes sei als bloſs juristische Person des öffentlichen Rechts, daſs sie eine selbständige Existenz führe, die niemals ganz in juristische Formeln gezwängt werden könne, diese Erkenntnis mangelte dem belgischen Nationalkongreſs in demselben Maſse, als die französische Constituante sie in ihrer ganzen Schärfe erkannt hatte.

[1] Art. 108 der Verfassungsurkunde.
[2] Huyttens, Discussions a. a. O. Sitzung vom 25. Januar 1831.

Das pouvoir municipal erfährt nach der Richtung eine Fortbildung, dafs es durch freies Gemeindewahlrecht garantiert wird. Dies bestand auch in der Gesetzgebung der Constituante, aber ihr fehlte die Anerkennung jenes innigen Zusammenhanges zwischen pouvoir municipal und freiem Wahlrecht für die Bestellung der Gemeindeorgane[1]. Endlich erhält das pouvoir municipal in der Schaffung eines gleichgearteten obern Kommunalverbandes (der Provinz) eine Stütze von nicht zu unterschätzender Bedeutung und darin liegt, im Vergleiche zur französischen Auffassung der Departements als staatlicher Verwaltungsbezirke, ein unleugbarer Fortschritt.

Parallel und gleichzeitig mit dieser Entwicklung in Belgien ging eine in Frankreich, nicht in der Gesetzgebung, sondern blofs in der französischen Litteratur als Reaktion gegen die Erdrückung[2] des selbständigen Gemeindelebens durch das Pluviôsegesetz vom Jahre VIII, welches die Gemeinden ebenso wie die übergeordneten Departements zu blofsen Verwaltungsbezirken degradiert hatte[3]. Unter dem Vorwande[4], dafs man die Schnelligkeit der Verwaltung sichern müsse, übertrug man dieselbe einem einzigen Manne im Departement, dem Präfekten, welchem man an die Seite den Schein eines beratenden Kollektivorgans (Präfekturrat) stellte. Demselben Präfekten in Verbindung

---

[1] Wie innig seit der Zeit das freie Gemeindewahlrecht mit dem pouvoir municipal (der Selbstverwaltung) gedacht wird, geht aus den Gneistschen Schriften hervor, insbes. aus Gneists Verwalt., Justiz u. Rechtsweg S. 51, wo er gegen den Hauptvertreter dieser Ansicht, J. St. Mill, polemisiert. Die Betonung dieser Zusammengehörigkeit von freiem Wahlrecht in der Gemeinde und pouvoir municipal finden wir auch noch bei den franz. Publizisten der 70er Jahre, als man sich in Frankreich mit der Reform der Gemeindegesetzgebung befafste. S. Leroy-Beaulieu, l'administration locale en France et en Angleterre p. 46 suiv.

[2] Diese hatte zur Zeit der gesetzgebenden Versammlung und des Nationalkonvents (Aufteilung des Gemeindevermögens) begonnen. S. Laferrière, Histoire des principes des institutions et des lois de la Révolution française, 1850, p. 274 ff.

[3] Über das Pluviôsegesetz F. Lucay a. a. O. p. 63—68. Diese Verwaltungsbezirke sind jedoch juristische Personen des Civilrechts, s. Lucay a. a. O. p 69.

[4] S. Archives parl. II série t. I p. 170 et suiv. Bericht von Roederer.

mit einem von ihm beeinflufsten Conseil de département übertrug man die Verwaltungsgerichtsbarkeit, indem man vorgab[1], die frühere Gesetzgebung hätte, da sie dem verwaltenden directoire zugleich die Verwaltungsgerichtsbarkeit übertragen, zu wenig das Princip der Gewaltenteilung durchgeführt. — In der Gemeinde waren der Vorsteher (maire) und seine Beigeordneten sowie der Gemeinderat, sofern ein solcher bestand, einfach Marionetten des Präfekten, der sie nach seinem Willen in Bewegung setzte.

Die Allgewalt des Präfekten charakterisiert dieses Kommunalsystem. — Dagegen machte sich mit Recht eine Reaktion geltend, insbesondere zur Zeit der Restauration. Die Wortführer unter den damaligen Juristen sind Barante und Henrion de Pansey[2], deren Autorität sowohl in der französischen als auch in der belgischen Volksvertretung bei Abfassung von Gemeindegesetzen angerufen wurde[3]. Die Grundgedanken, in denen sich die französischen Juristen bewegen, sind beinahe dieselben, die den belgischen Nationalkongrefs beherrschten[4]. Von besonderer Bedeutung ist aber das Aufkommen des Schlagwortes Decentralisation in Verbindung mit dem pouvoir municipal. Hervorgerufen ist dies augenscheinlich durch die Frage, die man jetzt aufwarf, bis wohin die der Gemeinde von Natur eigentümlichen Interessen reichen und wo sie aufhören[5]. So fordert z. B. Henrion de Pansey[6] eine Scheidung von Verwaltungsakten der Gemeinde: die einen, die dem pouvoir municipal entspringen, sollen blofs der surveillance (Aufsicht), die

[1] Archives parl. II série t. I a. a. O.

[2] Barante, des communes et de l'aristocratie, 1822, im Jahre 1866 unter dem Titel de la décentralisation erschienen. Henrion de Pansey, du pouvoir municipal, 4. ed. 1840.

[3] S. Moniteur belge 1836 No. 40. Dalloz, Dictionnaire de la législation et jurisdiction t. V p. 96.

[4] Barante a. a. O. Préface: „Il est manifeste que la Commune a par la nature même des choses, une existence et des intérêts, qui lui sont propres.“

[5] Barante a. a. O. Préface. S. Stein (Lorenz), die Municipalverfassung Frankreichs, Leipzig 1843 S. 71.

[6] Henrion de Pansey, Du pouvoir municipal, 4. éd. 1840, Chap. XIX p. 118 et suiv. Barante a. a. O. p. 87—97.

andern, welche der Gemeinde delegiert sind, der autorisation bedürfen[1]. Dem pouvoir municipal soll die Ortspolizei, die ihm das Pluviôsegesetz genommen hatte, zurückgegeben werden. Auch diese Ortspolizei, ausgeübt von der Gemeinde, stehe nur unter der surveillance der Regierung[2]. Diese Theorie der französischen Restaurationsjuristen wird nun unter dem Schlagwort „Decentralisation“ zusammengefafst[3]. Namentlich geht dies aus den Verhandlungen zum belgischen Gemeindegesetz von 1836 hervor, wo unter Berufung auf Pansey und Barante mit dem Ausdruck Centralisation das Gegenteil der Anerkennung des pouvoir municipal ausgedrückt wurde[4]. Und so hat Mohl vollkommen Recht, wenn er von den Ansichten der damaligen französischen Juristen sagt: „Es ist schon als ein grofses Unglück Frankreichs beklagt worden, dafs die Centralisation der Staatsgewalt und die Verweigerung jeder Art von Selbstbesorgung der örtlichen Angelegenheiten durch das Volk als gleichbedeutend genommen sind[5].

[1] S. auch Barante a. a. O. p. 283 u. 300, ferner Dupin in seiner Histoire des Communes de France, 1834, p 269—279. Dies entspricht ganz dem Gesetze der franz. Constituante vom 14./12. 1789 Art. 25 u. 26. Die franz. Theorie der Restaurationszeit vertiefte (s. darüber Helié, les Constitutions de la France p. 1044. 1045) diese Unterscheidung nach der Richtung, dafs jene Akte, die blofs der surveillance unterliegen, nicht reformiert, sondern blofs kassiert werden dürfen, eine Theorie, die dann in der konstitutionellen Theorie und Gesetzgebung Deutschlands Eingang fand. S. darüber Tezner in Grünhut's Zeitschrift 21. Bd. S. 204 f.

[2] Henrion de Pansey a. a. O. Dafs man diesem Reformgedanken Panseys Rechnung trug, geht deutlich aus den Verhandlungen zum franz. Gemeindegesetz von 1837 hervor, in denen man ausdrücklich mit Berufung auf Henrion de Pansey dem Bürgermeister die Ortspolizei unter surveillance (nicht autorisation) der Regierung anvertraute. Man glaubte damit den Gedanken des pouvoir municipal der franz. Constituante wiederhergestellt zu haben. S. auch Barante a. a. O. p. 87. 251 ff. 275, ferner Stein a. a. O. S. 83.

[3] S. darüber Lucay a. a. O. p. 72—74. Noorden in Sybels histor. Zeitschrift Bd. 13 S. 16.

[4] Aus diesen Verhandlungen geht auch deutlich hervor, dafs unter dem Worte Centralisation eigentlich Konzentration gemeint ist (s. Mayer, Theorie des franz. Verwaltungsrechts S. 42). Es werden auch die Ausdrücke concentrer und centraliser durcheinander gemengt. S. Moniteur belge No. 40 (Rede von Debus).

[5] S. Mohl, Geschichte u. Litteratur der Staatswissenschaften III. Bd. S. 252.

Fünftes Kapitel.

Das Recht auf Selbstverwaltung in der konstitutionellen Doktrin und der Gesetzgebung Deutschlands, sowie seine Fortbildung durch die neueste preufsische Gesetzgebung.

Als der französich-belgische Konstitutionalismus mit dem pouvoir municipal in Deutschland eindrang, fand er hier folgende Verhältnisse: Der deutsche Territorialstaat hatte seit dem 17. Jahrhundert, also seit der Zeit, da er zur Einheit erstarkt war, mit grofsem Fleifse und ebenso grofser Zähigkeit die damals ihm noch nicht inkorporierten, ländlichen Gemeinden ihrer ihm blofs nebengeordneten Stellung zu entkleiden gesucht und war zielbewufst zuerst an die Erschütteruug ihrer wirtschaftlichen Grundlage gegangen. Der alten Markgenossenschaft war ein Ende gemacht, teils aus dem Gesichtspunkt der staatlichen Landeshoheit, die die Mark für öffentliches, wenn auch mittelbar öffentliches Gut erklärte, teils aus dem Gesichtspunkte der Gemeinheitsteilungen, die von der damaligen Nationalökonomie dem Staate empfohlen worden waren. Und gleichzeitig mit dem ward auch der Gemeinde ihre selbständige Organisation, ihre Gerichtsgewalt, ihr Besteuerungsrecht, ihre Autonomie, kurz alles das, was ihr eine Nebenordnung neben dem Staat verliehen, sofern sie bis zu der Zeit solche besessen und nicht schon in das Band der gutsherrlichen Abhängigkeit getreten war, genommen.

Die ländliche Gemeinde war staatlicher Verwaltungsbezirk geworden[1]. Wenn in der Zeit von ihr in den Systemen des Staatsrechts gehandelt wird, so geschieht dies sub verbo: Territorialeinteilung[2].

Nichts, glaube ich, kann besser das damalige Verhältnis von Staat und Gemeinde charakterisieren. — Privatrechtlich war die Gemeinde Korporation geblieben, aber einem Unmündigen gleich war sie unter staatliche Bevormundung gestellt.

Nicht anders erging es den sogenannten landesherrlichen Städten. War ja doch der Unterschied zwischen Städten und Landgemeinden in dieser Zeit einfach — um mit Gierke zu sprechen — „hinweg dekretiert worden“. Auch sie wurden dem Staate inkorporiert und staatliche Verwaltungsbezirke. Ihre Organe wurden vom Staate ernannt oder ergänzten sich eventuell, wenn sie als Kollegium eingerichtet waren, durch Kooptation. Es wird von den damaligen Publizisten[3] schon als besonderer Grad von Autonomie bezeichnet, wenn sie im Namen und Auftrag des Staates eine niedere Gerichts- und Polizeigewalt handhaben.

In privatrechtlicher Beziehung waren sie ebenfalls den Unmündigen gleichgestellt und unter staatlicher Kuratel.

Daſs unter diesen Verhältnissen an eine Thätigkeit des Einzelnen in der Gemeinde nicht zu denken war, ist erklärlich; ein Gemeindeleben, eine Selbstthätigkeit der Gemeinde war nicht vorhanden.

Erst die Niederlagen in den napoleonischen Kriegen —

---

[1] Über diese Entwicklung s. insbes. Gierke, Genossenschaftsrecht. I. Bd. § 55. § 56, § 57.

[2] Klüber, öffentliches Recht des Deutschen Bundes. 1. Aufl. S. 579.

[3] S. Reichhard, historisch-politische Ansichten über die Stadtverfassungen in Deutschland. 1830 S. 231. Ähnlich auch ein Erkenntnis des österreichischen Verwaltungsgerichtshofes. S. Erkenntnisse des Verwaltungsgerichtshofes zusammeng. von Budwinski Nr. 3314 ex 1886, wo dieser Unterschied zwischen der einstigen und jetzigen Gemeindeautonomie scharf hervorgehoben wird.

ich habe hier besonders Preufsen im Auge — und die durch die Bundesakte und Wiener Schlufsakte (1815 und 1820) zugesicherte Einführung[1] von Landständen als ständigen Repräsentativkörpern, bewirken, dafs die Staaten Einkehr in sich selbst halten und bei der Reorganisation die Gemeinde zur Grundlage des Verwaltungsorganismus zu machen, den Sinn der Unterthanen für eine Thätigkeit in der Gemeinde und damit ihren politischen Sinn überhaupt zu heben bestrebt sind.

Allen voran Preufsen mit seiner zum Musterbild gewordenen Städteordnung (1808). Es folgen Bayern (1818), Württemberg (1822), Baden (1831). In Preufsen ergeht sodann im Jahre 1831 die revidierte Städteordnung. Die Reform, die in dieser Gesetzgebung angestrebt und durch eine parallel laufende Litteratur erläutert und gelobt wird[2], vertritt das Princip, der Gemeinde die Selbstverwaltung ihres Haushaltes zu geben, die staatliche Bevormundung auf das Mindestmafs einzuschränken und die Gemeindeorgane durch die Gemeindemitglieder wählen zu lassen, um so — wie der Eingang zur Städteordnung von 1808 sagt — „dem dringend sich äufsernden Bedürfnis einer wirksameren Teilnahme der Bürgerschaft an der Verwaltung des Gemeinwesens zu genügen, in der Bürgergemeinde einen festen Vereinigungspunkt zu bilden, ihnen eine thätige Einwirkung auf die Verwaltung des Gemeinwesens beizulegen und durch diese Teilnahme Gemeinsinn zu erregen und zu erhalten“[3].

Das nennt die damalige Litteratur Selbstverwaltung,

---

[1] Diesen Zusammenhang zwischen Einführung von Landständen und Reorganisation der Gemeinden heben nachdrücklich hervor: Reichhard a. a. O. S. 138—140, Bülau ‚die Behörden in Staat und Gemeinde‘ 1836 S. 304 ff., Malchus, Politik der inneren Staatsverwaltung 1823 S. 151. endlich Seydel, bayerisches Staatsrecht III. Bd. S. 4 ff.

[2] S. Dahlmann, Politik I S. 262—264, in Reichhard a. e. O. S. 230 und 271 ff.

[3] Ähnlich der Berichterstatter im bayerischen Staatsrat von 1818 bei Beratung des Gemeindeedikts. S. Seydel, bayer. Staatsrecht II S. 7. (cit. nach der neuesten Aufl.)

augenscheinlich vom wirtschaftlichen Standpunkt ausgehend, oder auch „Selbständigkeit“, „Autonomie“.

Die Gemeinde bleibt noch ganz innerhalb der Staatsverwaltung. Schon der Steinschen Städteordnung war es nicht darum zu thnn, berechtigte Gemeinde-Korporationen zu schaffen [1], sondern die Stadtbürger zu öffentlichen Ämtern heranzuziehen, wobei dem englischen Vorbild nur insoweit gefolgt [2] wurde, als die staatliche Bevormundung auf das Mindestmafs beschränkt werden sollte.

Energisch werden dann von den Verteidigern der revidierten Städteordnung, also von der Publizistik der 30er Jahre die Steinschen Ideen weiter ausgeführt [3], und damit der Gedanke eines „natürlichen Rechts“ auf die der Gemeinde zugewiesenen Funktionen bestritten [4]. Es wird bestritten, dafs bei der Reorganisation der Gemeinde „die ganze Veränderung auf Seite der Regierung in einem Verlust an Recht und Macht, auf Seite der Gemeinde in einem gleichmäfsigen Gewinn“ bestehe [5]. — Darnach hat die Gemeinde kein subjektives, öffentliches Recht [6] auf Anerkennung ihrer Selbstverwaltung. Die diese regelnden Rechtssätze sind nur Schranken objektiven Rechts für die Staatsgewalt [7].

Wenn die Gesetzgebung und die offiziöse Litteratur in

---

[1] E. Meier, die Reform der Verwaltungsorganisation unter Stein u. Hardenberg 1881 für die Stadtgemeinde S. 275 ff. S. 347 ff.

[2] Für die Landgemeinde a. a. O. S. 363 ff. u. S. 387 ff. und die bekannte Denkschrift von Vincke: „Darstellung der Verwaltung Grofsbritanniens“ ed. Niebuhr 1848 S. 156, wo an der britischen Ortsverwaltung hervorgehoben mird, dafs keine Municipalitäten, jedoch Ehrenämter vorhanden seien.

[3] Meier a. a. O. S. 305: „Jedenfalls bedeutete die Städteordnung von 1821 in Steins Augen“, und wir können hinzufügen, auch in den Augen jener Publizisten, „kein Abweichen vom rechten Wege“.

[4] S. Savigny im I. Bd. der histor.-polit. Zeitschrift von Ranke 1832 S. 890 ff.

[5] Savigny a. a. O.

[6] S. auch f. Bayern Seydel, Staatsrecht II S. 8.

[7] Wenn von politischen Rechten der Bürgergemeinde geredet wird, so versteht man darunter die Wahlberechtigungen der einzelnen Bürger. S. Reichhard a. a. O. 405. Erwiesenermafsen (Meier a. a. O. p. 293 ff.) ist der Hauptgedanke der Städteordnung von 1808, die staatliche Bevormundung auf ein Mindestmafs zu beschränken. Von subj. Rechten der Gemeinde ist keine Rede.

der Weise das Verhältnis zwischen Staat und Gemeinde präcisieren, so darf man nicht glauben, dafs sich der deutsche Geist hiebei beruhigte.

Es gab zu der Zeit auch eine naturrechtliche Doktrin, welche mit Eifer ein eigenes Recht der Gemeinde auf Ausübung der Gemeindegewalt, die gerade so ursprünglich und naturwüchsig wie die Staatsgewalt wäre, behaupteten. Dieser Eiferer gedenkt auch Savigny in seinem oben citierten Aufsatz[1]. — Die Vertreter der naturrechtlichen Doktrin verfuhren hier eben nicht anders als sonst, indem sie ihre Theorie von einem konkreten Staatswesen abzogen und dies als Naturrecht ausgaben. Die Lehre vom natürlichen Recht der Gemeinde war das Schema des mittelalterlichen Verhältnisses zwischen Staat und Gemeinde[2].

Diese Lehre fand nun eine höchst wirksame Unterstützung in dem belgisch-französischen Konstitutionalismus, der in der Mitte der 30er und zu Beginn der 40er Jahre dieses Jahrhunderts in Deutschland eindrang. Die belgische Verfassungsurkunde fand überall Nachahmung und es war nur begreiflich, dafs auch die von ihr gegebene Regelung des Verhältnisses zwischen Staat und Gemeinde von besonders mafsgebendem Einflusse sowohl auf die Gesetzgebung, als auch auf die politische Litteratur der sogenannten liberalen Parteirichtung jener Zeit sein mufste. Als Hauptvertreter dieser letzteren ist Rotteck anzusehen, der die Verschmelzung der schon vorhandenen naturrechtlichen Doktrin mit dem belgisch-französischen Konstitutionalismus in seinen Werken aufweist. Er selbst bekennt sich zu jener Doktrin, die wir vorhin als naturrechtliche bezeichneten[3]. In Wirklichkeit huldigt er aber jener Ver-

---

[1] Savigny a. a. O. S. 390: „Einige sehen den ganzen früheren Zustand als eine unrechtmäfsige Usurpation der Regierung an, die Veränderung folglich als eine Herstellung der Gemeinen in ihr natürliches Recht“.

[2] S. auch Gierke, Genoss.-Recht I. Bd. S. 713, der dieses System das mittelalterliche nennt.

[3] Rotteck-Aretin, Staatsrecht der konstitutionellen Monarchie III S. 22 ff.

schmelzung[1] von Naturrecht und belgisch-französischem Konstitutionalismus, also einem System, das damals als das „vermittelnde“ — nämlich vermittelnd zwischen der Betrachtung der Gemeinde als Staat im Staate und der Betrachtung als Staatsanstalt — bezeichnet wurde[2]. Diese Rotteck'sche Darstellung des Verhältnisses von Staat und Gemeinde charakterisiert vortrefflich die naturrechtliche Manier: Man negiert die Thatsache, daſs man seine Theorie aus realen Staatsverhältnissen im gegebenen Falle also aus dem belgischen Staate, gewonnen, um diese Theorie um so bequemer aus der Natur der Sache flieſsen zu lassen.

Der belgisch-französische Konstitutionalismus lieferte für das neue politische System des Verhältnisses von Staat und Gemeinde vor allem den Namen Decentralisation im Gegensatz zu der damals herrschenden Centralisation[3].

Im besondern wird die von ihm durchgeführte Verschiedenheit[4] der Regierungs- und Gesetzgebungsgewalt, die Eigenart des pouvoir municipal[5] bereitwillig von der deutschen Doktrin acceptiert und als Naturrecht dargestellt. Wir sehen ganz deutlich die naturrechtliche Zuthat des

---

[1] Rotteck a. a. O. passim u. insbes. S. 37—40.

[2] S. Rotteck-Aretin a. a. O. S. 29 ff. Zachariae, deutsches Bundesstaatsrecht I. Bd. S. 572 ff. Stahl, Philosophie des Rechts II. Bd. S. 29 ff. Zambanelli in Zeitschrift für Rechtswissenschaft und Gesetzgebung des Auslandes XV. Bd. S. 200. Mittermaier in derselben Zeitschrift Bd. VI S. 454. Christ, Einleitung zum badischen Gemeindegesetz 1845 S. 25.

[3] Siehe Christ a. a. O. S. 12 ff.

[4] Diese Verschiedenheit besonders betonend Stüve, Wesen und Verfassung der Landgemeinden und des ländlichen Grundbesitzes in Niedersachsen und Westfalen 1851 S. 257 ff.

[5] Es wird von den eifrigsten Verfechtern des Naturrechts die Behauptung der Ebenbürtigkeit der Gemeinde im Verhältnis zum Staate aufgestellt. Die Gemeinde hat ebenso wie der Staat eine Ordnung des öffentlichen Rechts. Rotteck-Aretin a. a. O. S. 53: „Das öffentliche Recht, von welchem wir hier sprechen, ist teils jenes der Gemeinde, teils jenes des Stsates u. s. w. . . .“ S. auch Struve, Grundzüge der Staatswissenschaft 1848 I. Bd. S. 328—330. — Daſs man trotz der Herleitung aus dem Naturrecht doch die französische Doktrin wieder benützte, geht aus der Thatsache hervor, dafs schon der französ. Jurist Dupin ein Citat wiedergiebt, wonach „die Municipalitäten die eingesetzte Gewalt (pouvoir constitué), die Kommune die einsetzende Gewalt (pouvoir constituante) sein sollen. S. Stein a. a. O. S. 78.

deutschen Geistes. Denn der französisch-belgische Konstitutionalismus hat die ganze Gemeindegewalt als viertes pouvoir von der Staatsgewalt, dem souveränen Volk ausgehen lassen. Den Deutschen fliefst diese Gemeindegewalt aus der „Natur der Sache“.

Die so geartete Gemeindegewalt umfafst nun gewissermafsen als Untergewalten die Selbstgesetzgebung (Autonomie) und die Selbstverwaltung [1]. Es sind dies die rechtlichen Formen, durch welche die Gemeindegewalt ihre besonderen Interessen zur Geltung bringt, Formen, die nicht einmal der Gemeinde specifisch sind, sondern die sie mit jeder Korporation, selbst der des Privatrechts teilt [2].

Was uns gleich an dieser Lehre auffällt, ist der Begriff der Autonomie, der damals mit der Selbstverwaltung zusammengeworfen und noch heute mit ihr und statt ihrer gebraucht wird.

Die damalige Theorie [3] ging wirklich von der Ansicht aus, dafs die Gemeinde in ihrer Mitte eine selbständige Rechtsquelle, die Autonomie habe [4]. Diese sei gewissermafsen der Gesetzgebung des Staates koordiniert, ohne ihr entgegengesetzt sein zu dürfen. So hatte die naturrechtliche Doktrin, die mittelalterliche Anschauung von der Autonomie der Gemeinde, die allerdings im Mittelalter eine selbständige Rechtsquelle neben der staatlichen Gesetzgebung hatte, wieder ausgegraben. Die naturrechtliche Doktrin fühlte sich hierin durch den belgischen Konstitutionalismus

---

[1] Über diesen von der damaligen Doktrin herausgefundenen Parallelismus zwischen Staat und Gemeinde s. schon Thouret in seinem oben S. 150 ff. erwähnten ersten Bericht. Archives parlem. I. série t. 9. p. 208, dann Christ a. a. O. S. 45.

[2] Bluntschli, deutsches Staatswörterbuch VI. Bd. Art. „Körperschaften“. Diese Ignorierung des Unterschiedes von Körperschaften des öffentlichen und Privatrechts ist für die damalige Doktrin charakteristisch. S. auch Weiske in der Einleitung zu seiner Sammlung deutscher Gemeindegesetze 1848 S. VI. Dieser kennt die Gemeinde nur als Korporation des Privatrechts.

[3] S. statt aller Brater in Bluntschli's Staatswörterbuch Art. „Gemeinde“.

[4] S. darüber auch Gerber, jurist. Abhdlg. Bd. I S. 58 ff.

bestärkt, der ebenfalls lehrt, daſs Gemeindegewalt und -gesetzgebung von der staatlichen Gesetzgebung unterschieden und ihr koordiniert sei. Und sie fand zu der Zeit nicht jene Kritik, die sie in ihrer Haltlosigkeit hätte aufdecken können. Denn der Maſsstab für eine solche Kritik, die klare Fassung des formellen Gesetzbegriffs, dann die Scheidung von Gesetz und Verordnung fehlte[1].

Was man damals unter Selbstverwaltung verstand, erstreckt sich nur auf die sogenannten „eigenen Gemeindesachen“[2], also auf nichts anderes, als die wirtschaftliche Freiheit der Gemeinde und die Handhabung der Ortspolizei, unbeeinfluſst von staatlicher Bevormundung. Dieses Unbeeinfluſstsein von der Staatsgewalt hatte gleichfalls seine Stütze in der belgischen Verfassung, welche die Gemeindegewalt überhaupt als verschieden von der Regierungsgewalt des Staats auffaſst. Die naturrechtliche Doktrin spitzt die Sache noch weiter zu: Es müssen Garantien geschaffen werden daſs die Regierung sich nicht unbefugt in die selbstverwaltende Thätigkeit der Gemeinde einmenge. Eine solche Garantie ist, der Staatsgewalt nur ein beschränktes Oberaufsichtsrecht zu gewähren, sie nur dann eingreifen zu lassen, wenn die Gemeinde offenbar zu ihrem Nachteil handelt[3]. Die Staatsgewalt ist demnach nur befugt, eine „schiedsrichterliche Thätigkeit“ auszuüben, sie ist aber keine „Rekursinstanz“[4]. Eine solche kann nur in Kommunalverbänden höherer Ordnung bestehen, die aber den Gemeinden übergeordnet und aus ihnen aufgebaut sind. Das sind die besten Schützer und Wahrer von Gemeindeinteressen[5]. — Nicht im Gesetze, wie dies später von Gneist als schwerwiegend

[1] S. Jellinek, Gesetz und Verordnung S. 111—119.

[2] So bei Zachariae a. a. O. S. 576 ff. Rotteck-Aretin a. a. O. S. 61 ff. Christ a. a. O. S. 15—21. Stüve a. a. O. 160—165.

[3] S. Rotteck-Aretin a. a. O.

[4] S. Zambanelli, Zeitschrift für Gesetzgebung und Rechtswissenschaft des Auslandes XV. Bd. S. 200 und Bülau, die Behörden in Staat und Gemeinde 1836 S. 341.

[5] Rotteck-Aretin a. a. O. S. 127 ff. und insbes. S. 129 und Stüve a. a. O. S. 282—286, siehe auch über eine ähnliche Richtung in der

betont wurde, sondern in diesen höheren, aber gleich gearteten Interessengruppen wird der Schutz der Gemeindeinteressen gesucht. Natürlich war auch die Formulierung dieser Garantie aus dem Naturrecht abgeleitet, aber sie hatte in den belgischen Provinzialverbänden ihr Vorbild und ihren wirklichen Ursprung in dem französisch-belgischen Konstitutionalismus [1].

Lehrreich für diese krankhafte Sucht nach Garantien gegen die Einmengung der Staatsregierung sind die Verhandlungen des österreichischen Reichsrats von 1861 bei Beratung des Reichsgemeindegesetzes von 1862 [2]: Es wird vor den abstrusesten Konsequenzen nicht zurückgeschreckt, nur um den Gedanken durchzuführen, dafs die Gemeindeinteressen nicht der Staatsgewalt oder ihrer Prüfung preisgegeben würden. — Da wird freilich bezüglich der sogenannten eigentlichen Gemeindesachen die Notwendigkeit erkannt, die Gemeinde nicht das letzte Wort sprechen zu lassen. Aber nicht die Staatsgewalt hat die Oberentscheidung, sondern nur der Landesausschufs, ein Organ des höheren Kommunalverbandes, wenn die Gemeindevertretung im „eigenen" Wirkungskreise beschliefst. Den Verfügungen des Gemeindevorstehers gegenüber ist allerdings die Ingerenz der Staatsbehörden zulässig, allein diese sollen keine reformatorische, sondern nur eine kassatorische Überprüfung seiner Verfügungen vornehmen dürfen, und dies nur dann, wenn die Verfügung gesetzwidrig ist [3]. Diese Sucht [4] nach Sicherheit vor der Staatsregierung führte zu der eigentümlichen Konsequenz, die Thätigkeit der beiden Gemeinde-

---

bayerischen Gesetzgebung. Seydel, bayerisches Staatsrecht II. Bd. S. 11, wahrscheinlich auf dieser Theorie fufsend.

[1] Siehe oben S. 195, Note 1.

[2] S. über eine ähnliche Entwicklung in Preufsen: Bornhak, Geschichte der preufs. Verwaltung. III. Bd. S. 242 ff. insbes. 244.

[3] S. ähnlich Bülau a. a. O. S. 116 ff.

[4] Treffend wird diese Sucht nach Übereinanderschichtung von Interessenmajoritäten, wie sie in der damaligen liberalen Doktrin vorherrschte, von Gneist und im Anschlufs an ihn von Noorden in Sybels historischer Zeitschrift Bd. XIII S. 18 ff. gezeichnet.

organe in denselben Agenden verschiedenen Oberinstanzen zu unterwerfen; sie zerriſs die Thätigkeit ein und desselben Organs, des Gemeindevorstands innerhalb desselben Agendenkreises, indem sie einen verschiedenen Maſsstab für die Zulässigkeit einer Überprüfung seiner Thätigkeit[1] feststellte.

Ja noch mehr und praktisch von nicht zu unterschätzender Bedeutung: sie lieſs, da man nur den Schutz gegen die Staatsgewalt vorsah, die Gesetzeslücke offen, was zu geschehen habe, wenn der Gemeindeausschuſs zwar nicht pflichtwidrig, aber überhaupt unthätig innerhalb des eigenen Wirkungskreises sich verhält[2]. Dahin führte das Streben, statt im Gesetze nur in höheren Kommunalverbänden den Schutz der Gemeindeinteressen zu suchen.

Die Gegenstände der Selbstverwaltung, als freie Vermögensverwaltung, Besteuerungsrecht durch die Gemeinde, Aufnahme in den Gemeindeverband, Bestellung der Gemeindeorgane durch Wahl[3], bilden nach der konstitutionellen Doktrin den „eigenen Wirkungskreis“ der Gemeinde, der gewissermaſsen aus der Vernunft sich ergiebt, unabänderlich ist, weil er durch die Vernunft gegeben ist und die Gemeinde gewissermaſsen ihn als Lebensminimum zurückbehalten, als sie ebenso wie das Individuum mit den andern Staatsgliedern den Staatsvertrag einging[4]. Wir haben hier wieder Gelegenheit, alte Bekannte, den Art. 31 und 108 der

---

[1] Für das Einschreiten der Staatsbehörde wird Gesetzwidrigkeit verlangt. Soll der Landesausschuſs einschreiten, so genügt schon Unzweckmäſsigkeit der Verfügung. — Über die Konfusion, die hierdurch in der Praxis hervorgerufen, Tezner im 21. Bd. d. Wiener Zeitschr. S. 205 ff.

[2] S. Brockhausen, österr. Zeitschrift für Verwaltung von Jäger, Bd. 21, Nr. 15—17.

[3] Die Auffassung, daſs das Gemeindebürgerrecht und -wahlrecht so eng mit der Gemeindegewalt verknüpft sind, hatte zur Konsequenz, daſs nur die Gemeindebürger ein Wahlrecht in der Gemeinde hatten. Diese Auffassung ist nun anfangs der 70er Jahre sowohl in Preuſsen, als auch in Österreich aufgegeben und das Wahlrecht in der Gemeinde allen Gemeindegenossen zuerkannt worden, wofern sie nur qualifizierte Steuerzahler sind.

[4] Brater in Bluntschli's Staatswörterbuch sub. v. Gemeinde S. 129 ff. Bülau a. a. O. S. 322 ff.

belgischen Verfassungsurkunde[5] zu erkennen, aber im naturrechtlichen Gewande; auf die Ausübung der Gemeindegewalt innerhalb dieses eigenen Wirkungskreises hat die Gemeinde ein natürliches Recht, ein Grundrecht, das Recht auf Selbstverwaltung.

Der deutsche Konstitutionalismus hat also ungescheut jene Konsequenz gezogen, die die Constituante zu ziehen nahe daran war, aber aus uns bekannten Gründen zu ziehen unterliefs.

Der Doktrin folgend, hat nun die deutsche Gesetzgebung in den Jahren 1848—50[2] bei Umgestaltung des Verfassungsbaues das Recht auf Selbstverwaltung zum Grundrecht erhoben.

Diese Formulierung des Rechts auf Selbstverwaltung erfuhr gegen Ende der 50er Jahre in der politischen Litteratur, anfangs der 70er Jahre durch die Gesetzgebung Preufsens, tiefgreifende Änderungen. Die Selbstverwaltung erhielt eine Formvollendung, die ihrem Begriffe bis zu der Zeit völlig fremd war, durch die auf Gneists Schriften[3] beruhende preufsische Verwaltungsreform insbesondere die Kreisordnung von 1872. — Die konstitutionelle Auffassung der Selbstverwaltung als Grundrecht, dessen Wahrung und Schutz nicht im Verfassungsgesetze allein, sondern auch in übergeordneten Interessengruppen, höheren Kommunal- und Provinzialverbänden zu suchen sei, führte, konsequent durchgeführt, zu einer Herrschaft der mächtigsten Interessengruppierungen in der Volksvertretung und der ihr verantwortlichen Ministerien. — Diese Periode der preufsischen Verfassungsgeschichte[4] (in den 50er und 60er

---

[1] S. oben S. 161 f.

[2] Preufs. Verf.-Urkunde v. 5/3 1848. Österr. Verf.-Urkunde v. 4/3 1849. Frankfurter Reichsverfassung 1848. Art XI § 184.

[3] Gneist, engl. Selfgovernment 1863. Gneist, Verwaltung, Justiz, Rechtsweg 1869. Gneist, preufs. Kreisordnung 1872.

[4] Über diese Parteiwirtschaft insbes. Bornhak, Geschichte der preufs. Verwaltung. III. Bd. S. 223—282.

Jahren) ist unter dem Namen der Epoche des Ministerialdespotismus bekannt. — Als Reaktion[1] dagegen erfolgte nun die preufsische Gesetzgebung der 70er Jahre, die wir vorhin erwähnt. Ein Hauptprincip liegt ihr zu Grunde und verleiht der Selbstverwaltung einen ihrem Wesen allein entsprechenden Charakter. Es ist die von England herübergenommene Auffassung, dafs die Selbstverwaltung nicht ein Gebiet sei, das die jeweiligen Interessengruppen im Staate im Kampfe gegen die Staatsgewalt erobert hätten und auf dem sie sich nun nach Herzenslust tummeln könnten, sondern eine planmäfsige und bewufste Heranziehung der örtlich geschlossenen Kollektivverbände für Staatsaufgaben[2].

Zur Durchführung dieses Gedankens geht die kontinentale Fassung des Rechts auf Selbstverwaltung mit jener uns aus dem englischen Recht bekannten Recht- und Pflichtverteilung an die einzelnen Glieder des Kommunalverbands eine Verbindung ein, nicht zum Schaden des Selbstverwaltungsbegriffes. Das System von Berechtigungen, die verteilt werden, kommt in Wahlberechtigungen und Rechten auf Anerkennung im Ehrenamte, das System von Pflichten in den Pflichten zur Annahme und Führung des Ehrenamtes und in den Steuerpflichten im Kommunalverbande[3] zum Ausdrucke.

Diese veränderte Auffassung der Selbstverwaltung als bewufster Heranziehung örtlich geschlossener Kollektivverbände für Staatszwecke, wirkt auf die bisherige Auffassung der kontinentalen Selbstverwaltung, wie sie der konstitu-

---

[1] Gneist, Kreisordnung S. 51 ff.

[2] S. insbes. Gneist, preufs. Kreisordnung S. 16—18: „die Initiative der Staatsregierung, aus welcher jedes Selfgovernment hervorgehen mufs“.

[3] § 8 der Kreisordnung. Eine Abweichung in der Prov.-Ordnung. Stengel, preufs. Verwaltungsorganisation S. 291. Eine eigentüml. Form erhält die Pflichtverteilung durch das Amt des Landrats. Die hier geschaffene Pflicht ruht nicht auf staatl. Imperium wie die andern, sondern auf Vertrag. Der Landrat ist Staatsbeamter.

tionellen Doktrin entsprach, vornehmlich in drei Punkten zurück:

Vor allem schwindet die grofse Scheu vor Eingriffen der Staatsregierung in das Recht auf Selbstverwaltung, zugleich aber auch die Sorglosigkeit gegenüber einer Majorisierung durch die mächtigsten Interessengruppen innerhalb des Kommunalverbandes [1].

Der Irrtum der konstitutionellen Doktrin, nur Bollwerke gegen die Staatsregierung und zwar in übergeordneten und gleichgeordneten Interessenverbänden zu suchen, gilt als überwunden [2]. Den Schutz, der hier vergeblich gesucht worden war, soll eine klare und sorgsame Detaillierung des Verwaltungsrechts bieten, wie sie vor dem preufsischen Recht nur noch das englische schon seit der Zeit der Plantagenets gekannt hat [3].

Die Frucht, die die koustitutionelle Doktrin beispielsweise in der österreichischen Gesetzgebung [4] gezeitigt hat, dafs ein unthätiger Gemeindeausschufs durch keine Macht der Welt zur Erfüllung seiner Aufgaben innerhalb des „eigenen Wirkungskreises“ gezwungen werden kann, ist dem gegenwärtigen preufsischen Recht fremd. Die Staatregierung, nicht die höheren Kommunalverbände, bleibt vorbehaltlich einer Prüfung ihrer Entscheidungen durch die Verwaltungs-

---

[1] S. insbes. die Vorkehrungen, die bezüglich des Steuerfufses der Kreisabgaben in d. K. O. § 10—12 getroffen werden. Der Steuerfufs und das Steuerobjekt sollen nicht mehr durch majorisierende Beschlüsse der jeweils mächtigen Interessengruppen, sondern durch Gesetz festgestellt sein. S. Motive zu § 9—16 bei Brauchitsch, Materialien I S. 100 ff. Gneist, Verwaltung, Justiz, Rechtsweg S. 299 u. 309. Gneist, Kreisordnung S. 58 ff.

[2] Neukamp, Archiv für öffentl. Recht IV. Bd. S. 538 ff. findet darin das Wesen der Selbstverwaltnng. Zuzugeben ist, dafs das Streben der neueren Gesetzgebung dahin geht, durch Einführung passiv öffentl.-rechtl. Verbände das staatliche Aufsichtsrecht und dic Beeinflussung von der Ministerialverwaltung auf ein Mindestmafs einzuschränken. S. II. T. dieser Abhandlung.

[3] S. Neukamp a. a. O.

[4] Brockhausen a. a. O.

gerichte, dennoch die letzte Instanz in den wichtigsten Verwaltungsfragen [1].

Der zweite Punkt, in dem die konstitutionelle Doktrin durch die preufsische Gesetzgebung berichtigt wird, ist die Klarlegung, dafs der sogenannte eigene Wirkungskreis der Gemeinde kein unabänderlicher, aus der Natur der Sache fliefsender ist. Der Kreis der Selbstverwaltungsangelegenheiten wird in der preufsischen Verwaltungsreform um diejenigen vermehrt, welche von der Staatsgewalt den Kommunalverbänden „zu eigner Verwaltung überwiesen" werden [2]. Und in der That! Hierin liegt ein Fortschritt gegenüber der früheren konstitutionellen Auffassung, der seinesgleichen sucht.

Die konstitutionelle Doktrin von der Selbstverwaltung war nämlich ganz unfähig, die mit fortschreitender Kultur sich immer vergröfsernde Zahl von Staatsaufgaben, die nur durch Kommunalverbände einer erspriefslichen Lösung zugeführt werden könnten, in den Rahmen ihrer Scheidung vom „eigenen" und „übertragenen" Wirkungskreise aufzunehmen. Diese anfangs weniger örtlich gefühlten Gemeindeinteressen, die der Staat den Kommunalverbänden oft erst anerziehen mufs, die aber, wenn dem Staat seine Erziehung gelungen, dann um so eifriger von den Kommunalverbänden selbst aufgegriffen werden, fielen bei jener Scheidung im Sinne der konstitutionellen Doktrin ganz aus dem Rahmen jener Scheidung.

Dadurch, dafs die preufsische Gesetzgebung diesem Übelstand abgeholfen, hat sie noch etwas anderes geleistet:

---

[1] 36: Kr. O. § 13 (betreffend die ministerielle Bestätigung, wenn eine oder mehrere Kreisteile ungleich belastet werden), dann § 177a, 178 und 180 und Prov.-O. § 115—118. In Österreich gilt ebenfalls in der steiermärkischen Gemeindeordnung der Grundsatz, dafs über ortspolizeiliche Verfügungen des Gemeindevorstehers der Beschwerdezug an die polit. Behörde erster Instanz geht — nicht nur bei Gesetzwidrigkeit, sondern auch bei Unzweckmäfsigkeit der Verfügung. Über ähnliche Fälle bezügl. der Baupolizei s. Gluth in Mischlers österr. Staatswörterbuch S. 105 sub. v. „Hochbauten".

[2] Stengel, die preufs. Verwaltungsorganisation 1881 S. 192.

sie hat den Begriff der Selbstverwaltung formalisiert.

Während die konstitutionelle Doktrin noch zu sehr an den Gegenständen der Selbstverwaltung klebte [1], den Begriff der Selbstverwaltung mit freier Verwaltung des Gemeindevermögens und Besorgung der Ortspolizei indentifizierte, eine Auffassung, die mit der „Unabänderlichkeit" des eigenen Wirkungskreises zusammenhängt, hat die preufsische Gesetzgebung die Loslösung des Selbstverwaltungsbegriffes von dem materiellen Gehalte bewirkt, indem sie zeigte, dafs dieser selbst ein fluktuierender sei. Damit hat sie aber auch die Eignung des Selbstverwaltungsbegriffs und sein Vorhandensein für Staatszwecke zur Thatsache gemacht.

Der dritte, nicht unwichtigste Punkt, in dem die konstitutionelle Doktrin von der preufsischen Gesetzgebung überholt worden, ist, dafs letztere das Pflichtmoment der Gemeinde bei Befriedigung selbst ihrer eigenen Interessen energisch betonte und sicherte. Während die konstitutionelle Doktrin davon ausging, dafs der Kommunalverband ein Grundrecht auf Selbstverwaltung habe, dafs er die in diesem Grundrecht liegenden Befugnisse nach freiem Belieben ausüben könne, dafs ein staatlicher Zwang zur Ausübung dieser Befugnisse nicht existiere, führt die preufsische Gesetzgebung konsequent den Gedanken aus, dafs das Recht auf Selbstverwaltung nur die eine Seite sei, dafs mit diesem Recht auch die Pflicht zur Ausübung der darin liegenden Befugnisse gegeben sei [2]. Dieses Pflichtmoment macht ja die Gemeinde, wenn auch nicht

---

[1] Wie sehr die neueren Schriften über Selhstverwaltung in den Banden der konstitutionellen Doktrin befangen sind, erhellt daraus, dafs sie es als besondere Leistung ihrer Methode ansehen, wenn sie den Begriff Selbstverwaltung formal fassen, verkennend, dafs sie sich selbst in einem politischen Stadium des Selbstverwaltungsbegriffes befinden, das nur eine formale Fassung kennt. Zu diesen Schriften gehört auch: Gluth, die Selbstverwaltung im Lichte formaler Begriffsbestimmung S. 57 ff.

[2] Auch der österr. Verwaltungsgerichtshof betont diese Seite des Rechts auf Selbstverwaltung, wiewohl das Gesetz darüber sich ausschweigt.

allein, zum öffentlich-rechtlichen Verband[1]. Dies Pflichtmoment wird nun in der preufsischen Gesetzgebung teils durch Zwangsmittel[2], teils durch die Verbindung des Staatsamtes mit der Selbstverwaltung[3] gesichert.

So führt die preufsische Gesetzgebung den Begriff der Selbstverwaltung seiner rechten, politischen Bedeutung zu, als bewährter Heranziehung der Kommunalverbände für Staatsaufgaben. Unterstützt vom englischen Vorbild weckt sie einen Gedanken zum Leben, der schon in der französischen Constituante im Keim vorhanden gewesen[4], der dem belgischen und deutschen Konstitutionalismus aber verloren gegangen war.

---

[1] Rosin, das Recht der öffentl. Genossenschaft S. 18 ff.

[2] Zwangsetatisierung oder richtiger Pflichtigerklärung im Budget des Kommunalverbands. S. über den Unterschied von Zwangsetatisierung und Pflichtigerklärung: Mayer, deutsches Verwaltungsrecht II. Bd. S. 422 Note 22.

[3] Beispielsweise: im Amte des Landrats.

[4] S. oben S. 53.

Zweiter Teil.

Die politische Selbstverwaltung und ihre juristischen Elemente.

Erstes Kapitel.

Die Selbstverwaltung — Staatsverwaltung?

Die historische Entwicklung des Selbstverwaltungsbegriffes leitete uns dahin, seine Bedeutung in der Heranziehung örtlich geschlossener Kollektivverbände für Staatszwecke zu suchen. Es entsteht nun die Frage, ob auch die aus dieser Heranziehung sich ergebende Thätigkeit der Kollektivverbände Staatsverwaltung sei. Der Bejahung dieser Frage steht die bisherige Auffassung des Begriffes der Staatsverwaltung entgegen. Darunter versteht die herrschende Meinung jegliche Thätigkeit des Staates für Staatszwecke oder kurz das Handeln des Staates für Staatszwecke[1].

Sehen wir genauer zu, so löst sich dies Handeln des Staates in das Handeln seiner Organe[2] auf, denn nur durch diese gelangt es in unser Bewufstsein. Das Zusammenfassen der socialen Thatbestände zur Zweckeinheit Staat, diesen psychologischen Prozefs führt jede Epoche mit andern Hilfskategorien durch, anders der Polizeistaat, anders der moderne, der eben die Hilfskategorie der staatlichen Organe

[1] S. Laband, deutsches Staatsrecht I. Bd. S. 645. Mayer, deutsches Verwaltungsrecht I. Bd. S. 1 (im Bindingschen Handbuch des deutschen Rechts).

[2] Ulbrich in Grünhuts Zeitschrift Bd. 9 S. 1.

braucht. Sie sind jenem psychologischen Prozefs naturnotwendig.

Soll nun jene Thätigkeit örtlich geschlossener Kollektivverbände für Staatszwecke gedacht werden, so steht man vor der Alternative, entweder zu leugnen, dafs Selbstverwaltung Staatsverwaltung sei[1] oder sonst die Selbstverwaltungskörper als Staatsorgane zu bezeichnen[2].

Gegen diese letztere Ansicht hat sich mit Recht seit jeher eine Abneigung gezeigt, die übrigens für ihre Stellungnahme mit Grund das Moment hervorheben könnte, dafs unsere Kollektivverbände gerade in ihrer Thätigkeit für Staatszwecke zuweilen in Kollisionen mit dem Staatswillen kommen, ohne dafs dem Staate Handhaben gegeben wären, diese Kollisionen in seinem Sinne zu lösen. Um nur aus unserm historischen Teil[3] jenen Kampf hervorzuheben, den die pays d'état des ancien régime gegen den Staat zu kämpfen hatten, wenn es sich um neue Steuern handelte, die für die Vorteile des Selbstverwaltungskörpers verwendet werden sollten. Dieser Fall, der uns lebhaft aus der Geschichte entgegentritt, deutet die Möglichkeit vieler Kollisionen an, welche zwischen Staat und Selbstverwaltungskörper in Hinsicht auf die Finanzwirtschaft des letztern entstehen können, wobei der Selbstverwaltungskörper in seiner Finanzwirtschaft unmöglich als Organ des Staates[4]

---

[1] Ich begnüge mich hier, die Hauptvertreter der verschiedenen Lehrmeinungen zu nennen, indem ich für die übrigen auf die Dogmengeschichte der Selbstverwaltung bei Gluth, die Lehre von der Selbstverwaltung, 1887, S. 11—71, verweise.

[2] L. Stein, Verwaltungslehre I 2. Bernatzik im Archiv für öff. Recht V. Bd. S. 303 ff.

[3] S. oben I. Teil S. 39.

[4] d. h. als Träger des Gemeinwillens. S. auch Erkenntnis des preufs. Ober-Verwaltungsger. cit. bei Leuthold in Hirths Annalen, 1884, S. 336 Note 3: „Alle Leistungen, welche den Gemeinden für ihre Zwecke neu aufgelegt werden, berühren den Staat in seinem specifisch staatlichen Interesse, insofern . . . . . als sie die Steuerkraft der Gemeindeglieder in Anspruch nehmen." Hiemit ist eine Fülle von Kollisionen auf dem Gebiete der Finanzwirtschaft angedeutet, so dafs man unmöglich die Gemeinde bei Ausübung ihres Besteuerungsrechts wird Staatsorgan nennen können.

wird betrachtet werden können. — Man denke ferner an den Fall des österreichischen Rechts, wonach die Gemeinde endgültig über die Heimatsberechtigung, über die Aufnahme in den Heimatsverband entscheidet. Die Gemeinde erteilt die Zusicherung der Aufnahme[1], der Staat nimmt den Ausländer auf Grund dieser Zusicherung auf, und nun verweigert der Gemeindeausschufs oder ein neugebildeter die Aufnahme. Ist etwa auch da noch die Gemeinde ein Organ des Staats, ein Träger des Gemein-(Staats-)willens?!

Allerdings vermindern sich diese Fälle im modernen Staate, aber sie existieren. Nie wird es auch gelingen, das Leben eines örtlich geschlossenen Kollektivverbands, den der Staat geschichtlich übernommen hat, in die juristische Formel: Staatsorgan, zu zwängen.

Um dieser Konsequenz zu entgehen, die, wie wir sahen, auch die belgische Nationalversammlung gezogen[2], hat eine andere Richtung die vollkommene Selbständigkeit der Thätigkeit jener Kollektivverbände im Verhältnis zur Staatsverwaltung betont und den Zusammenhalt beider Thätigkeiten durch einige spärliche Rechtsbestimmungen, insbesondere durch die staatliche Oberaufsicht zu erreichen geglaubt. Es ist dies eine Theorie, die lebhaft an die konstitutionelle Doktrin vom Grundrecht der Gemeinde und auch an die mittelalterliche Stellung derselben im Staate gemahnt.

Als Hauptvertreter[3] dieser Richtung kann Gierke und seine Schule angesehen werden. Er fafst nämlich den Staat und jene örtlich geschlossenen Kollektivverbände als wesensgleiche Organismen auf, als „reale Gesamtpersonen“[4]. Letztere besitzen gleich dem Staate eigene Rechtssetzung, Recht-

---

[1] Die konstante österr. Verwaltungspraxis geht dahin, vor der Aufnahme in den Staatsverband die Zusicherung der Aufnahme von seiten einer Gemeinde zu verlangen.

[2] S. oben I. Teil S. 63.

[3] S. Gluth, die Lehre von der Selbstverwaltung, 1887, S. 12 ff.

[4] Gierke, die Genossenschaftstheorie u. die deutsche Rechtsprechung S. 5, insbes. S. 10 u. S. 642.

sprechung und Verwaltung[1]. Sie seien dem Staate ebenso als Glieder eingefügt wie das einzelne Individuum ihnen[2], denn sie seien wie das Individuum Organismus, und das hieſse — Persönlichkeit im Rechtssinne sein[3]. Der Staat als der oberste dieser im Grunde wesensgleichen Organismen sei Rechtssetzer und als solcher anerkenne er nur die schon vorhandene Rechtsbildung der ihm eingegliederten Organismen[4], er erhebe lediglich dieses latente Recht zum patenten[5].

Ein Blick auf die eigene Rechtsbildung dieser Organismen soll uns belehren, daſs sie zweifacher Art ist: Social- und Individualrecht. Letzteres stelle[6] die Gesamtheit jener Rechtsverhältnisse dar, welche das einzelne dem Organismus der „Gesamtperson" angehörige Individuum zum Mittelpunkt haben, während in den socialrechtlichen Lebensverhältnissen das Individuum als Glied der „Gesamtperson" berechtigt oder verpflichtet erscheint. Die Scheidung findet sich nach Gierkes Anschauung in der Rechtsbildung eines jeden „gesamtpersönlichen" Organismus vor und hat ein Analogon im Staate: die Scheidung des Privatrechts vom öffentlichen Rechte. — Ähnlich wie mit der Rechtssetzung verhalte es sich auch mit der Verwaltung[7]. Der

---

[1] von Gierke a. a. O. S. 648 ff. angedeutet, des nähern ausgeführt bei Preuſs, „Souveränetät, Gemeinde, Staat," 1893, S. 223.

[2] Gierke a. a. O. S. 152 ff., 155.

[3] S. Preuſs a. a. O. S. 160 ff.

[4] Gierke sagt a. a. O. S. 648 ff. folgendes: „Der Staat kann daher vermöge seiner formellen gesetzgeberischen Allmacht alles körperschaftliche Wollen und Handeln normieren, ohne hiebei auf eine andere Schranke zu stoſsen als auf die Schranke der Anforderung der Rechtsidee," und auf S. 649: „Seine (des Staats) Gesetzgebung .... bestimmt ihn zum obersten Funktionär der das Leben der Gemeinheiten auch im Innern ergreifenden und bindenden Macht des Rechtes." — Hier liegt der wunde Punkt der Gierkeschen Theorie, der sie dem Naturrecht der konstitutionellen Doktrin nahebringt. Während nämlich das Naturrecht von einer Rechtsidee überstaatlicher Verbände ausgeht (s. Bergbohm, Jurisprudenz und Rechtsphilosophie I. Bd. S. 297 Note 29), streift Gierke die Rechtsidee unterstaatlicher Verbände.

[5] Preuſs a. a. O. S. 206.

[6] Gierke a. a. O. S. 142 ff., 150 ff.

[7] Preuſs a. a. O. S. 223—225. Bezeichnend für diese Auffassung ist, daſs man aus der vollkommenen Wesensgleichheit der Verwaltungsthätigkeiten von Staat und Gemeinde die Überflüssigkeit des Begriffes

Staat habe nur als Träger der obersten Verwaltung das sog. Aufsichtsrecht [1]. — Es ergiebt sich demnach aus diesen Ausführungen, dafs die für die Verwaltung ausgebildeten Rechtsbegriffe und -verhältnisse für jede Gesamtperson ihre selbständige Bedeutung haben, ausgenommen jene Rechtsverhältnisse, welche von der staatlichen Rechtsordnung als Bethätigung ihrer „Durchdringung“ [2] der eingegliederten Gesamtpersonen aufzufassen sind. Daraus folgt, dafs von einem allgemeinen Social- und Individualrecht in jener umfassenden Bedeutung wie von Privat- und öffentlichem Recht nicht gesprochen werden kann [3].

Das Resultat dieses organischen Staatsaufbaues — sofern es unsere Frage betrifft — ist also: zweierlei Verwaltung mit verschiedenen Rechtssystemen.

Nun ist von berufener Seite [4] gegen diese Auffassung Einspruch erhoben worden. Namentlich wurde die Selbständigkeit in Rechtsetzung, Verwaltung und Rechtsprechung, die von Gierke für die dem Staate eingegliederten öffentlich-rechtlichen Verbände behauptet wird, aus gewichtigen Gründen angezweifelt. Es wurde mit Recht darauf hingewiesen, dafs jene Selbständigkeit für die Stellung der Gemeinde im mittelalterlichen Staat begründet sei [5], nicht für den modernen Staat und dessen Verstaatlichungsprozefs, mit dem er alle ihm eingegliederten Verbände ergreife. Wir können auch aus der von uns gegebenen historischen Entwicklung entnehmen, wie der Begriff des Gemeindebürgers mit den daraus fliefsenden Rechten in engherziger Weise nur auf

---

Selbstverwaltung folgerte, da ja sonst auch der Staat ein Selbstverwaltungskörper genannt werden könnte. S. Preufs a. a. O. S. 225.

[1] Das ist des Staats „eigentümliche Verwaltungsthätigkeit.“ Gierke a. a. O. S. 652.

[2] Gierke a. a. O. S. 613.

[3] Gierke a. a. O. S. 156. Preufs zieht allerdings diese Konsequenz, vor der sich Gierke mit Recht hütet. Preufs a. a. O. S. 165 allerdings mit einer geringen Einschränkung.

[4] Jellinek, System der subj. öff. Rechte S. 273 ff.

[5] Rottecks uns schon bekannte Scheidung in Privat- und öff. Recht der Gemeinde erinnert lebhaft an Gierkes Individual- und Socialrecht. S. I. Tl. S. 74 Anm. 5.

den von der Gemeinde Aufgenommenen beschränkt, wie er in der Folge schon auf die steuertragenden Gemeindeansässigen ausgedehnt wurde und immer mehr seine ehemalige Bedeutung verliert, um im Staatsbürger, der für örtliche Kollektivzwecke thätig ist, aufzugehen. — Ähnlich ergeht es auch dem Begriff des Gemeindevermögens, als dessen Ersatz man allmählich Steuern zu betrachten beginnt, entsprechend dem Wandel, der sich in den ökonomischen Anschauungen zur Geltung bringt und sich von der „Manchester"-Doktrin, die die Gemeinde blofs als rein wirtschaftlichen Verband auffafste, lossagt. England kennt überhaupt kein Gemeindevermögen; Steuern sind sein Surrogat. Die moderne Entwicklung treibt auch auf dem Kontinente dahin [1]. Der juristische terminus „Gemeindevermögen" mit seinen nur gewissen Klassen der Gemeindeangehörigen zustehenden Nutzungsansprüchen, mit seiner von der jeweiligen Interessenmajorität abhängigen Verwendung, verwandelt sich in Steuern, deren Steuerfufs und -mafs durch das Gesetz geregelt wird. Ähnlich wie beim Begriff des Gemeindebürgers finden wir hier die Umwandlung der Gemeindesteuern in Staatssteuern, die für lokale Zwecke verwendet werden [2]. Zum mindesten mufs sich das Gemeindesteuersystem vollkommen dem Staatssteuersystem einfügen [3].

In dieser Umwandlung der Rechtsbegriffe „Gemeindebürger", „Gemeindevermögen" u. a. m. ist der formal-

[1] Samter in den Schriften des Vereins für Socialpolitik XII. Bd.

[2] Die Entwicklung in Preufsen markiert deutlich die einzelnen Stadien vom Dotationsprincip der Kreisordnung (s. Meier im XII. Bd. der Schriften des Ver. f. Socialpolitik S. 84) zur Überweisung gewisser Staatssteuern in toto (Kommunalsteuerges. vom Jahre 1893). S. Stengel in Marquardsens Handbuch Bd. 2 Abt. 3 S. 297 ff.

[3] v. Reitzenstein in Schönbergs Handbuch der polit. Ökonomie III. Bd. S. 723. Es war anläfslich der neuern preufs. Kommunalsteuergesetzgebung eine eifrig diskutierte Frage, ob selbständige Kommunalsteuer oder Zuschläge zu den Staatssteuern, wobei von der Regierung für letztere Stellung genommen wurde aus dem im Text oben angeführten Grunde. S. Schriften des Vereins für Socialpolitik Bd. XII S. 8 ff., 52 ff., S. 66—70, 79 ff.

juristische Ausdruck dessen gelegen, was wir vorhin den modernen Verstaatlichungsprozeſs im Verhältnis von Staat und ihm eingegliederten örtlich geschlossenen Kollektivverbänden nannten. Dieser Verstaatlichungsprozeſs umfaſst aber auch die Monopolisierung des Maſsstabes, was Recht sein soll[1], und das ist der Grund, weshalb Gierkes Theorie unhaltbar ist.

Somit kann jene Thätigkeit der örtlich geschlossenen Kollektivverbände nicht als grundverschieden von der Staatsverwaltung betrachtet werden. L. Steins[2] Vorschlag geht demnach dahin, zwei Thätigkeiten, Thätigkeit jener Kollektivverbände und Staatsverwaltung, derart zu hypostasieren, daſs die erstere mit der Realisierung staatlicher Interessen auch ihre eigenen befriedige. In Hegel-Steinscher Manier ist natürlich dies in ein mystisches Wortgewand[3] gehüllt. Aber das ergiebt sich aus Steins Auffassung: jene Kollektivthätigkeit ist von einem Gesichtspunkte aus betrachtet Thätigkeit der Kollektivverbände, von dem andern aus Staatsverwaltung. Doch verfällt Stein trotz des guten Ansatzes in den alten Fehler: er nennt schlieſslich die Gemeinde in dieser Thätigkeit, die er als „freie Verwaltung" bezeichnet, ein „Organ der Regierung"[4], wenn auch ein „selbständiges". Und darin liegt sein Fehler und auch der Fehler des modernen Verwaltungsbegriffes.

Die Voraussetzung nämlich, daſs die Verwaltung, als

---

[1] Die Momente, die in jeder Zeit die psychologische Funktion des Sollens (der Norm) schaffen, sind zu allen Zeiten verschieden; bald ein Sein, bald das Nichtsein, die Autorität, der Zwang. S. Simmel, Einleitung in die Moralwissenschaft I. Bd. S. 9 ff. Der Staat vollzieht für die Rechtsform die Bestimmung obiger Momente.

[2] Verwaltungslehre I 2 S. 6—33.

[3] Selbstverwaltung ist nach Stein ein Teil der „freien Verwaltung." Diese wird definiert S. 7 a. a. O. als „die Vollziehung (sc. = Gewalt des Staats), insoweit sie Aufgabe und Recht der freien organisierten Selbstthätigkeit der Einzelnen wird." S. 6 a. a. O. heiſst es von der Freiheit: sie sei „das Wesen der Persönlichkeit auch in der Einheit mit andern bethätigt."

[4] Stein a. a O. S. 306. Dasselbe wird auf S. 182 von der „Landschaft" (= Land) behauptet, die vollziehende Gewalt wird auf S. 5 a. a. O. mit „Regierung" identifiziert als die „That an sich."

Thätigkeit des Staats, nur ein Handeln seiner Organe wäre, ist falsch.

Gerade die organische Auffassung des Staates soll, wie dies auch von anderer Seite hervorgehoben wird[1], doch dahin führen, nicht für jede Funktion des Staates ein entsprechendes, gesondertes Organ zu suchen. Eine solche Annahme würde sich übrigens nur quantitativ von jenem Irrtum unterscheiden, der der Theorie von der Dreiteilung der Gewalten zu Grunde lag. Diese glaubte auch, daſs jede Funktion des Staates durch ein Organ versehen werden müſste und fügte, was sie eben nur quantitativ schlechter machte, noch hinzu, daſs diese Funktionen stets an dieselben drei Organe gebunden seien. Aber schon damals war man sich ihres richtigen[2] Kerns bewuſst. „Pour que les pouvoirs soient à jamais divisés, il ne faut pas, qu'ils soient entièrement séparés“[3]. Daraus die Nutzanwendung sollten auch wir ziehen. Verwaltungseffekte können nicht bloſs von Staatsorganen ausgehen. Wir kennen ja die Ausübung von Hoheitsrechten durch Private[4]. Diese erzielen ja auch Staatsverwaltungseffekte. Dem primitiveren Gemeinwesen mit seiner Kollektivverantwortlichkeit[5] entsprechen sie am ehesten. Da hat sich ein organschaftliches Handeln überhaupt noch nicht herausdifferenziert. Jeder von dem Einzelnen ausgeübte Verwaltungsakt ist Verwaltung des Gemeinwesens. Erst einer späteren Entwicklungsstufe gehört die Differenzierung von Organen an, wobei die Gewohnheit — nicht zum erstenmal — des juristischen Denkens Lehrmeisterin ist. Als klassischen Beleg dafür will ich nur anführen, daſs in England, wo sich die moderne Korporations-

---

[1] Posada in der Revue du droit public, Jahrg. 1896 p. 298.

[2] St. Girons essai sur la séparation des pouvoirs, 1881, p. 142, und Mayer, Theorie des franz. Verwaltungsrechts S. 2 ff.

[3] Mounier, Discours surle projet de constitution 31. VIII. 1789 cit. nach St. Girons a. a. O., auch Mayer, Theorie des franz. Verwaltungsrechts S. 2 ff.

[4] S. Jellinek, System der subj. öff. R. S. 234.

[5] S. Simmel, Über sociale Differenzierung a. a. O. S. 21 ff., der diesen Differenzierungsprozeſs in trefflicher Weise ausführt.

idee erst im 15. Jahrhundert entwickelt, das Handeln durch Organe später als der Gedanke des juristischen Verbands auftritt[1].

Können sonach Staatsverwaltungseffekte auch von Nichtorganen des Staats vorgenommen werden, so ist auch jene Thätigkeit örtlich geschlossener Kollektivverbände für Staatszwecke eine Summe solcher Effekte. Sie ist also Staatsverwaltung[2].

Nimmt man den Standpunkt von den Kollektivverbänden aus, so ist ihre Thätigkeit öffentliche Verwaltung, von der Seite des Staats betrachtet Staatsverwaltung, geradeso wie der Expropriationsberechtigte, der seine Interessen von seinem Standpunkt aus versieht und zugleich dem Gemeininteresse förderlich ist, deshalb einerseits einen Akt der öffentlichen Verwaltung vornimmt, andererseits auch staatliches Imperium übt[3]. — Die öffentliche Verwaltung von der Staatsverwaltung in der Thätigkeit der örtlichen Kollektivverbände zu trennen[4], jeder eigene Agenden zuzuweisen ist deshalb unrichtig, weil beide nur Kehrseiten (im Verhältnis zu einander) einer und derselben Thätigkeit sind.

---

[1] S. darüber Pollock and Maitland, history of English law, 1895, vol. I p. 473. 474.

[2] Auch L. Stein hat ähnliches mit seinem Begriff der „freien Verwaltung," unter der er auch die Selbstverwaltung subsumierte, ausdrücken wollen (s. Verwaltungslehre I 2 S. 6 ff. bis 33). Nur irrt er darin, dafs er diese Thätigkeit einem besonders hohen Kulturgrad zuschreibt und nur auf Selbstverwaltungskörper und Vereine beschränkt (a. a. O. S. 14 ff.). Auch übersieht er, dafs es hier vorwiegend darauf ankommt, dafs uno actu die Handlung des Nichtorgans eigene und zugleich staatliche Interessen befriedige. Jene Beschränkung auf Selbstverwaltungskörper und Vereine ist daher einerseits zu eng, andererseits zu weit. — Gleicher Ansicht wie unser Text oben Mayer, deutsches Verwaltungsrecht, 1896, II. Bd. S. 74 N. 69.

[3] Jellinek a. a. O. S. 241. Grünhut, das Enteignungsrecht, 1873, S. 81.

[4] Wie dies Stengel, preufs. Verwaltungsorganisation S. 14, thut. Wir werden weiter unten (letztes Kapitel) darin jenes Streben staatswiss. Forschung erkennen, auch für die Politik „Realitäten" zu suchen, die eigentlich nur in uns sind, nicht aber aufser uns. Wir empfinden diese Scheidung öffentlicher Verwaltung, Staatsverwaltung, wir denken sie. Sie als Realitäten a priori zu nehmen und ihnen Agenden zuzuweisen, ist falsch. Denn sie selbst sind Abstraktionen a posteriori.

Allerdings haben wir es hier mit einem sehr fortgeschrittenen Stadium jenes Differenzierungsprozesses, durch den aus jenen primitiven Handlungen des Einzelnen für die Gesamtheit die Organe entstanden sind, zu thun.

„Das Streben zu höherer Differenzierung in dieser Richtung macht nun bei dem Individuum nicht Halt“ [1]. Wir setzen hinzu: auch nicht bei dem Organ des Staates. Es wird auch hier die Sphäre individueller Thätigkeit von dem Handeln für Staatszwecke und innerhalb dieses, die Sphäre individueller freier Thätigkeit für Staatszwecke von dem Handeln als Staatsorgan, d. i. der Erklärung den Staat bindender Gemeinwillensäufserungen [2] reinlich abgegrenzt. Die Abgrenzung ist eine rechtliche. Dies ist auch der Fall, wenn wir das Verhältnis der Gemeinde zum Staat betrachten. Hier ist der Entwicklungsprozefs in das Stadium getreten, dafs in dem ursprünglich nur organschaftlichen Handeln der Gemeinde eine Sphäre eigenen Handelns sich von dem Handeln als Organ absondert und vom Rechte als subjektives öffentliches Recht anerkannt wird. Zuerst tritt der sociale Differenzierungsprozefs auf, die Rechtsordnung hinkt meist nach. Welche Motive, insbesondere politischer Natur, für sie bestimmend sind, soll weiter unten (Kap. III) auseinandergesetzt werden. Hier genügt es, auf die Möglichkeit hinzuweisen, dafs neben einem für Staatszwecke thätigen Individual- oder Kollektivwillen in einer und derselben juristisohen Persönlichkeit ganz gut die Organschaftsqualität bestehen kann [3].

---

[1] Simmel, Über sociale Differenzierung a. a. O. S. 33—36.

[2] Bernatzik, Archiv für öff. R. V. Bd. S. 278. Sehr gut drücken diesen Differenzierungsprozefs die Protokolle des österr. Abgeordnetenhauses 1862 S. 1115 aus: .... „mufs alles, was die Interessen der Gemeinde und ihrer Mitglieder als solcher berührt .... als ein ihr zum selbsteigenen Leben naturgemäfs gehöriger Wirkungskreis zugewiesen werden, weshalb folgerichtig alle dahin gehörigen Funktionen .... wieder an die Gemeinde zurückgegeben werden müssen und zwar nicht etwa blofs im Delegationswege, sondern als .... Rechte und Attribute“....

[3] S. die Kontroverse Bernatzik-Jellinek bei Tezner in Grünhuts Zeitschr. 21. Bd. S. 150 ff.

Zweites Kapitel.

Die Rechtstechnik der Selbstverwaltung.

I.

Die aktiv öffentlich-rechtlichen Verbände.

Um Selbstverwaltung zu bewirken, d. h. örtlich geschlossene Kollektivverbände für Staatszwecke derart heranzuziehen, dafs sie mit Realisierung der eigenen Kollektivinteressen zugleich staatliche Interessen befriedigen, schlägt die Rechtsordnung einen Weg ein, den sie auch geht, wenn sie nicht, wie in unserem Falle, einen Kollektivwillen, sondern einen Individualwillen für Staatszwecke gewinnen will. Geht man der Art nach, wie der Staat physische Willensträger für seine Zwecke gewinnt, so findet man, dafs dies durch zwei Mittel geschieht[1]: Berechtigung oder Verpflichtung des physischen Willensträgers. Hier gleich überrascht uns die Thatsache, wie ökonomisch die Rechtsordnung zu Werke geht.

Gemein- und Individualinteresse sind oft innig miteinander verbunden. Nun ist die Verknüpfung von Gemein- und Individualinteresse in vielen Fällen so

[1] S. Jellinek, System der subj. öffentl. Rechte S. 231.

stark, dafs die Befriedigung des entsprechenden Bedürfnisses zugleich die Erfüllung eines Gemeindebedürfnisses ist. Diese Verknüpfung, die dem socialen Leben angehört, findet die Rechtsordnung vor und nützt sie für ihre Zwecke aus. Sie anerkennt das Individualinteresse „im Gemeininteresse", d. h. sie macht es zum subjektiven öffentlichen Rechte [1], oder sie verhält sich dem vorgefundenen Individualinteresse gegenüber passiv, was besonders dann stattfindet, wenn die Befriedigung des Individualinteresses (und damit auch die des Gemeininteresses) für den einzelnen ebenso notwendig, als sicher ist. Wenn nun jene Verknüpfung fehlt? Wie soll die Erfüllung des Gemeinzweckes besorgt, wie die notwendigen Willensäufserungen physischer Willensträger erzielt werden? Da wirbt der Staat die notwendigen physischen Willen durch Vertrag an oder holt das imperium aus seiner Rüstkammer und macht die Erfüllung seines Gemeininteresses bezw. die Handlung des Unterthanen, die dazu erforderlich ist, zur öffentlich-rechtlichen Pflicht. Das erste Rechtsverhältnis ist das zwischen Staat und Beamten, das zweite wird unter die Rubrik „Staatsbürgerpflicht" subsumiert, wie z. B. die Wehrpflicht, das Geschworenenamt u. a. [2].

Das Ehrenamt ohne Annahmepflicht wird hienach unter die Kategorie von Berechtigungen fallen, welche zur Ausnützung der uns bereits bekannten Verknüpfung von Gemein- und Individualinteresse vom Staate verwendet werden. Das Ehrenamt mit Annahmepflicht unter die eben genannten „Zwangsdienstpflichten" [3].

Wie dem I n d i v i d u a l willen, so tritt der Staat auch dem K o l l e k t i v willen gegenüber, wenn er ihn für seine Zwecke ausnützen will; nur wird hier die Lösung des Problems verwickelter sein. Auch hier sucht der Staat eine schon vorhandene

---

[1] Zur Festigung dieses Verhältnisses kann die Ausübung des subj. öffentl. Rechts auch zur Pflicht gemacht werden.

[2] Laband, deutsches Staatsrecht 1. Bd. S. 386 (cit. nach der 3. Aufl.).

[3] Mayer, deutsches Verwaltungsrecht II. Bd. S. 203 ff.

Verknüpfung des Gemein-(Staats)interesses mit dem Individualinteresse. Die Verknüpfung dieser beiden läuft hier jedoch durch ein Medium, nämlich das den Kollektivwillen treibende Kollektivinteresse. Da es örtlich geschlossene Kollektivverbände sind, die der Staat heranziehen will, so ist jenes Medium das örtliche Kollektivinteresse. Die Verknüpfung der Interessen, die der Staat hier ausnützt, ist folgende:

Staats-(Gemein-)interesse — örtliches Kollektivinteresse — Individualinteresse. Hiebei kann er zwei Wege gehen:

Entweder er berechtigt oder verpflichtet den Kollektivwillen bezw. den Kollektivverband als Einheit, d. h. er anerkennt in ihm eine juristische Person, eine Korporation des öffentlichen Rechts.

Oder er verteilt die Rechte und Pflichten an die einzelnen Verbandsangehörigen derart, dafs die gleichmäfsige und, wo möglich, kollektive Ausübung der Rechte und Erfüllung der Pflichten den Kollektivwillen des Verbandes in Aktion darstellt.

Ob er nun den einen oder anderen Weg geht: stets nützt er obige Interessenverknüpfung nach dem Schema aus, das wir bei der Heranziehung des Individualwillens für Staatszwecke kennen gelernt haben. Die Beobachtung dieses Schemas durch die Rechtsordnung soll im Folgenden dargestellt werden.

a. Der Staat berechtigt oder verpflichtet den örtlichen Kollektivverband als Einheit, d. h. er schafft aktiv öffentlich-rechtliche Verbände.

Hiebei verfährt er, wie wenn er einen physischen Willensträger für seine Zwecke dienstbar machen will. Findet der Staat jene enge Verknüpfung zwischen örtlichem Kollektivinteresse des Verbandes und seinem Gemeininteresse vor, derart, dafs die Realisierung des einen zugleich die Befriedigung des andern ist, so anerkennt er überwiegend „im Gemeininteresse“ das örtliche Kollektivinteresse als subjektives Recht, d. h. er macht es zum subjektiven öffentlichen Rechte.

Findet der Staat jene Verknüpfung nicht vor, dann geht er hier ähnlich zu Werke, wie wenn er physische Personen zu seiner Willensbildung heranzieht. Er schafft kraft seines imperium eine Zwangsdienstpflicht. Durch Vertrag wirbt er örtlich geschlossene Kollektivverbände nicht an, während er im Verhältnisse zum Individualwillen dies thut. Die Erklärung dieser Thatsache liegt in der Erwägung der Motive, die beim Anwerben von Privatpersonen für den Staatsdienst den Staat dazu bewegen und die im Verhältnisse zu örtlich geschlossenen Kollektivverbänden gewöhnlich [1] entfallen. Der Staat wirbt dort durch Vertrag an, wo er eine Anspannung der durch imperium auferlegten Pflichten aufs Höchstmafs vermeiden will, insbesonders aber dort, wo er qualifizierte Dienstleistungen benötigt, so dafs er durch Eröffnung zweckentsprechenden Konkurrenzangebotes sich eine genügende Auswahl bei Heranziehung der Privatpersonen sichert [2]. Dieses Motiv, besonders qualifizierte Dienstleistungen zu gewinnen, entfällt hier bei der Heranziehung örtlich geschlossener Kollektivverbände. Die Uniformierung der Dienstleistungen, wie sie durch imperium erzielt wird, ist hier sogar notwendig. Alle örtlich geschlossenen Kollektivverbände entbehren einer jeden, einzelne von ihnen besonders charakterisierenden, Individualität. Der öffentlich-rechtliche Vertrag als Mittel der Anwerbung für Staatsdienstleistungen ist hier überflüssig.

Was ihn hier vollends ersetzt, sind teils Verleihung von rechtlichen Befugnissen an den Kollektivverband derart, dafs deren Ausübung als Befriedigung örtlichen Kollektiv-

---

[1] Über jurist. Personen, die für die Zwecke öffentlicher Verwaltung durch Vertrag angeworben werden, s. Mayer, deutsches Verwaltungsrecht II. Bd. S. 373.

[2] S. auch darüber Rehm in Hirths Annalen Jahrg. 1885 S. 119—120. Seydel, allg. Staatslehre S. 51.

und Staatsinteresses gleichzeitig empfunden wird, teils Auferlegung von öffentlich-rechtlichen Pflichten kraft imperium, wo eben jene Interessenverknüpfung nicht vorliegt.

Der Inbegriff der zur Verteilung gelangenden rechtlichen Befugnisse ist das Recht auf Selbstverwaltung. Um dessen kontinuierliche und gleichmäfsige Ausübung zu sichern, sind die in ihm steckenden rechtlichen Befugnisse zuweilen zu öffentlich-rechtlichen Pflichten gemacht. Dafs hiebei das Pflichtmoment in den Hintergrund tritt, erklärt sich aus dem stets werkthätigen Interesse, das die Kollektivverbände an der Ausübung des Rechts auf Selbstverwaltung haben. Es wird jedoch in jenen Fällen bedeutsam, wo Zwangsmafsregeln gegen pflichtvergessene Kollektivverbäude in Anwendung kommen.

Das Recht auf Selbstverwaltung ist ein subjektives, öffentliches Recht auf Ausübung eines vom Staate abgeleiteten imperium für die Befriedigung örtlicher Kollektivinteressen.

α) Ist es nun wirklich ein subjektives Recht? Oder haben wir es hier mit einer Kollektivbezeichnung einzelner subjektiver Rechte zu thun? Wenn es wirklich ein subjektives Recht wäre, dann wären z. B. das Recht auf Ortspolizei- oder Sanitätspolizeiverwaltung nur rechtliche Befugnisse. Und das ist wirklich der Fall.

Die Grenze zwischen blofser Befugnis und subjektivem Rechte wird darin gefunden[1], dafs das subjektive Recht durch Normen geschützt ist, die Befugnis nicht. Wenn es ein einzelnes Recht auf Ausübung der Lokalpolizei etc. geben würde, so müfste es sich auf gebietende oder verbietende Normen, die es schützten, berufen können. Dies ist nun nicht der Fall. Wohl aber kann sich das Recht auf Selbstverwaltung auf solche gebietende oder verbietende Normen stützen. Sehr gut drückt sich z. B. in

---

[1] Thon, Rechtsnorm und subjektives Recht. 1878. S. 341—343.

dieser Hinsicht die Württembergische Verfassungsurkunde vom 25. April 1819 aus: „Weder die Amtskörperschaften, noch die einzelnen Gemeinden sollen mit Leistungen und Ausgaben beschwert werden, wozu sie nicht vermöge der allgemeinen Gesetze oder kraft der Lagerbücher verpflichtet sind“ [1]. Wir haben aufser diesem formalen Kriterium noch ein materielles, um das subjektive öffentliche Recht auf Selbstverwaltung von der Summe der einzelnen in ihm steckenden Befugnisse zu scheiden. Dieses ist die Thatsache, dafs das Recht auf Selbstverwaltung einen von der Summe der einzelnen Befugnisse verschiedenen Inhalt hat. Das Recht auf Selbstverwaltung schliefst nämlich auch die Befugnis in sich, alles neu entstehende örtliche Kollektivinteresse in Beschlag zu nehmen, sofern es nicht vom Staat bereits occupiert worden ist oder occupiert wird [2]. Wo dieses materielle Kriterium fehlt, da ist auch kein Recht auf Selbstverwaltung, sondern die einzelnen Befugnisse werden selbst zu subjektiven öffentlichen Rechten. Das sehen wir beispielsweise im englischen Rechte [3], das, wie bereits hervorgehoben, seit den 30er Jahren die aktiv-öffentlich-rechtlichen Verbände für Selbstverwaltungszwecke eingeführt hat. Hier gilt nicht jene eben zuletzt besprochene Befugnis [4]. Daher auch hier kein Recht auf Selbstverwaltung. Die meisten der in unserm Rechte auf Selbstverwaltung steckenden Befugnisse sind in der englischen Gesetzgebung selbst subjektive öffentliche Rechte.

---

[1] S. auch österr. Reichsgemeindegesetz vom Jahre 1862 Art. V: wo der Rechtssatz des Art. V nicht eine verbietende Rechtsnorm, sondern ein gewährender Rechtssatz, das Recht auf Selbstverwaltung schützt.

[2] Dahin tendieren anch die Generalklauseln in den deutschen Gemeindegesetzen. So Art. V des österr. Reichgesetzes v. J. 1862, der § 67 der Württembergischen Verfassungsurkunde (S. Gaupp in Marquardsens Handbuch des öffentl. Rechts S. 221), Seydel, bayer. Staatsrecht (2. Aufl.) 3. Bd. S. 40. Wielandt, bad. Staatsrecht in Marquardsens Handbuch d. öffentl. R. § 50 Abs. 2 S. 147.

[3] Sehr gut wird dieser Gegensatz des deutschen und engl. Rechts veranschaulicht bei Goodnow, Municipal Home Rule 1895 p. 252 ff.

[4] Die Befugnisse der Stadtkorporationen sind einzeln gesetzlich normiert und keiner Erweiterung aus sich heraus fähig.

In dieser so vervollständigten Gestalt macht das Recht auf Selbstverwaltung die juristische Einteilung in Agenden des „eigenen“ und „übertragenen“ Wirkungskreises der Selbstverwaltungskörper de lege ferenda[1] überflüssig. Wir sahen[2] sie zu einer Zeit entstehen, da ein „Grundrecht“ der Gemeinde[3] auf die Agenden des „eigenen“ Wirkungskreises anerkannt wurde. Unter dieser Voraussetzung hatte der „eigene“ Wirkungskreis einen Sinn. Denn seine Agenden bildeten wesentliche Bestandteile jenes Grundrechts und konnten deshalb nur unter besondern Verfassungsgarantien rechtlich modifiziert werden. Sobald sich die Theorie durchrang und in der Gesetzgebung zum Ausdrucke kam, dafs jedes Gesetz in den „eigenen“ Wirkungskreis Bresche schlagen kann, wurde der Satz, der vorhin nur für den „übertragenen“ Wirkungskreis galt, dafs seine Agenden durch ein einfaches Gesetz schon vermehrt oder verringert werden könnten, aus einem früher synthetischen ein analytischer. Ebenso der Satz, der die Umschreibung des eigenen Wirkungskreises wieder giebt: zum eigenen Wirkungskreise gehören jene Agenden, welche nach dem „Gesetz“ hierher gehören. Solange unter dem Gesetze jenes verstanden wurde, welches das Grundrecht gewährleistete, war der Satz synthetisch. In dem Augenblick, wo der „eigene“ Wirkungskreis diese Bedeutung verliert, mufs er ja auch erst aus dem einfachen Gesetze, ebenso wie der „übertragene“ Wirkungskreis bestimmt werden. Jener Satz wird analytisch. Die praktische Bedeutung, die allerdings noch heute jener Einteilung zukommt, ist auf einen circulus vitiosus des Gesetzgebers zurückzuführen. Auch die Wertschätzung, die dem „eigenen“ Wirkungskreise von Seite

---

[1] de lege lata knüpfen sich an jene Einteilung praktisch wichtige Folgen, aber zu welchen Inkonvenienzen dies führt, s. Tezner in Grünhuts Zeitschr. 21. Bd. S. 206 ff.

[2] S. oben I. Teil S. 183 f.

[3] Tezner, a. a. O. S. 204 ff. über die Rudimente dieser „grundrechtlichen“ Doktrin auch noch in den heutigen österr. Gemeindegesetzen.

der Theorie[1] zu teil wird, läſst sich nur so erklären: Die Gesetzgebung unter dem Einfluſs jener konstitutionellen Doktrin knüpfte an die uns bekannte Einteilung praktische Folgen; diese hinwider statteten der konstitutionellen Doktrin in der Form ihren Dank ab, daſs sie den Glauben und die Wertschätzung jener Einteilung in Theorie und Gesetzgebung verstärkten.

β) Das Recht auf Selbstverwaltung enthält das Recht auf Ausübung eines vom Staate abgeleiteten imperium, dessen Inhalt durch den Begriff der Verwaltung im Sinne der konstitutionellen Doktrin[2], als Ausführung von Gesetzen, als Exekutive näher bestimmt wird. Nur so werden wir das Recht auf Selbstverwaltung geschichtlich interpretieren können. Wenngleich die im Rechte auf Selbstverwaltung steckenden Befugnisse in den verschiedenen Staaten verschieden sind[3], die Form der Geltendmachung jenes abgeleiteten imperium bleibt sich stets gleich: ich meine die Verordnungs- und Verfügungsgewalt. Wenn man diese noch Autonomie nennen will, so läſst sich dagegen nichts einwenden; man werde sich jedoch nur des Gegensatzes bewuſst, der zwischen dieser Ansicht und der konstitutionellen Doktrin vorliegt, welche die mittelalterliche Auffassung, als wäre Autonomie eine selbständige Rechtsquelle neben Gesetz, Gewohnheit etc., wieder aufnahm[4] und nur so zu erklären ist, daſs der konstitutionellen Doktrin der Unterschied von „formellen" und „materiellen" Gesetzen fehlte[5].

Auſser dem Rechte auf Selbstverwaltung werden zur Bildung des Kollektivwillens und zur Heranziehung des Kollektivverbands als Ganzen noch die in jenem Rechte

---

[1] Rosin in Hirths Annalen 1883 S. 292 ff.

[2] S. Barante ‚De la décentralisation' 1866 p. 300. Über den Gegensatz zwischen diesem Begriff der Verwaltung und dem modernen s. Mayer, deutsches Verwaltungsrecht I. Bd. S. 4. S. auch Posada in der Revue du droit public 1896 p. 294 f.

[3] Das Mindestmaſs wohl in Frankreich s. Mayer, Theorie d. franz. Verwaltungsrechts S. 551 ff.

[4] S. die vorzügl. Abhandlung von Gerber, Jurist. Abhandlungen Bd. 1 S. 58 ff.

[5] S. oben I. Tl. S. 76.

steckenden Befugnisse zu öffentlich-rechtlichen Pflichten gemacht. Denn auch Befugnisse können zu Rechtspflichten gemacht werden. Das hat Thon[1] für das Privatrecht nachgewiesen. Hier hätten wir ein Seitenstück dazu aus dem öffentlichen Recht.

Und auch ohne Recht auf Selbstverwaltung können zu Pflichten gemachte Befugnisse von der Rechtsordnung verwendet werden, um Selbstverwaltung zu erzielen. Ein Beispiel dafür bietet Art. 4 der deutschen Reichsverfassung. In diesem Art. 4 sind die Gegenstände aufgezählt, welche der Beaufsichtigung des Reichs unterliegen und nach der herrschenden Lehre[2] in Deutschland als Selbstverwaltung der Gliedstaaten aufgefaſst werden. Die durch die Normen des Art. 4 festgestellten Befugnisse der Gliedstaaten sind in Art. 4 Ziffer 1—6 genau aufgezählt. Man wird jedoch ihre Zusammenfassung nicht Recht auf Selbstverwaltung nennen. Denn

1. sind diese Befugnisse mechanisch aneinander gereiht und können nicht aus sich selbst heraus sich beliebig vermehren. Die Aufzählung derselben ist eine erschöpfende, während die Aufzählung der Befugnisse des Rechts auf Selbstverwaltung immer nur eine beispielsweise sein kann und

2. können auch die im Art. 4 Z. 1—6 aufgezählten Befugnisse nicht als selbständige Rechte aufgefaſst werden. Denn die Gliedstaaten hätten es ja als Staaten nicht erst nötig, durch die Verfassungsurkunde berechtigt zu werden, die im angeführten Artikel aufgezählten Gegenstände ihrer Verwaltungsthätigkeit zu unterziehen. Also nur als Rechtspflichten sind jene Befugnisse aufzufassen. — Und dies ist auch die herrschende Lehre[3].

---

[1] Thon, Rechtsnorm und subjektives Recht S. 344.

[2] Laband, Staatsrecht des Deutschen Reichs I. Bd. S. 93 (neueste Auflage). A. M. Freilich Haenel, deutsches Staatsrecht (in Bindings Handbuch) S. 322 bei dem sein Begriff einer „korporativen" Selbstverwaltung dies nicht zuläſst.

[3] Laband a. a. O. I. Bd. S. 98, II. Bd. S. 106 ff. bezüglich der Verwaltung der Eisenbahnen (Art. 4 R.V. Abs. 8).

Wo jene Verknüpfung von Staats- und örtlichen Kollektivinteressen nicht vorhanden ist, daſs sie die Rechtsordnung ausnützen könnte, da legt diese den örtlich geschlossenen Kollektivverbänden als Einheiten Pflichten auf. Es sind dies jene öffentlich-rechtlichen Pflichten, die von der konstitutionellen Doktrin im sogenannten „übertragenen“ Wirkungskreise zusammengefaſst wurden. Diese Pflichten können wir als Analogon der Unterthanenpflichten, angewendet auf öffentlich-rechtliche Verbände, bezeichnen. Wie der Staat kraft seines imperium den Unterthanen die Heeresdienstpflicht, den Geschworenendienst u. a. m., mit einem Wort die sogenannten Zwangsdienstpflichten [1], so legt er dem örtlich geschlossenen Kollektivverbande öffentlich-rechtliche Pflichten auf. Diese unterscheiden sich von den für Selbstzwecke zur Pflicht gemachten Befugnissen, wie wir sie oben kennen gelernt haben, dadurch, daſs bei letzteren die Befugnis prävaliert und nur wegen der besonderen Gewähr ihrer Erfüllung auch zur Pflicht gemacht wird, während bei ersteren der Pflichtcharakter im Vordergrund steht. Während hier nur eine actio (Anspruch) vorhanden ist, der des Staates auf Erfüllung der Zwangspflicht, sind dort zwei actiones (Ansprüche) gegeben, die des Gliedstaates gegenüber dem Bundesstaate und die des Bundesstaates gegenüber dem Gliedstaate. Jedoch geschieht hier, was der römische Jurist L 3 § 12 D. 24,1 treffend bezeichnet: „celeritate conjungendarum inter se actionum unam actionem occultari“. — Daher tritt der Anspruch des Bundesstaates und damit auch der Pflichtcharakter jener Befugnisse in den Hintergrund. Er ist aber jedenfalls vorhanden, wenngleich er sich dem ersten Anblicke gegenüber auch verbirgt.

Gerade wie diese Befugnispflichten wegen ihrer mechanischen Aneinanderreihung nie zu einer „Gesamtpflicht“

---

[1] Über diesen Begriff s. vorzügl. Mayer, deutsches Verwaltungsrecht II. Bd. S. 202 ff.

auf Selbstverwaltung herauswachsen können, ebenso wenig die öffentlich-rechtlichen Pflichten, die im „übertragenen Wirkungskreise“ umschrieben werden. Schritt für Schritt werden sie ihm vom Gesetzgeber eingeschoben. Ob diese Pflichten dann noch in die Selbstverwaltung hineingehören, hängt davon ab, ob sie durch entsprechende Kollektivinteressen gedeckt sind. Hier sei nur noch hervorgehoben, dafs der Gegensatz dieser öffentlich-rechtlichen Pflichten zum Rechte auf Selbstverwaltung, abgesehen von der formaljuristischen Fassung auch noch darin liegt, dafs das Recht auf Selbstverwaltung [1] ein organisches Ganze ist, die Pflichten des übertragenen Wirkungskreises in ihrer Summe blofs eine mechanische Aneinanderreihung vorstellen.

Dieser Gegensatz beruht eben darauf, dafs das Recht auf Selbstverwaltung gewöhnlich von örtlichen Kollektivinteressen gedeckt ist, nicht so der „übertragene“ Wirkungskreis. Denn das, was das subjektive Recht auf Selbstverwaltung immer in voller Wirksamkeit erhält, ist die vollkommene Homogenität von örtlichen Kollektiv- und Staatsinteressen. Diese Homogenität der Interessen, nicht der Gemeindezwecke, (wie unter Kap. IV noch näher ausgeführt werden soll) bewirkt, dafs eine Verknüpfung beider, der örtlichen Kollektiv- und Staatsinteressen, in der oben ausgeführten Weise möglich ist.: Realisierung der einen Gruppe ist Befriedigung der andern — uno actu. Sie bewirkt ferner, dafs das Recht auf Selbstverwaltung als Bindemittel beider Interessengruppen stets eine immer neue Fülle von Befugnissen in sich aufnehmen kann, indem immer neue örtliche Kollektivinteressen auftreten und wegen ihrer Homogenität mit dem Staatsinteresse auf rechtliche Anerkennung rechnen können. So kann das Recht auf Selbstverwaltung aus sich selbst heraus wachsen. Ganz anders beim „übertragenen Wirkungskreise“ bezw. seinen

[1] Siehe die schöne Verwendung des Gegensatzes von „organisch“ und „mechanisch“, die Rosin in Hirths Annalen 1883 S. 298 ff. für seine Zwecke macht.

Pflichten. Wenn diese von der Rechtsordnung auferlegt werden, so kümmert letztere sich wenig darum, ob örtliche Kollektivinteressen diese rechtlichen Pflichten decken. Im Gegenteil: gerade die Verwendung von Pflichten spricht eher dafür, dafs dies nicht der Fall ist. Bei ihnen ist daher eine Erweiterung aus sich selbst undenkbar. Nur soweit das Gesetz dies ausdrücklich bestimmt, sind sie vorhanden. Daher nannten wir die Summe dieser Pflichten eine mechanische Aneinanderreihung, das Recht auf Selbstverwaltung ein organisches Ganze, weil dieses eine Erweiterung seiner Befugnisse aus sich selbst kennt und einer solchen fähig ist.

So gewinnt der Staat die örtlich geschlossenen Kollektivverbände für seine Zwecke, wenn er an sie, als Einheiten, Rechte und Pflichten verteilt, d. h. sie als juristische Personen anerkennt.

Es erübrigt nur noch die Aufklärung des Mechanismus, der notwendig wird, weil die Verbände als juristische Personen des öffentlichen Rechts herangezogen werden und insbesondere deshalb, weil unsere Verbände selbst örtlich geschlossen sind. Damit die Ausübung jener Rechte und Pflichten, die an den Kollektivverband verteilt werden, dauernd geführt wird, mufs auch für eine geregelte und fortdauernde Willensbildung der als Rechtspersönlichkeiten anerkannten Verbände vorgesorgt werden.

Die Vertretungsordnung (Verfassung) jeder öffentlichen Korporation wird vom Staate rechtlich mehr oder minder beeinflufst[1]. Den Erklärungsgrund hierfür haben wir eben darin zu suchen, dafs der Staat diese Kollektivverbände in das regulierte Flufsbett der öffentlichen Verwaltung leiten will. — In viel höherem Grade wirkt dieser Einflufs, wenn der Staat örtlich geschlossene Kollektivverbände für seine Zwecke gewinnen will[2]. Der erhöhte Einflufs des Staates ist hier eine Reflexwirkung, eine Folge der Schwierigkeit,

---

[1] Mayer, deutsches Verwaltungsrecht II. Bd. S. 382.
[2] Mayer, deutsches Verwaltungsrecht II. Bd. S. 386.

welche dem Staate dadurch entsteht, daſs die Mitgliedschaft in unseren Verbänden auf sogenannte natürliche Grundlagen, oder besser gesagt, auf Grundlagen, die sich menschlicher Willkür entziehen, gestellt ist[1].

Der Staat will örtlich geschlossene Kollektivwillen bezw. Kollektivverbände für seine Zwecke gewinnen, er will sie als juristische Personen in seine Dienste stellen.

Nun muſs er Vorsorge dafür treffen, daſs die Vertretung dieser juristischen Person ständig besetzt sei. Er muſs für physische Willensträger des schon gewonnenen Kollektivwillens sorgen. Und dazu verwendet er ganz denselben socialen Mechanismus, wie ihn die Interessenverknüpfung zwischen Individual- und Gemeininteresse darbietet und den er, wie wir sahen, selbst ausnützt, wenn er für seine Zwecke physische Willensträger braucht. Auch hier kommt nun eine zweckentsprechende Verteilung von Rechten und Pflichten zur Anwendung. Diese schafft die Vertretungsordnung. Daher wir es hier mit Rechtssätzen zu thun haben[2]. Die Interessenverknüpfung, die zur Schaffung der Vertretungsordnung ausgenützt wird, ist derjenigen äuſserlich ganz ähnlich, welche der Staat im Verhältnisse zum Einzelwillen verwendet. Innerlich unterscheidet sie sich aber ganz wesentlich von dieser letzteren. Der Staat sucht hier die Verknüpfung zwischen dem Individual- und örtlichen Kollektivinteresse, nicht mehr die zwischen Individual- und Staatsinteresse. Das Problem der Ausnützung der Interessenverknüpfung erreicht hier den Höhepunkt seiner Kompliziertheit. Vor allem muſste der Staat auf die Verknüpfung des staatlichen Gemeininteresses mit dem örtlichen Kollektivinteresse bedacht sein und jetzt muſs er noch dazu die Verknüpfung von örtlichem Kollektiv- und Individualinteresse im Auge behalten. Das ist eben die groſse Kompliziertheit des Problems.

---

[1] Mayer, deutsches Verwaltungsrecht a. a. O. S. 383, 384.
[2] Mayer, a. a. O. II S. 390.

Hängt die Verknüpfung von staatlichem und partikulärem (hier örtlichem Kollektivinteresse) Gemeininteresse und die Ausnützung dieser Verknüpfung in hohem Grade von socialethischen Wirkungen ab, so ist diese Abhängigkeit bei der Verknüpfung, wie wir sie zuletzt ins Auge gefaſst haben, noch potenzierter. Hier wirken auſser den socialen Wertungen des ersten Problems (der Verknüpfung von Staats- und örtlichem Kollektivinteresse) noch die socialen Wertungen des zweiten Problems (der Verknüpfung von örtlichem Kollektiv- und Individualinteresse) mit und verlangen vom Gesetzgeber Berücksichtigung. Die socialen Wertungen des zweiten Problems sind durch Bodenfläche, Überlieferung, Abstammung aus einem begrenzten Kreise von Personen etc. gegeben. Das alles verlangt eine gesteigerte Aufmerksamkeit des Gesetzgebers, wenn er auch jetzt durch eine entsprechende Verteilung von Rechten und Pflichten die gegebenen Interessenverknüpfungen ausnützen will.

Das örtliche Kollektivinteresse, das hier mit dem Individualinteresse die Verknüpfung eingeht, ist durchaus nicht identisch mit dem Querschnitte jenes subjektiven Rechts auf Selbstverwaltung bezw. mit dem Durchschnittstypus des von diesem geschützten Interesses[1]. Denn der Staat hebt bei Schaffung jenes subjektiven Rechts nur einen und zwar den hervorstehendsten Teil der im engen Nachbarkreise herrschenden Wertungen heraus. Er kann auch nie jene örtlichen Kollektivinteressen in ihrer Fülle fassen und in juristische Formeln bringen. In dem Augenblicke, wo der Staat vermeinte und es zu unternehmen versuchte, nur die Verknüpfung des Individualinteresses mit dem als Durchschnittstypus im Rechte auf Selbstverwaltung geschützten Kollektivinteresse auszunützen und die für die Schaffung der Vertretungsordnung verteilten Rechte und Pflichten nach

---

[1] S. über diesen Ausdruck, der so präcis als möglich mir dünkt, Bernatzik, Archiv für öffentl. Recht V. Bd. S. 202, der ihn geschaffen hat.

dieser Form juristisch zu prägen, würde er der ausgenützten Interessenverknüpfung den Lebensfaden abschneiden, da er sie so juristisch petrifizieren würde. Und ihre grofse Bedeutung für den Staat liegt ja eben darin, dafs ihr Mechanismus frei ohne Beeinflussung des Rechts spielt und vom Staate als schon bereits gegeben nur ausgenützt, nicht geschaffen wird.

Dem Staate würde die Ausnützung dieses Mechanismus für fernere Zwecke versagt bleiben, der sociale Mechanismus bestünde auch, ohne dafs staatliche Rechtsformeln ihn verwerten könnten, weiter und mit seiner ihm innewohnenden Kraft über die Rechtsformeln hinaus: Der Staat hätte das leere Nachsehen. — Daher lehnen wir entschieden den Gedanken ab, als wäre jenes örtliche Kollektivinteresse, das die Verbindung mit dem Individualinteresse eingeht, von vornherein rechtlich fixier- und fafsbar [1] und überhaupt je rechtlich fixiert und gefafst worden. Wir wenden uns damit auch gegen die Annahme, einen örtlichen Gemeinzweck in juristische Formeln zwingen zu können, und wir wenden uns gegen die Auffassung, dafs eine Pflicht des örtlich geschlossenen Kollektivverbandes auf Erfüllung seines Gemeinzweckes [2] bestünde.

So reduziert die Rechtsordnung, wenn sie örtlich geschlossene Kollektivverbände als juristische Personen für die Selbstverwaltung heranzieht, kurz wenn sie aktiv-öffentlich-rechtliche Verbände schafft, die hier zur Beantwortung gelangende Frage: „wie gewinne ich, Staat, örtlichen Kollektivwillen für meine Zwecke“ auf die Frage: „wie gewinne ich Individualwillen für meine Zwecke.“

Die zur Schaffung der Vertretungsordnung verteilten Rechte und Pflichten wechseln hier mannigfaltig ab und sind je nach den socialen Wertungen, die eben gangbar

[1] Wie Rosin in Hirths Annalen 1883 S. 289 dies behauptet: „. . . bildet der Zweck der Gemeinwesen nicht blofs Motiv, sondern Gegenstand der rechtlichen Erfassung und Feststellung . . .“ S. dagegen Bernatzik im Archiv für öffentl. Recht V. Bd. S. 236.

[2] Rosin, das Recht der öffentlichen Genossenschaft S. 19.

sind, Wahlrecht, Wahlpflicht, Ehrenamt mit oder ohne Annahmepflicht, Ernennung durch das Staatsoberhaupt, Staatsamt[1] u. a. m.

Die zur Verteilung gelangenden Rechte und Pflichten sind blofs Mittel zur Erzielung der Selbstverwaltung. Es geht daher nicht an, sie selbst, so z. B. das Wahlrecht[2] oder das Ehrenamt[3] als das Wesen der Selbstverwaltung anzusehen.

II.

Die passiv öffentlich-rechtlichen Verbände.

b. Die andere Möglichkeit, einen Kollektivwillen für Selbstverwaltungszwecke zu gewinnen, erreicht der Staat durch Zuteilung von Rechten und Pflichten an die einzelnen Mitglieder des Kollektivverbandes. Nicht der Verband als solcher wird berechtigt oder verpflichtet, sondern nur die einzelnen Mitglieder desselben. Damit ist zugleich gesagt, dafs dieser Kollektivverband nicht vom Staat erst geschaffen wird. Er ist schon vorhanden, ehe die Rechtsordnung an ihn herantritt.

Denn ihn bestimmen zwei der staatlichen Rechtsordnnng transcendente Momente, ein Gemeinzweck und der darauf gerichtete Gemeinwillen. Der Staat reguliert nur beide, insbesondere den letzteren. Ich sage insbesondere den letzteren, weil, wie wir weiter unten sehen werden, die Bildung eines Gemeinzweckes in rechtlicher Form erfolgen kann, ohne dafs die Rechtsordnung sich dessen bewufst zu werden braucht. Der Gesetzgeber behandelt unsern Kol-

---

[1] Das erklärt auch die Thatsache, dafs der „Regierungskommissär" im Falle der Auflösung des Selbstverwaltungskörpers, innerhalb des Rechts auf Selbstverwaltung als Organ des Selbstverwaltungskörpers zu betrachten ist. S. Mayer, deutsches Verwaltungsrecht II. Bd. S. 382 Note 10.

[2] E. Meier in Holtzendorffs Encyclopädie 3. Aufl. S. 1092 ff.

[3] Meyer (Georg), „Deutsches Staatsrecht" 1891 S. 279 ff. Danach wäre die Selbstregierung im Gegensatze zur bureaukratischen Regierung, eine Regierung durch Staatsangehörige, welche Ehrenämter verwalteten, die Selbstverwaltung ein Teil dieser Selbstregierung.

lektivverband wie einen Verwaltungsbezirk und gebraucht auch diesen Namen[1]. Dennoch ist hier ein öffentlich-rechtlicher Verband gegeben.

Er hat einen vom staatlichen gesonderten Gemeinzweck[2], wodurch er sich vom staatlichen Verwaltungsbezirke unterscheidet. Auch ist er nicht öffentlich-rechtliche Anstalt, denn die Motive zu Äufserungen seines Gemeinwillens werden ihm nicht von aufsen gesetzt, sondern sind ihm „immanent“[3].

Den Kollektivwillen des Verbandes gewinnt nun der Staat nicht durch Berechtigung und Verpflichtung des Verbandes als Einheit, sondern durch zweckmäfsige Verteilung von Rechten und Pflichten an die Verbandsangehörigen und durch entsprechende Formulierung dieser Rechte und Pflichten.

Diese werden nämlich derart geformt, dafs meistens in ihrer Ausübung einerseits die Beziehung auf den Gemeinzweck gegeben, andrerseits ein kollektives Zusammenwirken berechnet erscheint.

So hat das englische Recht, wie wir sahen, den Kollektivwillen der Grafschaft für die Zwecke des Staates gewonnen. Unabhängig von der Staatsgewalt, ja im harten Ringen mit ihr haben sich die örtlichen Kollektivbedürfnisse der Grafschaft zur rechtlichen Anerkennung gebracht[4] und in der bekannten Magna Charta ihre erste rechtliche Regelung gefunden. Dem überhandnehmenden Partikularismus, dem das angel-sächsische Reich erlag[5], sehen sich die Normannenkönige gegenüber gestellt und suchen ihn zu dämmen, indem sie aus den Grafschaften rein staatliche Verwaltungsbezirke machen. Aber schon in der Folge

---

[1] S. unten S. 118.

[2] S. über dieses Erfordernis Bernatzik, Archiv für öffentl. Recht V. Bd. S. 315.

[3] S. über dieses Erfordernis Rosin, das Recht der öffentl. Genossenschaft S. 48.

[4] S. meinen Exkurs.

[5] Stubbs Constitutional history I p. 230 ff.

kommen die örtlichen Kollektivbedürfnisse wieder zur Geltung, und unter den ersten Plantagenets ist die Grafschaft selbstthätiger Kommunalverband, dem nach unserer kontinentalen Vorstellung nur eines fehlt: die juristische Persönlichkeit[1]. Er ist eben passiv öffentlich-rechtlicher Verband. Er kann, wie wir sahen, geklagt werden und auch Kläger sein. Aber das bedingt noch keineswegs seine Rechtssubjektivität; nicht nach unserer Auffassung[2] und auch nicht nach englischer[3].

Der Kollektivwillen der Grafschaft wird nun in der Weise gewonnen, dafs Rechte und Pflichten an die einzelnen Grafschaftsmitglieder verteilt werden: so das Friedensrichter-, das Sheriff- und Coroneramt, der Geschworenendienst und die Steuerpflicht. Alle diese sind zumeist auf eine kollektive Ausübung berechnet. Auch fehlt keinem dieser Rechte und keiner dieser Pflichten die Beziehung auf den Gemeinzweck. So findet die Dienstpflicht im Ehrenamt des Friedensrichters ihre Grenze an den Grafschaftsmarken und ist an einen gewissen Realbesitz in der Gemeinde geknüpft. Ähnlich das Ehrenamt des Sheriff und Coroner und der Geschworenendienst. Und ebenso kommt in der Steuerpflicht der Gemeinzweck zum Ausdruck, indem diese nur für die Zwecke der Grafschaftsverwaltung zu erfüllen ist.

Auch dem modernen Rechte sind derartige Kollektivverbände, die wir passiv öffentlich-rechtliche Verbände nennen, nicht fremd.

Der preufsische Kreis und der preufsische Amtsbezirk sind für die Agenden der „allgemeinen Landesverwaltung" solche passiv öffentlich-rechtliche Verbände. Was zunächst

---

[1] Stephens and Merewether, history of Municipal Corporation II p. 691. Madox firma burgi (passim). Pollock and Maitland, history of English Law I p. 520.

[2] S. Gierke, Genossenschaftstheorie S. 609 Note 1. Wach, Handbuch des deutschen Civilprozesses, I. S. 520 ff.

[3] Madox firma burgi p. 99 ff. Merewether and Stephens a. a. O. II p. 691. Pollock and Maitland, history of English Law I p. 691.

den Kreis betrifft, so hat er auch in den Agenden der „Landesverwaltung“ einen selbstthätigen Gemeinzweck, der von dem Staatszwecke verschieden ist. Durch das Dotationsgesetz vom 30. April 1873 (Ges. S. S. 187, § 1 Abs. 2 und § 3) und durch ein gleiches Gesetz vom 8. Juli 1875 (§ 5 und § 27) wurden den Provinzialverbänden in den Kreisen für die Zwecke der allgemeinen Landesverwaltung Fonds überwiesen. Sofern die Einnahmen aus denselben nicht reichen, würde die Restsumme zur Bestreitung der Auslagen für die Zwecke der „allgemeinen Landesverwaltung“ durch die Kreise selbst aufzubringen sein (§ 164 des Kreisordnung). Die Aufbringung dieser Kreislasten ist Gegenstand der Selbstverwaltung des Kreises (§ 116 Abs. 3 P. Kr. O.) der, soweit er die Selbstverwaltung seiner Angelegenheiten besorgt, Korporation des öffentlichen Rechts ist (§ 2 Kr. O.). Aus diesen gesetzlichen Bestimmungen ergiebt sich eine eigentümliche Schneidung des Agendenkreises der Selbstverwaltung (im engeren Sinne des § 1 und § 116 Kr. O.) und des Agendenkreises der Staatsverwaltung, als dessen Ergebnis die Agenden der „allgemeinen Landesverwaltung“ zu betrachten sind. Von den Agenden der Selbstverwaltung im engeren Sinne unterscheiden sich die Agenden der „allgemeinen Landesverwaltung“ dadurch, dafs sie nicht Kommunalangelegenheiten sind, von den Agenden der Staatsverwaltung dadurch, dafs sie durch Kollektivthätigkeit der Kreisangehörigen (Steuer- und Dienstpflicht in den Ehrenämtern für die Zwecke der „allgemeinen Landesverwaltung“) in Stand gehalten werden. Durch diese sich schneidenden Bestimmungen bewirkt die Rechtsordnung die Absonderung eines Gemeinzweckes des Kreises von dem Staatszwecke.

Das Gesetz markiert auch (K. O. § 116) ganz deutlich den Unterschied der Thätigkeit des Kreises für Staatszwecke von der Thätigkeit des Kreises für die Agenden der „allgemeinen Landesverwaltung“. Die erstere Thätigkeit, sofern sie in der Aufbringung von Geldmitteln besteht, nennt es (§ 116 Kr. O. Abs. 2) „Staatsprästationen“, während es in

§ 116 K. O. Abs. 3 ausdrücklich die Thätigkeit für die Agenden der „allgemeinen Landesverwaltung" als „Ausgaben zu Erfüllung einer Verpflichtung" (sc. des Kreises) bezeichnet. So bewirkt das Gesetz durch seine Bestimmung eine Schneidung von Interessenbeziehungen, deren Produkt ein selbständiger Gemeinzweck, der Agendenkreis der „allgemeinen Landesverwaltung" ist.

Der Gemeinwille, der diesen Gemeinzweck realisieren soll, wird durch Organe: Landrat, Kreisausschufs erzielt (§ 76 K.-O. und 130 K.-O.). Deren Bildung beruht auf zweckmäfsiger Verteilung von Rechten und Pflichten. Diese sind hier Wahlrecht (§ 131 K.-O.) und Staatsamt (§ 74 K.-O.)[1]. Auch hier wird, wie wir das bezüglich der englischen Grafschaft sahen, die Beziehung auf den Gemeinzweck in den verteilten Rechten und Pflichten rechtlich zum Ausdrucke gebracht (§ 8, 74 Abs. 2, 76 u. 131 K.-O.). Ebenso ist hier, wie bei der englischen Grafschaft die Kollektivausübung der meisten zur Verteilung gelangenden Rechte und Pflichten gesichert. Für das Wahlrecht ergiebt sich dies schon aus seiner Natur. Auch die übrigen Rechte und Pflichten verlangen die Kollektivausübung, was in der Kreisordnung in der Weise zum Ausdruck kommt, dafs die wichtigsten Verwaltungsakte des Landrats, insbesondere die Polizeiverordnungsgewalt im Kreise, unter Zustimmung des Kreisausschusses erfolgen soll (§ 142 des Gesetzes über die allgemeine Landesverwaltung), und, was ganz besonders hervorgehoben werden mufs, die Verwaltungsgerichtsbarkeit und das Beschlufsverfahren des Kreises, welche zur „allgemeinen Landesverwaltung" gehören (Titel zur III. Abtlg.

[1] S. Stengel, preufsische Verwaltungsorganisation a. a. O. S. 273. Dafs die von dem Kreisausschusse in Agenden der „allgem. Landesverwaltung" gegebenen Willensäufserungen Gemeinwillensäufserungen des Kreises sind, ergiebt sich beispw. daraus, dafs für den Fall, als eine Entscheidung des Kreisausschusses im Verwaltungsgerichtsverfahren angefochten wird, die Behörde, also der Kreisausschufs als Partei vertreten wird. S. Stengel, a. a. O. S. 505; dafs ferner, wenn für diesen Fall der Regierungspräsident einen Vertreter bestellen soll, ein Antrag der vertretenen Behörde notwendig ist. Stengel, a. a. O. S. 505.

des Gesetzes über die allgem. Landesverwaltung), auf der Kollektivausübung jener Rechte und Pflichten ruhen.

Dem gegenüber werden wir uns nicht verhehlen dürfen, dafs die Abgrenzung gegenüber dem Willen der Centralstellen des Staates dort nicht ganz scharf durchgeführt werden konnte, wo der Landrat allein Verwaltungsakte setzt. Das folgt schon aus der Qualität seines Amtes, das Staatsamt ist. Es giebt eben dieser Punkt Anlafs, an dem passiv öffentlich-rechtlichen Verband des Kreises auch anstaltliche Elemente herauszufinden, ebenso wie auch die öffentliche Korporation sehr oft einzelne Züge der öffentlichen Anstalt verrät, mit anstaltlichen Elementen gemengt ist[1]. Doch sind diese Punkte, an denen der Centralwillen einsetzen kann, in geringem Mafse diesem Eindringen ausgesetzt. Schon deshalb, weil die Befugnisse des Landrats in seiner Wirkungssphäre (in dem sogenannten preufsischen Zuständigkeitsgesetze vom 1. Aug. 1883) eine äufserst detaillierte Abgrenzung gefunden, derart, dafs die K.-O. füglich im § 77 von „Rechten und Pflichten des Landrats“ sprechen kann, wenn sie dessen Verwaltungsbefugnisse mit Worten umschreiben will. Jener Ausdruck ist gewifs falsch, weil das Amt des Landrats ein Staatsamt ist, und als solches keine Rechte haben kann; aber er drückt deutlich die gesetzgeberische Absicht aus, den Willen des Landrats, soweit es angeht, unabhängig von ministeriellen Willensäufserungen zu stellen. — Ganz ausgeschlossen sind aber jene anstaltlichen Elemente, wenn der passiv öffentlich-rechtliche Verband, (der Kreis) durch Kollektiväufserungen seiner Organe nach aufsen tritt.

Ähnlich wie der Kreis, so ist auch das preufs. „Amt“ ein passiv öffentlich-rechtlicher Verband, auch hier der Gemeinzweck in den Agenden der allgemeinen Landesver-

---

[1] Bernatzik, Archiv für öffentl. R. 5. Bd. S. 353 ff., wo treffend hervorgehoben wird, dafs die freieste Association und Korporation des öffentl. Rechts im konstitutionellsten Staat doch anstaltliche Elemente haben müsse.

waltung (§ 70 K.-O. im Zusammenhalt mit § 52 Abs. 1 u. § 55 K.-O.).

Die preufsische Provinz jedoch ist kein passiv öffentlich-rechtlicher Verband. Sie ist in den Kommunalangelegenheiten ein aktiv öffentlich-rechtlicher Verband, eine Korporation. Für die Agenden der „allgemeinen Landesverwaltung“ ist sie nur ein Verwaltungsbezirk. Was hier fehlt, ist der Gemeinzweck. Wenn wir die Agenden der Provinzial-Organe für die Zwecke der Landesverwaltung überblicken [1], so entfallen ungefähr auf den Oberpräsident 15—16 Typen von Verwaltungsakten, auf den Provinzialrat ungefähr 6. Diese reichen allerdings nicht aus, um einen Gemeinzweck zu konstituieren. Wir können höchstens von einigen Zweckbeziehungen sprechen. Aber die Vielgestaltigkeit solcher, wie wir sie in der Fülle der Verwaltungsakte des Landrats und Kreisausschusses sahen, eine Vielseitigkeit [2], die dort den Gemeinzweck mitkonstituierte, fehlt hier. Die Provinz ist kein passiv öffentlich-rechtlicher Verband, denn ihr fehlt der Gemeinzweck.

So kennt auch das preufsische Recht passiv öffentlich-rechtliche Verbände, wenngleich diese von der Gesetzesterminologie und der Jurisprudenz ignoriert werden. Das preufsische Gesetz redet konsequent nur von Verwaltungsbezirken, die Jurisprudenz folgt ihm nach [3]. Aber die Ausdrucksweise „Verwaltungsbezirk“ (§ 1 Kr.-O. § 47--48) darf uns hier ebenso wenig beirren, wie die, dafs das Gesetz immer von der Übertragung der „allgemeinen Landesverwaltung“ an die kommunalen „Organe“ (§ 76 u. § 130

[1] S. Stengel, a. a. O. S. 433—435.

[2] Über diese Vielseitigkeit und notwendig grofse Anzahl der Zweckbeziehungen („System der Beziehungen von Personen“), siehe Sigwart, Logik 1893 II. Bd. S. 260.

[3] Neukamp, Archiv für öffentl. Rechte Bd. IV S. 429. Rosin in Hirth's Annalen 1883 S. 29. S. s. Schrift über die öffentl. Genossenschaften S. 57 Note 4. Hier sollen unsere öffentl.-rechtl. Verbände „bis zu gewissem Grade parallele Formen der Anlehnung staatlicher Verwaltung an die kommunale Organisation sein“ und zwar parallele Formen zu der von ihm aufgestellten Kategorie der öffentl. „Zweckverbände“.

Kr.-O.) spricht. Damit soll eben nur zum Ausdrucke gebracht werden, dafs in den Agenden der Landesverwaltung der Kreis, das Amt keine Korporationen des öffentlichen Rechts sind. Mehr als diese Negative anzunehmen, würde der Tendenz des Gesetzes in seinem ganzen Zusammenhange widersprechen.

Der preufsischen Gesetzgebung ergeht es eben wie dem englischen Rechte. Dies redete nicht vom Selfgovernment und hatte es im wesentlichen, — so dafs es förmlich die sociale Anschauung durchtränkte und durchdrang. Die preufsische Gesetzgebung redet nicht von passiv öffentlichrechtlichen Verbänden und hat sie doch.

Mitunter ist die Kollektivthätigkeit im passiv öffentlichrechtlichen Verbande nicht so leicht sichtbar; sie spielt sich gewissermafsen hinter den Coulissen ab. Dies ist der Fall, wenn die zur Verteilung gelangenden Pflichten zur Erzeugung des Kollektivwillens vorwiegend Steuerpflichten sind. Insbesondere auch dann, wenn die Steuerpflicht unter einem ganz anderen Gesichtspunkt innerhalb einer ganz verschiedenen Interessensphäre geregelt wird. So steht es mit den Städten in Preufsen, die eine Einwohnerzahl von über 10000 haben. Sie sind für die Geschäfte der Ortspolizei passiv-öffentlich-rechtliche Verbände. Wie lebhaft diese Selbstverwaltung, die vom Staat dem Magistrat übertragen ist, von den Stadtbewohnern empfunden wird, geht aus dem Eifer hervor, mit dem die Städte unter Aufbringung grofser Opfer Geldes sich diese Polizeiverwaltung durch ihren Magistrat zu erhalten suchen [1].

Wenn der Staat bei Anerkennung dieser passiv öffentlich-rechtlichen Verbände Rechte und Pflichten verteilt, den Kollektivwillen der Verbände zu gewinnen, so hat er jenes Schema vor Augen, das er, wie wir sahen, überhaupt zur Anwendung bringt, wenn er einen Individualwillen für Staatszwecke heranzuziehen bestrebt ist. Nur ist das Schema

[1] Loening, Revue du droit public, année 1896 p. 422.

der Interessenverknüpfung hier um eine Verknüpfung vermehrt. Es schiebt sich auch hier das örtliche Kollektivinteresse ein, weil ein Kollektivwille auf örtlicher Grundlage gewonnen werden soll. Wie unentbehrlich die örtliche Basis gerade für das Zustandekommen des passiv öffentlich-rechtlichen Verbandes ist, soll unten noch näher ausgeführt werden. Hier genügt der Hinweis darauf.

Das Schema ist auch hier, wie bei den aktiv öffentlich-rechtlichen Verbänden Verknüpfung des Staatsinteresses mit dem örtlichen Kollektivinteresse, Verknüpfung des örtlichen Kollektivinteresses mit dem Individualinteresse. Durch das Medium des örtlichen Kollektivinteresses mufs demnach dieser Rechtsmechanismus durch. Während, wie wir sehen, bei den aktiv öffentlich-rechtlichen Verbänden das örtliche Kollektivinteresse, sofern seine Befriedigung Befriedigung des Staatsinteresses war, als subjektives öffentliches Recht anerkannt wurde, überspringt der Rechtsmechanismus hier diesen Vermittlungspunkt. Er wendet sich hier direkt an das Individualinteresse, ist aber dennoch genötigt, das örtliche Kollektivinteresse, das Bindemittel zwischen Individual- und Staatsinteresse, in der Struktur der zur Verteilung gelangenden Rechte und Pflichten aufzunehmen. Wir sehen, wie das preufsische und englische Recht sich dieser Aufgabe entledigen, wie sie die Beziehung auf den Gemeinzweck in die Struktur der subjektiven öffentlichen Rechte und Pflichten aufnehmen. Die Beziehung auf den örtlichen Gemeinzweck ist auch unentbehrlich. Sobald nämlich die territoriale Basis hier aufgegeben wird, verschwimmen die zur Verteilung gelangenden öffentlichen Rechte und Pflichten in dem allgemeinen Begriffe der staatsbürgerlichen Rechte und Pflichten bezw. Staatssteuern etc. Einen Beleg dafür bietet der Vergleich der Quartierleistungsverbände nach österreichischem Rechte und nach deutschem Reichsrechte.

Nach österreichischem Rechte (Ges. vom 11. 6. 79 R. G.

93 und Gesetz vom 25. 6. 95 R. G. 101) unterscheidet man eine sogenannte bleibende und vorübergehende Einquartierung im Frieden. Die „bleibende" ist diejenige, welche auf Grund der stabilen Friedensdislokation stattfindet. Sie ist vorwiegend Beistellung von Wohnräumlichkeiten und deren Nebenerfordernissen. Die Pflicht zur Erfüllung der Einquartierungslast obliegt dem Lande. Zugleich besteht die Verpflichtung eines jeden Hausbesitzers in der requirierten Gemeinde zur Naturalquartierleistung und Beistellung der Nebenerfordernisse, als öffentliche Pflicht (§ 8 d. Ges. v. J. 1879). Der Gemeinzweck, der hier für Angehörige des Landes vorliegt, besteht in der leichteren Aufbringung ihrer Kollektivpflicht, d. i. der auf dem Lande lastenden Pflicht. Er ist insbesondere darin zu suchen, dafs ein eigener Fond aus Landesmitteln, d. i. Landessteuern, aufgebracht wird, der die Vergütungen herauszuzahlen bezw. die Differenzen, die sich aus den Zahlungen der Militärbehörden und dem wirklichen Werte der von den einzelnen Gemeinden beigestellten Quartierleistung ergeben, auszugleichen hat. Der juristische Ausdruck jenes Gemeinzweckes ist: Landesfond für Quartierleistungszwecke[1]. Die Realisierung des Gemeinzweckes erfolgt also durch Kollektivausübung von Steuerpflichten, von Landessteuerpflichten. Daneben besteht die Verpflichtung zu Naturalquartierleistung als öffentlich-rechtliche Pflicht jedes Hausbesitzers (§ 8) fort. Wir können sie füglich der Annahmepflicht beim Ehrenamt, wie solche in der preufsischen Kreisordnung angeordnet ist, vergleichen. Diese Kollektivwillensthätigkeit, die nur durch Verteilung von Steuerpflichten und von öffentlich-rechtlichen Pflichten des § 8 (Quartierleistungsgesetzes) erreicht wird, ist auf Realisierung jenes Gemeinzweckes gerichtet. Hier liegt ein passiv öffentlich-rechtlicher Verband vor.

---

[1] So in Galizien, s. Ulbrich in Mischlers österr. Staatswörterbuche II. Bd. S. 858.

Anders liegt die Sache nach deutschem Reichsrechte[1]. Hier ruht die Verpflichtung zur Quartierleistung auf dem Gebäude als Reallast. Ihre Geltendmachung erfolgt durch die Vermittlung der Gemeinden. Diese verteilen die auf sie verteilte Quartierlast durch Ortsstatut oder Gemeindebeschlufs. Die Entschädigung für Quartierleistung (Servis) erfolgt durch das Reich und wird an den Ortsvorstand auf Grund eines Servistarifs gezahlt. Diese Rechtsbestimmung nun läfst den materiellen Nachteil bezw. die Differenz, die zwischen dem wahren Werte der beigestellten Quartierleistung und ihrem nach dem Servistarife gezahlten Preise besteht, als Realsteuer auf den Hausbesitz in der Gemeinde zurückfallen. Es ist dies eben eine Staatssteuer, da ihr die Beziehung auf die territoriale Grundlage der Gemeinde fehlt, während im österreichischen Rechte die Beziehung auf die territoriale Grundlage des Landes vorhanden ist. Für diese Zwecke der Verwaltung sind daher nach deutschem Reichsrecht die Gemeinden blofs Teile von Verwaltungsbezirken (§ 5 des cit. Ges.). Allerdings können sich innerhalb einer Gemeinde die Quartierleistungspflichtigen zu einem Quartierverbande (§ 7 Z. 3—6 des cit. Ges.) zusammenthun. Dieser Quartierverband ist alsdann aber aktiv öffentlich-rechtlicher Verband, denn er übt ein imperium aus (§ 7 des cit. Ges.). — Die territoriale Grundlage in den verteilten Pflichten und Rechten ist also für die Anerkennung der örtlich geschlossenen Kollektivverbände als passiv öffentlich-rechtliche Verbände notwendig; denn fehlt sie, geht die Pflichtverteilung gar zu leicht in eine Staatssteuerverteilung über, und die Grenze zwischen dieser und jener fehlt vollständig, damit aber auch die Sonderung eines vom Staatszwecke verschiedenen Gemeinzweckes.

Zuweilen wird aufser der Recht- und Pflichtverteilung

---

[1] Laband, deutsches Staatsrecht II. Bd. S. 736 ff. Das die Quartierleistung regelnde deutsche Reichsgesetz ist das Gesetz vom 25./6. 1868 Bundesgesetzbl. 1868 S. 253.

an die einzelnen Verbandsangehörigen eine Verpflichtung des Verbands als solchen vorgenommen. Damit fällt aber der Verband noch durchaus nicht unter die aktiv öffentlich-rechtlichen Verbände. Wir sahen im englischen Rechte des 18. Jahrhunderts neben der Verpflichtung der einzelnen Grafschaftsangehörigen für die Zwecke des Militärdienstes eine Gesamtverpflichtung der Grafschaft, wir sehen sie im modernen Rechte, beispielsweise den österreichischen Quartierungsverbänden für die Zwecke der „bleibenden“ Einquartierung. Der Unterschied dieses Falles von der direkten Verpflichtung der aktiv öffentlich-rechtlichen Verbände ist aber darin zu suchen, dafs die Verteilung der Rechte und Pflichten, die neben jener Gesamtpflicht des Verbandes bestehen, bei den aktiv öffentlich-rechtlichen Verbänden von diesen innerhalb ihres abgeleiteten staatlichen imperium vorgenommen wird, während sie bei den passiv öffentlich-rechtlichen Verbänden durch Gesetz schon von vornherein feststehen. Würde man auch bei diesen die Recht- und Pflichtverteilung den Verbänden selbst überlassen, so würden sie sogleich zu aktiv öffentlich-rechtlichen Verbänden. Gerade die Quartierleistungsverbände im österreichischen Recht sollen uns dies verdeutlichen: das Land ist als Quartierleistungsverband für die Zwecke der bleibenden Einquartierung ein passiv öffentlich-rechtlicher Verband. Die Steuerpflichten des einzelnen Landesangehörigen, die öffentlich-rechtliche Pflicht des Hausbesitzers zu Naturalquartierleistung (§ 8 l. c.) stehen neben der Gesamtpflicht des Landes. Diese Pflichtverteilung ist vom Reichsgesetze bezüglich der öffentlich-rechtlichen Pflichten des § 8, von den Landesgesetzen im „eigenen“ Wirkungskreise des Landes bezüglich der Steuerpflichten festgesetzt. Diese sind aber schon da, stehen gesetzlich schon fest und werden noch in einem ganz andern Zusammenhange (für Landeszwecke) verwendet, ehe die Quartierleistungsverbände sich rechtlich konstituieren. Dagegen ist die österreichische Gemeinde für die Zwecke der vorübergehenden Einquartierung direkt mit der Quartierlast in Anspruch genommen. Sie ist hier wie auch sonst aktiv öffentlich-rechtlicher Verband, indem sie die Unterverteilung an die Hausbesitzer der Gemeinde besorgt.

Die passiv öffentlich-rechtlichen Verbände sind öffentlich-rechtliche Verbände.

Einen Irrtum der staatsrechtlichen Doktrin bezüglich der öffentlich-rechtlichen Verbände zu erkennen, bietet der passiv öffentlich-rechtliche Verband treffliche Handhabe. — Weil der Staat zur Gewinnung des Kollektivwillens der örtlich geschlossenen Kollektivverbände auch eine Verteilung von Pflichten an die einzelnen Mitglieder des Verbandes vornehmen kann, so hat dies den Irrtum hervorgerufen, als ob das in der Pflichtverteilung steckende Zwangsmoment besonders betont, und der Zwang zum Beitritt als ein essentiale des öffentlich-rechtlichen Verbands überhaupt aufgestellt[1] werden müfste. Abgesehen davon, dafs der Zwang zum Beitritt nur die Kehrseite der vorgenommenen Pflichtverteilung ist, ist diese durchaus nicht bei jedem passiv öffentlich-rechtlichen Verbande notwendig gegeben. Um nämlich jenen auf Realisierung eines Gemeinzwecks gerichteten Kollektivwillen zu erzeugen, kann auch statt der Verteilung von Pflichten eine Verteilung von Rechten vorgenommen werden. Das Geläufigste ist die Verteilung von Wahlberechtigungen innerhalb des örtlich geschlossenen Kollektivverbands. So repräsentieren z. B. nach österreichischem Finanzrecht[2] die sogenannten „Steuergesellschaften" solche Ansätze zu passiv öffentlich-rechtlichen Verbänden. Es werden auf territorialer Grundlage Bezirke gebildet, innerhalb deren die einer gewissen Steuerklasse angehörenden Steuerzahler eine „Steuergesellschaft" bilden. Diese wählt einen Teil der Einschätzungsorgane. Der Kollektivwille wäre gegeben und auch Ansätze zu einem Gemeinzweck, der hier eben darin besteht, vertrauenswürdige Einschätzungsorgane zu haben.

---

[1] S. darüber Rosin, das Recht der öff. Genossenschaft 1886 S. 3 ff.
[2] Das neue Personalsteuergesetz vom 25. 10. 96 R.G.B. Nr. 220 § 14 ff.

Gemeinzweck und Gemeinwille allein sind die konstituierenden Faktoren der passiv öffentlich-rechtlichen Verbände. Diese haben jedoch kein vom Staat abgeleitetes imperium; damit kommen wir eben auf ein anderes ihnen wesentliches Merkmal: sie haben im Gegensatz zu den aktiv öffentlich-rechtlichen Verbänden, die als Ganzes berechtigt oder verpflichtet erscheinen, niemals ein vom Staat abgeleitetes Herrschaftsrecht. Und doch sind sie öffentlich-rechtliche Verbände, weil das Mittel zu ihrer rechtlichen Konstituierung, nämlich die vorgenommene Recht- und Pflichtverteilung öffentlich-rechtlicher Natur ist. Eben weil ihnen das vom Staat abgeleitete imperium fehlt, nannten wir sie auch passiv öffentlich-rechtliche Verbände. Mit ihrer rechtlichen Existenz ist auch jene Theorie widerlegt, welche in der imperium-Qualität öffentlich-rechtlicher Verbände deren essentiale sieht[1].

Man hat dem Begründer der Theorie von den passiv öffentlich-rechtlichen Verbänden[2] zum Vorwurfe[3] gemacht, dafs seine Verbände sich wenig oder gar nicht von Privatgesellschaften, die mit Exekutionsprivilegien ausgestattet werden, oder von juristischen Personen des Civilrechts unterschieden; denn wenn einmal das Requisit des imperium als essentiale des öffentlich-rechtlichen Verbandsbegriffs aufgegeben würde, sei hier schwer die Grenze zu ziehen.

Allerdings die Ausschliefslichkeit des abgeleiteten imperium als wesentliches Merkmal der öffentlich-rechtlichen Verbände ist mit der Statuierung der passiv öffentlich-rechtlichen aufgegeben. Nicht blofs Rechte, auch Pflichten öffentlich-rechtlicher Natur können den Verband zum öffentlich-rechtlichen stempeln; ja — und dies zeigen die passiv öffentlich-recht-

---

[1] Allerdings können den passiv öffentl.-rechtl. Verbänden gewisse Privilegien zustehen, deren Ausübung nur Reflex objektiven Rechts darstellt.

[2] S. Jellinek, System d. subj. öff. Rechte S. 253 f.

[3] Tezner in Grünhuts Zeitschrift XXI. Bd. S. 198.

lichen Verbände: auch die eigentümlich gearteten öffentlichen Rechte und Pflichten seiner Angehörigen.

Nur nach einer andern Richtung hat der Entdecker der passiv öffentlich-rechtlichen Verbände, Jellinek, eine notwendige Ausführung verabsäumt. Er hat nämlich — und das erscheint uns aus dem Zusammenhange, in dem jene glückliche Gedankenkonzeption erfolgte, selbstverständlich — unterlassen, Beispiele jener passiv öffentlich-rechtlichen Verbände anzuführen; denn dann hätte konstatiert werden müssen, dafs die passiv öffentlich-rechtlichen Verbände sehr oft in Verbindung mit aktiv öffentlich-rechtlichen auftreten. So z. B. wie oben dargethan worden ist, die preufsischen Kreise, die österreichischen Quartierleistungsverbände.

Wenn man nun dies feststellt, ergeben sich zwei Fragen, die hier beantwortet werden müssen. 1. Läfst die Zweckeinheit, die den aktiv öffentlich-rechtlichen Verband konstituiert, läfst der dieser Zweckeinheit zu Grunde liegende Gemeinzweck noch das gleichzeitige Danebenstehen eines andern Gemeinzwecks zu, derart, dafs wir ihn mit gleicher Schärfe wie den ersten empfinden und in ihm einen konstituierenden Faktor einer selbständigen Verbandsqualität erblicken müssen?

Oder ist vielleicht 2. diese passiv öffentlich-rechtliche Verbandsqualität nur Schein und entspräche es eher juristischer Denkart, diese Verbandsqualität aufzugeben und mechanisch nebeneinandergereihte Rechte und Pflichten zu statuieren, welche mit einer Gesamtpflicht des aktiv öffentlich-rechtlichen Verbandes verknüpft wären?

Diese Fragen, obwohl sie miteinander innig zusammenhängen, beanspruchen dennoch eine gesonderte Beantwortung.

ad 1. Die neueste, von seiten der Logiker vorgenommene Konstruktion der Zweckbegriffe[1] unterscheidet allgemeinere und speciellere. Danach fallen auch die Kollektivbegriffe, bei denen das die Einheit bildende Moment der Zweck ist,

---

[1] S. Sigwart, Logik II S. 217—18.

unter diese Einteilung, also auch die als Zweckeinheiten aufgefafsten Verbände[1].

Das Verhältnis, das über die Eigenschaft des Zweckbegriffs ob allgemein oder speciell entscheidet, kann entweder dies sein[2], dafs der Gemeinwille auf ein einzelnes, eine momentane Befriedigung gerichtet ist, während der durch den Gemeinzweck gebildete Zweckbegriff nur eine allgemeine Abstraktion aus der Erfahrung enthält, welche dadurch gewonnen wird, dafs die einzelnen Zweckbeziehungen, Zustände, Dinge etc., die durch den Gemeinzweck zusammengehalten werden, für diesen Gemeinzweck nur ein Merkmal abgeben. Ein Merkmal an den genannten Zweckbeziehungen etc. wird hervorgehoben und dieses genügt schon, den Gemeinwillen zu befriedigen. Hier ist der Gemeinzweck gegenüber den ihm das Material abgebenden Zweckbeziehungen, Zuständen etc. das Allgemeinere.

Oder das Verhältnis ist dies, dafs der Zweckbegriff gegenüber dem Gemeinwillen das Allgemeinere ist. Der Gemeinwille verlangt nach Befriedigung eines Zwecks, der Gemeinzweck aber hebt nicht ein Merkmal — wie vorhin — aus seinem Erfahrungsmaterial heraus, sondern liefert dem Gemeinwillen für seine Befriedigung Objekte, die in ihrer Totalität eine gleichartige Befriedigung des Gemeinwillens sichern.

Diesen so gebildeten Zweckbegriff nennen wir kurz Gemeinzweck I, den zuerst beschriebenen Gemeinzweck II.

In diesem Verhältnisse wie Gemeinzweck I zu Gemeinzweck II müssen der aktiv und der passiv öffentlich-rechtliche Verband zu einander stehen, wenn sie nebeneinander vorkommen.

Denn entweder hat der aktiv öffentlich-rechtliche Verband die Führung, wie dies in der Rechtsbildung des Kontinents der Fall ist. Dann heifst dies eben, dafs ihm ein

---

[1] Sigwart, Logik II S. 260. Jellinek, System d. subj. öff. R. S. 21 ff.
[2] Sigwart, Logik II S. 218.

Gemeinzweck zu Grunde liegt, der alle, eine gleichartige Befriedigung des Gemeinwillens gewährenden Objekte, Zustände, Rechtsverhältnisse, Zweckbeziehungen, in ihrer Totalität etc. occupiert hat. Der hinzutretende passiv öffentlich-rechtliche Verband vermag nur noch einen Gemeinzweck zu realisieren, der gegenüber jenem des aktiv öffentlich-rechtlichen Verbandes der speciellere ist, indem nur ein oder einige Merkmale an den schon vom Gemeinzweck des aktiv öffentlich-rechtlichen Verbandes occupierten Objekten, Zuständen etc. herausgehoben und als Zweckbegriff zusammengefafst werden.

Dies ist beispielsweise der Fall, wenn zum aktiv öffentlich-rechtlichen Verband des preufsischen Kreises die passiv öffentlich-rechtliche Verbandsqualität für die Zwecke der „allgemeinen Landesverwaltung“ hinzutritt. Da hat bereits der Gemeinzweck des aktiv öffentlich-rechtlichen Verbands Personen, Rechtsverhältnisse, Zweckbeziehungen etc. occupiert, und der Gemeinzweck des passiv öffentlich-rechtlichen Verbands kann nur ein oder einzelne Merkmale herausheben und für den Gemeinwillen zusammenhalten.

Wenn jedoch, wie beispielsweise in England[1], der passiv öffentlich-rechtliche Verband die Führung hat, dann wird der ihm zu Grunde liegende Gemeinzweck immer als der allgemeinere empfunden, d. h. er hat sein Material, das er zusammenhält, ebenfalls in dessen Totalität occupiert. Der hinzutretende aktiv öffentlich-rechtliche Verband vermag an dem schon occupierten Material nur ein oder einige Merkmale herauszuheben und als Gemeinzweck zusammenzuhalten.

So können aktiv und passiv öffentlich-rechtlicher Verband nur im Verhältnisse von Gemeinzweck I zu Gemeinzweck II stehen. Also im Verhältnisse des allgemeinen zum spezielleren Zweckbegriffe.

---

[1] S. I. Teil S. 32.

ad 2. Ergiebt sohin die Beantwortung der ersten Frage, dafs eine Verbindung von aktiv und passiv öffentlich-rechtlichen Verbänden wohl denkbar ist, weil jeder von den bezüglichen Gemeinzwecken mit Schärfe wahrgenommen werden kann, so ist damit auch die Beantwortung der zweiten Frage gegeben. Dem juristisch-technischen Bedenken gegenüber, ob wir es hier wirklich mit einem Verbande zu thun haben, genügt die Hervorhebung des Umstandes, dafs ein Gemeinwille, gerichtet auf Realisierung eines selbständig empfundenen Gemeinzwecks hier vorhanden ist. Die bisherige Konstruktion ging dahin, die von uns als durch Gemeinwille und Gemeinzweck geeinigt gedachten Rechte und Pflichten einfach als Rechtsverhältnisse, die mechanisch aneinander gereiht wären, aufzufassen. Dies dürfte mit der bisherigen Auffassung der juristischen Person als persona ficta zusammenhängen. Denn diese Auffassung übersah selbst bei den Korporationen das Bestehen eines Gemeinwillens und Gemeinzwecks. Um so eher bei unsern passiv öffentlich-rechtlichen Verbänden. Die hier durch Gemeinwillen und Gemeinzweck geeinigten Rechte und Pflichten fielen nach der bisherigen juristischen Konstruktion, die Rechte unter die sog. „politischen Rechte," die Pflichten unter die weit genug gefafste Kategorie der staatsbürgerlichen Pflichten. Dafs irgend etwas noch vorhanden sei, nämlich der Gemeinwille und Gemeinzweck, das über diesem Konglomerat von Rechten und Pflichten stünde und das einigende Princip abgäbe, konnte man getrost ignorieren. Kam ja doch der passiv öffentlich-rechtliche Verband meist als Begleiter des aktiv öffentlich-rechtlichen Verbands vor. Mit der Statuierung des letzteren als juristischer Person glaubte man alles gethan zu haben und gliederte diesem in Gestalt von Rechten und Pflichten der Verbandsangehörigen diejenigen Rechte und Pflichten ein, welche wir als durch Gemeinzweck und Gemeinwillen zum passiv öffentlich-rechtlichen Verband geeinigt darzustellen versucht haben. — So ward für die Erkenntnis des passiv öffentlich-rechtlichen Verbands in der kontinentalen Rechtsbildung die Verbindung desselben mit dem aktiv öffentlich-rechtlichen Verbande äufserst schädlich.

Der passiv öffentlich-rechtliche Verband ist demnach keine juristische Person und doch öffentlich-rechtlicher Verband, thätig durch einen Gemeinwillen für einen Gemeinzweck; aus seiner untergeordneten Rolle, die ihm die Führung des aktiv öffentlich-rechtlichen Verbands aufgezwungen, sollte er endlich ein für allemal herauskommen.

III.

Vergleichung beider Arten von öffentlich-rechtlichen Verbänden.

Stehen schon dem Staate zwei Wege offen, örtlich geschlossene Kollektivverbände für die Zwecke der Selbstverwaltung zu gewinnen, so ist es ihm doch nicht freigestellt, den einen oder andern Weg einzuschlagen. Dieser ist vielmehr durch die jeweiligen socialen Wertungen der Bevölkerung im Staate bestimmt, und diese wechseln nicht nur nach Völkern, sondern auch innerhalb eines Staates nach Zeiten.

Unsere geschichtliche Erörterung ergab, dafs in England bis ins 19. Jahrhundert vorwiegend passiv öffentlich-rechtliche, in Frankreich und in Deutschland bis in die jüngste Zeit aktiv öffentlich-rechtliche Verbände für die gleichen Zwecke, nämlich für die Verbindung von Staats- und Lokalinteressen verwendet wurden. Das leitet uns auf den Gedanken, dafs die Verwendung der einen oder andern Art öffentlich-rechtlicher Verbände aufserhalb der Willkür des Gesetzgebers stünde. Und es verhält sich in der That auch so.

Der treffliche englische Geschichtschreiber Stubbs charakterisiert den englischen Nationalcharakter unmittelbar vor der normannischen Eroberung, im Gegensatze zu dem in Frankreich und Deutschland der damaligen Zeit, als bar jedes Kollektivgefühls für Stamm oder Stadt. Deutschland zu der Zeit kannte ein Stammesbewufstsein, ein Nationalgefühl Frankreich, ein Gefühl der Zusammengehörigkeit in den Städten. In England war davon nichts zu verspüren. Eben dieser Umstand trug nach der Meinung jenes Geschichtschreibers dazu bei, dafs in Frankreich Privilegien, die an Kollektivpersonen (Städte) verliehen wurden, vorwalteten, während der englische Nationalcharakter an individuellen Freiheiten seine volle Befriedigung fand. Unser Gewährsmann schreibt[1] über das damalige Frankreich: „the new life that is growing up is city life, and the liberties at which it grasps are collective rather than individual privileges“ (wie in England). Nicht kürzer, glaube ich, läfst sich der englische vom französischen Nationalcharakter unterscheiden, nicht präciser läfst sich die social-ethische Bedingtheit der Frage, ob der aktiv oder passiv öffentlich-rechtliche Verband zu verwenden sei, ausdrücken. Bei den aktiv öffentlich-rechtlichen Verbänden die „collective liberties“, bei den passiv öffentlich-rechtlichen Verbänden die „individual privileges“.

So war in der Frage, wie der Staat örtliche Kollektivverbände für seine Zwecke heranziehen könnte, dem englischen Staate der Normannenzeit genau der Weg vorgeschrieben, und der einmal eingeschlagene Weg wurde nicht verlassen. Es war die Verwendung passiv öffentlich-rechtlicher Verbände. In Frankreich konnte sich jedoch der in den Städten erwachende Gemeinsinn nur innerhalb dieses Kollektivrahmens zur Geltung bringen[2]. Unter den socialen Wertungen standen Wahlberechtigungen am höchsten, weil nur in ihnen sich der Gemeinsinn der

[1] Stubbs, const. History I. Bd. p. 232. S. auch Stubbs a. a. O. p. 457—58.

[2] S. auch Barante, de la décentralisation, 1866, der diesem Gedanken treffenden Ausdruck giebt, p. 87: „C' était donc dans les institutions locales, que les citoyens allaient chercher tous les bienfaits, que dans les idées actuelles on considère maintenant comme le devoir, le but spécial des nations.“

Bürger, ihre Teilnahme am politischen Leben, bethätigte, während sonst subjektive öffentliche Rechte dem Individuum als solchem verschlossen blieben.

Daher sehen wir auch, daſs selbst dem Marquis d'Argenson[1] im 18. Jahrhundert die Hauptaufgabe jeglicher Gemeindereform nur in freier Wahl der Gemeindebeamten durch das Volk zu liegen scheint. Daher sind auch vor der Krise des Jahres 1789 alle Projekte einer Kommunalreform in Frankreich, von dem des Marquis d'Argenson herab bis zu dem Neckers, erfüllt von dem Gedanken der freien Volkswahl der Gemeindebeamten. Die französische Gesetzgebung von 1789 geht noch weiter: die meisten Staatsämter sollen durch Volkswahlen besetzt werden. So weist der Nationalcharakter in Frankreich, seine Vorliebe für Wahlberechtigungen den Gesetzgeber schon sehr früh an die Schaffung aktiv öffentlich-rechtlicher Verbände, wenn Selbstverwaltung erzielt werden soll. Darin prägt sich auch zur Genüge das Maſs der Abhängigkeit des Gesetzgebers von social-ethischen Wertungen seiner Zeit aus, und zwar gerade in der Frage, ob für die Zwecke der Selbstverwaltung aktiv oder passiv öffentlich-rechtliche Verbände zur Verwendung kommen sollen.

Unterlieſse es nämlich der Gesetzgeber sich nach jenen Wertungen zu richten, so verfehlte jene harmonische Verbindung von Gemein- und Partikularinteresse, wie sie in der bekannten Recht- und Pflichtverteilung zum Ausdrucke kommt, ihre Wirkung. Fehlt beispielsweise dem subjektiven öffentlichen Rechte zu wählen das Interesse, d. i. eine jener socialen Wertungen, so versagt jener sociale Mechanismus, auf den die Rechtsordnung rechnet und vermöge dessen mit der Befriedigung des Individualinteresses zugleich die Realisierung von Gemeininteressen gegeben ist. Es müſste als Ersatz dessen höchstens der Wahlzwang eingeführt wer-

[1] S. oben I. Teil S. 45.

den, wobei wir dann nicht mehr von socialem Mechanismus sprechen dürften.

Aber gerade diese Abhängigkeit des Gesetzgebers von social-ethischen Wertungen, die eben auch ein hervorstechendes Kennzeichen der Politik sein soll, kann bewirken, dafs jene Interessenverknüpfung in die Dienste der Politik gestellt, von ihr ausgenützt wird, — vorausgesetzt, dafs der Gesetzgeber jener sorgfältig nachgeht. Die Betrachtungsweise, die er hier unternimmt, ist die teleologische, die auf dem Gebiete der Politik [1], wie auf anderen Wissensgebieten [2], eine notwendige Ergänzung der kausalen, wie sie hier durch die Feststellung jener Abhängigkeit dargestellt wird, bilden mufs. Die uns bekannte Recht- und Pflichtverteilung zur Schaffung der Selbstverwaltung, die der juristische Ausdruck jener Interessenverknüpfung ist, bildet nämlich eine Art dessen, was die Socialethik mit dem Namen der Kompensation oder „Selbstregulation der egoistischen Triebe“ [3] bezeichnet. Der Egoismus, der in der Ausübung eines subjektiven Rechts, einer beispielsweise ehrenbringenden Berechtigung liegt, hebt sich selbst auf, indem er in seinen Wirkungen einen Socialeffekt, gerichtet auf das Gemeinwohl, erzielt. Diese „Kompensation“ befindet sich in der Hand des Gesetzgebers.

Nun wechseln die Interessen und mit ihnen auch jene Interessenverknüpfung, die das Rückgrat jener Kompensation abgiebt. Sie wechseln nicht nur nach Ort, sondern auch nach Zeit innerhalb eines und desselben Staates.

So beklagt Gneist [4] das Vorherrschen der Wahlberechtigungen in der h e u t i g e n englischen Kommunalverwaltung und die damit zusammenhängende Teilnahmslosigkeit bei Ausübung dieser subjektiven Rechte. Er beklagt damit auch das Verschwinden jener socialen Wertungen, wie sie

---

[1] Sigwart, Logik II. Teil S. 253.
[2] Sigwart, Kleine Schriften, 1881, II. Bd. S. 43 ff.
[3] Wundt, Ethik, 1. Aufl., S. 181.
[4] Gneist, Gesch. des Selfgovernments II S. 1203 ff., 1297 ff., 1324/25.

der Ausübung des Ehrenamts noch im 18. Jahrhundert zu Grunde lagen. Das ist ein sprechender Beleg für jene obbezeichnete Interessenwandlung innerhalb eines und desselben Gemeinwesens. Aber gerade dies bringt sie erst vollends zu politischer Wirksamkeit. Sie giebt sich gleichsam vollkommen dem Gesetzgeber in die Hand, wenn er es nur versteht, ihr sorgsam auf die Spur zu kommen.

Wenn wir auch diese Abhängigkeit der Verwendung aktiv oder passiv öffentlicher Verbände von social-ethischen Wertungen ein für allemal feststellen, dürfen wir nicht verkennen, dafs für die Verwendung der letzteren mehr spricht als für die der ersteren. Die neueste Gesetzgebung[1] auf diesem Gebiete bewegt sich auch in der angedeuteten Richtung. Zum mindesten strebt sie eine Verbindung des aktiv und passiv öffentlich-rechtlichen Verbandes an.

Als besondere Vorzüge des passiv öffentlich-rechtlichen vor aktiv öffentlich-rechtlichem Verbande lassen sich folgende nennen. Vor allem sichert die Recht- und Pflichtverteilung an die einzelnen ein kollektives Zusammenwirken für den Gemeinzweck. Nun belehren uns die neuesten sociologischen Untersuchungen[2], dafs kollektives Zusammenwirken mehrerer auf einen Gemeinzweck einen gleichmäfsigeren und sicherern Effekt erzielt als das Wirken des einzelnen, wenn dieser auch planvoll zu Werke geht[3]. Ersteres ist mit dem passiv öffentlich-rechtlichen, letzteres mit dem aktiv öffentlich-rechtlichen Verbande gegeben. Für die Zwecke der Erfüllung örtlicher Kollektivinteressen und, gleichzeitig damit, der Erfüllung von Staatsinteressen kommt es weniger auf das planmäfsige — ein solches ist ja stets durch das Gesetz schon vorgesehen — als auf das gleichmäfsige und gesicherte Wirken des Kollektivwillens an.

---

[1] in Preufsen, s. Teil I S. 79 ff.

[2] Simmel, über sociale Differenzierung a. a. O. S. 79—91.

[3] So schon Marquis d'Argenson, Mémoires t. IV p. 69: „Les assemblées ont l'esprit si petit, quoique composées de grands hommes. Leur sagesse .... n'est point sagesse par le grand sens et par la prévoyance, mais parce qu'elle est exempté de folie.“

Wir werden ferner dem passiv öffentlich-rechtlichen Verbande einen Vorzug einräumen müssen, der darin besteht, dafs innerhalb seines Rahmens die Rechte und Pflichten der einzelnen Verbandsangehörigen durch Gesetz fixiert sind. Eine Pflichtverteilung als Ergebnis einer Interessenmajorisierung, wie sie beispielsweise in unserer Finanzgemeindewirtschaft auf der Grundlage des aktiv öffentlich-rechtlichen Verbandes vorkommt, ist damit unmöglich gemacht. Der Wille des Gesetzes, nicht der einer zufälligen Interessenmajorität entscheidet.

Das hauptsächlichste Argument, das für passiv öffentlich-rechtliche Verbände spricht, ist, dafs hier die Möglichkeit eines staatlichen Aufsichtsrechts sehr eingeengt wird. Dadurch nämlich, dafs man die Begriffe des aktiv und passiv öffentlich-rechtlichen Verbandes sorgsam von einander scheidet, ergiebt sich auch ein verschiedenes Mafs der Einwirkung der Staatsgewalt auf diese beiden. Das staatliche Aufsichtsrecht im eigentlichen Sinne ist ein notwendiges Komplement der juristischen Technik, die vom Staat in den aktiv öffentlich-rechtlichen Verbänden verwendet wird. Wie wir sahen, mufs der Staat, wenn er diese Verbände heranzieht, aufser der Zuteilung von Rechten und Pflichten an den Kollektivverband als Einheit noch für eine geregelte Vertretungsordnung durch Ausnützung einer Interessenverknüpfung zwischen Individual- und örtlichem Kollektivinteresse Fürsorge treffen, da diese aktiv öffentlich-rechtlichen Verbände als juristische Personen der Organe bedürfen, um willensäufserungsfähig zu werden. Dadurch ergiebt sich nun eine in der verwendeten Rechtstechnik begründete Trennung der Momente, die sonst im subjektiven Recht vereinigt sind: des Willens- und des Gegenstandsmoments, das durch jenes realisiert werden soll[1]. Denn in der Zuteilung von Rechten und Pflichten, welche

---

[1] Bernatzik, Archiv f. öff. R. V. Bd. S. 233. Jellinek, System des subj. öff. R. S. 42 f.

beispielsweise die Ortspolizei oder das Schiedsrichteramt den Gemeinden zuweisen, liegt erst das, was wir bei andern subjektiven Rechten die Schaffung des „Gegenstandsmoments“ nennen könnten. Das Willensmoment, der andere Bestandteil des subjektiven Rechts erfolgt hier durch Aufstellung einer Vertretungsordnung, also getrennt. Bei dieser angewandten Rechtstechnik fällt Kollektivwillen und der Gegenstand, auf dessen Realisierung er gerichtet ist, rechtlich auseinander. Dieses Auseinanderfallen bewirkt nun, daſs eine regulierende Thätigkeit von seiten der Staatsgewalt nötig wird, welche den Kollektivwillen stets seinem rechtlich als Durchschnittstypus geschützten örtlichen Kollektivinteresse anpassen, ein Überwollen (Gesetzüberschreitung) verhindern, ein Zuwenigwollen ersetzen muſs: daher das Aufsichtsrecht des Staates darin besteht, bald über, bald für den Kollektivwillen zu handeln [1].

Anders liegt die Sache bei den passiv öffentlich-rechtlichen Verbänden. Hier erreicht der Staat durch eine zweckmäſsige Verteilung von Rechten und Pflichten an den Verbandsangehörigen denselben Effekt, nämlich die Heranziehung örtlich geschlossener Verbände für Staatszwecke. Hier fallen Willens- und Gegenstandsmoment im subjektiven Rechte des einzelnen natürlich nicht auseinander. Das staatliche Aufsichtsrecht hat hier keinen Raum, sich zu bethätigen [2], aus demselben Grunde, aus welchem seine Bethätigung bei den aktiv öffentlich-rechtlichen Verbänden notwendig war.

Diese Eigentümlichkeit der passiv öffentlich-rechtlichen Verbände wirft ein scharfes Streiflicht auf die juristische Natur des Aufsichtsrechts überhaupt und erklärt uns die

---

[1] Mayer, deutsches Verwaltungsrecht a. a. O. II. Bd. S. 413. 415.

[2] Das bei den preuſsischen passiv öffentl.-rechtl. Verbänden zu Tage tretende Aufsichtsrecht ist, insofern man darunter die Einwirkung des Staatswillens auf den Willen des Landrats, Amtsvorstehers in ihrer Eigenschaft als Staatsbeamten versteht, wohl zu scheiden von dem specifischen Aufsichtsrechte der Staatsgewalt über die Selbstverwaltungsverbände. Siehe Rosin, öffentl.-rechtl. Genossenschaft S. 103.

Thatsache, worin es sich von der Rechtsprechung unterscheidet und weshalb es eine an rechtliche Schranken gebundene eigenartige Verwaltungsthätigkeit ist. Gegenüber der in den passiv öffentlich-rechtlichen Verbänden vorgenommenen Recht- und Pflichtverteilung hätte die Einwirkung der Staatsgewalt nur in der Beurteilung zu bestehen, ob die zur Verteilung gelangten Rechte und Pflichten von den Verbandsangehörigen gesetzmäfsig ausgeübt werden. Dies ist nun Verwaltungsrechtsprechung. Dieses Verhältnis der Einwirkung der Staatsgewalt sehen wir im englischen Selfgovernment, das passiv öffentlich-rechtliche Verbände bis ins 19. Jahrhundert verwendet. — Bei den aktiv öffentlich-rechtlichen Verbänden geht die Einwirkung der Staatsgewalt weiter. Diese schiebt sich notwendig in die durch das faktische Auseinanderfallen von Willens- und Gegenstandsmoment in den subjektiven Rechten des aktiv öffentlich-rechtlichen Verbands zuweilen entstehende Lücke ein. Sie ist daher hier reine Verwaltungsthätigkeit[1], begrenzt durch die dem aktiv öffentlich-rechtlichen Verbande zugeteilten Rechte und Pflichten, sie ist also gebundene Verwaltung. Auch Ermessensfragen der aktiv öffentlich-rechtlichen Verbände werden in die Einwirkungssphäre der Staatsgewalt fallen, sofern deren Grenzen in Gestalt der zur Verteilung an den Verband gelangenden Rechte und Pflichten entsprechend weit ausgesteckt sind[2]. Dies alles erscheint nur dann selbstverständlich, wenn man mit dem Gedanken einmal Ernst macht, dafs die Selbstverwaltung — Staatsverwaltung von seiten des Staates betrachtet, sei. Denn selbstverständlich ist dann, dafs der Staat, wo der von ihm angewandte rechtstechnische Apparat — hier also

[1] Gierke, Genossenschaftstheorie S. 652. Rosin a. a. O. S. 103. Seydel, bayr. Staatsrecht (2. Aufl.) 3. Bd. S. 45.

[2] Gierke, Genossenschaftstheorie S. 654. 655. Mayer a. a. O. S. 412 Note 4. Rosin a. a. O. S. 116 scheidet daher unrichtig das Genehmigungsrecht der Staatsgewalt deshalb, weil reine Ermessensfragen der Selbstverwaltungskörper hier vorliegen, überhaupt aus dem Begriffe des Aufsichtsrechts aus.

der aktiv öffentlich-rechtliche Verband — einen leeren Raum läfst, vermöge der Expansionsfähigkeit seiner Thätigkeit in diesen leeren Raum nachrückt und ihn ausfüllt. So ist das staatliche Aufsichtsrecht im eigentlichen Sinne nur ein notwendiges, juristisches Komplement der in den aktiv öffentlich-rechtlichen Verbänden angewandten Rechtstechnik[1] für Selbstverwaltungszwecke. Es bildet mit der Selbstverwaltung ein Stück aus einem Gusse, nicht aber deswegen, weil es ein Teil der Selbstverwaltung[2], sondern weil die Selbstverwaltung Staatsverwaltung ist.

IV.

Die Unabhängigkeit des Selbstverwaltungsbegriffs von der angewandten juristischen Technik.

Die geschichtliche Entwicklung im Zusammenhange mit der Verwendung aktiv oder passiv öffentlich-rechtlicher Verbände lehrt uns aufser der Abhängigkeit der Selbstverwaltung von social-ethischen Anschauungen noch ein zweites erkennen: dafs es nämlich für den Selbstverwaltungsbegriff ganz unwesentlich ist, welche Mittel in Gestalt von Rechten und Pflichten für die Gewinnung eines örtlichen Kollektivwillens verwendet werden. Es ist daher für das Wesen der Selbstverwaltung ganz ohne Belang, ob aktiv öffentlich-rechtliche Verbände und ihre Gefolgschaft, Recht auf Selbstverwaltung und Wahlberechtigung etc., oder ob passiv öffentlich-rechtliche Verbände und deren Begleiterscheinungen, wie Ehrenamt, öffentlich-rechtliche Zwangsdienstpflicht, in Verwendung kommen. Ja im Selbstverwal-

[1] Dies übersieht Gluth, die Lehre von der Selbstverwaltung S. 133, der das Aufsichtsrecht nicht aus dem Begriffe der Selbstverwaltung folgern kann. Allerdings aus der Selbstverwaltung kann man es nicht folgern, wohl aber aus deren juristischer Technik. Sehr gut nennt Mayer a. a. O. S. 413 das Aufsichtsrecht ein naturale des Selbstverwaltungskörpers.

[2] So Gluth a. a. O. S. 134—35.

tungsbegriffe hat auch das Staatsamt[1] Platz. Der Widerspruch, der scheinbar darin liegt, löst sich von selbst, wenn man bedenkt, dafs der Gegensatz der Selbstverwaltung zum Staatsamt, wie wir weiter unten sehen werden (Kap. IV), nur in ihrer Einheit als politischen Instituten innerhalb eines politischen Systems besteht. Die Selbstverwaltung als politisches Institut steht dem Staatsamt als politischem Institute gegenüber. Dies schliefst aber noch durchaus nicht aus, dafs das Staatsamt in seiner juristischen Bedeutung, als juristisches Mittel unter andern, zur Erzielung der Selbstverwaltung, als politisches Institut genommen, mitwirkt[2].

Durch unsere historische Betrachtung der Selbstverwaltungsidee ward uns die Erkenntnis, dafs das Wesen der Selbstverwaltung von den einzelnen in ihr verwendeten juristischen Elementen, kurz von der Rechtstechnik unabhängig sei. Zweifellos hinfällig ist daher m. E. die Ansicht, dafs im Ehrenamt oder Wahlrecht und seiner Verwendung bei Besetzung von Kommunalämtern das Wesen der Selbstverwaltung sich erschöpfe. Diese Ansicht reifst Stücke aus dem gegebenen historischen Werdeprozefs der Selbstverwaltung und erklärt das eine oder andere für das Wesen[3] der Sache.

Nicht minder irrig ist die Anschauung, dafs die Selbstverwaltung Verwaltung fremder Interessen[4] oder das Gegenstück dazu, dafs die Selbstverwaltung Verwaltung eigener

---

[1] Der preufsische Landrat ist Staatsbeamter.

[2] Dies scheint Neukamp, Archiv für öff. Recht IV. Bd. S. 387 ff., in seiner Polemik gegen Laband vollkommen zu übersehen, was meiner Ansicht nach daher kommt, weil er eine politische Bedeutung der Selbstverwaltung (gegen Rosin) überhaupt nicht zugeben will.

[3] Treffend kann man von dieser Theorie der Selbstverwaltung sagen, was Noorden in Sybels Zeitschrift 13. Bd. S. 18 von einer ähnlichen Behandlung des englischen Selfgovernments sagt: „Wie die Naturwissenschaft aus den fossilen Kinnladen den gesamten Organismus eines vorsintflutlichen Tieres, so konstruierte man, aber mit geringerer Zuverlässigkeit der angewandten Methode, aus abgerissenen und unverstandenen Brocken ein kontinentales Pseudoselfgovernment."

[4] Gareis, allgem. Staatsrecht S. 86 ff. (in Marquardsens Handbuch).

Interessen unter Ausschlufs der Staatsgewalt sei[1]. Man hat diese Definitionen aus dem terminus Selbstverwaltung herauslesen zu müssen geglaubt[2]. Das heifst denn doch historische Wirklichkeit verkennen. Denn wie die erste jener Definitionen zur Not den Engländer als Individuum in seinem Selfgovernment kennzeichnen könnte, so vertrüge sich auch die zweite Definition mit der französisch-belgischen Auffassung der Selbstverwaltung und der deutschen konstitutionellen Doktrin. Diese Definitionen heben eben einzelne Etappen des historischen Entwicklungsprozesses der Selbstverwaltungsidee heraus, insbesondere scheinen sie ein Sichdecken mit der juristischen Technik der Selbstverwaltung in Gestalt der passiv und aktiv öffentlich-rechtlichen Verbände anzustreben. Deshalb läfst sich mit der einen oder andern Definition durchaus nicht das Wesen der Selbstverwaltung bezeichnen. Vollends ist es falsch, diese auf dem Wege der Abstraktion aus dem historischen Werdegang gewonnenen Definitionen aus dem blofsen Wortsinne herauslesen zu wollen. Auch das Naturrecht operierte gerade bei dem Streben, die Selbstverwaltung zu begreifen, mit solchen Abstraktionen aus der Geschichte[3] und liefs diese dann aus der „Natur der Sache" fliefsen. Schwerlich könnte man ihm den Vorwurf machen, dafs es hiebei mit gröfserer Willkür verfahren.

[1] Sarwey, allgem. Verwaltungsrecht in Marquardsens Handbuch I, 2 S. 100 ff.

[2] S. darüber Gluth a. a. O. S. 60.

[3] S. unsern I. Teil S. 73.

Drittes Kapitel.

Die Selbstverwaltung als politisches Institut.

„On n'y reflêchit pas assez ordinairement sur les penchants et sur la nature de l'homme". Dieses Wort des uns bereits bekannten Marquis d'Argenson [1] auf die Politik seiner Tage angewendet, verträgt auch die Beziehung auf die Politik als Wissenschaft unserer Zeit. Es besagt, dafs man die Abhängigkeit der Politik von social-ethischen Wertungen (penchants de l'homme) nur zu leicht übersehe.

Die Resultate des vorhergehenden Kapitels werden zur Genüge die Bedeutung jener Worte dem Leser vor Augen geführt haben: danach bedarf die Selbstverwaltung als Heranziehung örtlicher Kollektivverbände für Staatszwecke einer Recht- und Pflichtverteilung, die selbst von social-ethischen Wertungen abhängt, wie letztere im Wechsel der Zeit fliefsend. Es erübrigt noch, die Möglichkeit zu erweisen, dafs eine von der Rechtsordnung vorgenommene Recht- und Pflichtverteilung als politisches Mittel aufgefafst werden darf.

Diese Frage berührt das Verhältnis von Moral, Recht und Politik zu einander und erfuhr eine Lösung, die von dem jeweiligen, die Ethik beherrschenden Princip abhängig

---

[1] S. oben I. T. S. 41.

war: sie mufste insbesonders verschieden sein, jenachdem man den individual-ethischen oder social-ethischen Standpunkt einnahm.

Dem Griechen und der Antike überhaupt ging der Begriff ethischen Handelns im Handeln für Staatszwecke auf. Die Erfüllung des *νόμιμον* ist zugleich sittliche und rechtliche Pflichterfüllung[1]. Ethische und Rechtsnorm liegen ungesondert nebeneinander. Ein Widerstreit ist absolut undenkbar: deshalb sich die Politik der rechtlichen Pflichtverteilung bedient, um Staatszwecke, d. i. sittliche Zwecke zu erreichen. Dieser ethische und politische Standpunkt wird mit dem Eindringen des Christentums und dessen Dualismus — objektiver Moralsatz aus Gott entspringend[2] — verlassen. Der nun zur Geltung kommende Gottesstaat findet in Gott und dem „ewigen Gesetz" eine Vereinigung des ethischen und rechtlich-politischen Gesichtspunktes. Die von der Rechtsordnung vorgenommene Recht- und Pflichtverteilung, sofern sie für das Staatsleben als politische Institution zum Vorschein kommt, kann nicht in Widerspruch kommen mit der ethischen Norm. Denn beide haben ihren Quell in Gott[3]. Das ewige Gesetz in diesem Sinne kommt dem *νόμιμον* der Griechen, freilich nur in seinem praktischen Effekt für unsere Frage, gleich.

Von dieser Perspektive aus verteidigen schon Augustin, dann die meisten Schriftsteller des Mittelalters und schliefslich die Reformatoren, wie Luther und Melanchthon, politisch-rechtliche Institute, wie beispw. das Eigentum[4].

Aber schon rüttelt an den Thüren des „Gottesstaates" der neu auftretende Humanismus[5]. In Italien, woselbst

---

[1] Ziegler, Geschichte der Ethik I. Bd. S. 58 f.

[2] Jodl, Geschichte der Ethik I. Bd. S. 57 ff.

[3] S. die Gedanken Augustins bei Janet, histoire de la science politique I p. 300 ff.

[4] S. Janet a. a. O. II p. 7 p. 13 f.

[5] Wie übrigens die Theorie vom Gottesstaat in sich selbst Keime ihrer Zerstörung trägt, — ich meine die Realisten unter den Scholastikern, welche ein Bestehen der Vernunft auch ohne Gott und göttlichen Willen behaupten, — darüber s. Gierke „Althusius" S. 63 und Jodl a. a. O. I. S. 71 ff.

dieser skeptischere Formen annahm, als in Deutschland[1], wird die stärkste Stütze dem Gottesstaate genommen, nämlich der Glaube an den Gottesvikar auf Erden: den Papst. Gerade die italienische Vielstaaterei des 14. und 15. Jahrhunderts mufste dem denkenden Geiste die Lehre vom Gottesstaat auf Erden als hohle Unwahrheit erscheinen lassen. Also nicht mehr jene Einigung von Recht, Politik und Moral in Gott. Politik und Moral[2] können in Widerstreit kommen; Macchiavellis Lehre, zu welcher die Greuelthaten der italischen Kleinstaaten damals den malerischen Hintergrund abgeben, wird in alle Welt verkündet. Die Macchiavelli'sche Lösung unserer Frage bleibt bis ins 17. und 18. Jahrhundert tonangebend[3]. Die Auffassung der Politik als Staatskunst, als übler Staatskunst kommt auf. Daneben erhält sich noch ein Überrest der theokratischen Auffassung, den die beginnende Rationalisierung des Staatsaufbaues aber nicht verdrängen kann. Insbesondere die katholischen Publizisten und Jesuiten, die Monarchomachen, unter ihnen auch Althusius, führen die Staatsgewalt auf rationalistischen Ursprung zurück, lassen jedoch dabei ein „mediante deo" bestehen[4].

Das 18. Jahrhundert, namentlich als Pufendorf die Rationalisierung des Staatsaufbaues endgültig durchgeführt[5], und das 19. Jahrhundert bis in die 60er Jahre, suchen das Problem aus dem Gesichtspunkt des Naturrechts und der Individualethik zu lösen. Recht und Moral[6] können in Widerstreit kommen, niemals das Naturrecht und die Moral,

---

[1] Jodl a. a. O. I S. 80 ff. Ziegler a. a. O. 2. Bd. S. 425 f.

[2] Dieses Problem wird von Macchiavelli und seinen Schülern insbesondere Guiccardini und Scioppius in voller Schärfe erfafst. S. Janet a. a. O. II S. 554 ff.

[3] S. Janet a. a. O. II p. 541 f.

[4] Gierke a. a. O. p. 63—73.

[5] Gierke loco citato.

[6] Für das 17. und 18. Jahrhundert: siehe Hasbach in Schmollers Forschungen Bd. X S. 127 ff. Anselm Feuerbach, Kritik des Naturrechts Altona 1796 S. 42 ff. Für das 19. Jahrhundert wären als Vertreter der im Texte bezeichneten Richtung Mohl, Encyclopädie der Staatswissenschaften S. 5—16, Bluntschli, die Lehre vom modernen Staat III. Bd. S. 8 und 23—30, Holtzendorff, Politik S. 150—151 zu nennen.

denn ersteres ist ebenso vernünftig, wie die letztere. Politik und Moral können in Widerstreit kommen[1], ebenso wie positives Recht und Moral. Ein beliebtes Hinterpförtchen, um diesen Widerstreit zu lösen und die Politik doch immer moralisch sein zu lassen, ist die Statuierung einer eigenen Staatsmoral[2].

Einer individual-ethischen Auffassung, wie sie den genannten Theorien zu Grunde liegt, erscheint es eben ganz natürlich, dafs die ethischen Formeln, die durch einen „kategorischen Imperativ“ zusammengehalten werden, von den politischen Maximen divergieren. Noch Robert von Mohl huldigt dieser Auffassung[3].

Erst Hegels dialektische Auffassung des Staats, Lorenz von Stein[4] und namentlich die sogenannte materialistische Geschichtsauffassung[5] der Socialisten betonen die Möglichkeit der Verwendung einer Recht- und Pflichtverteilung als politischen Machtmittels. Ohne auf die Einseitigkeit dieser Betrachtung einzugehen, welche ökonomischen Verhältnissen alles, die Recht- und Pflichtverteilung, ja selbst die socialethischen Wertungen entspringen und so Moral, Politik und Recht sich einigen läfst: Eines hat sie uns gelehrt, dafs sich nämlich die Verteilung von Rechten und Pflichten als politisches Mittel verwenden liefse.

---

[1] Mohl a. a. O. S. 549. Bluntschli a. a. O. S. 29. Holtzendorff a. a. O. S. 158.

[2] S. Holtzendorff a. a. O. S. 175 ff., übrigens hierin Macchiavelli'schem Rezepte folgend. S. darüber Bernardo, la publica amministrazione e la sociologia 1888 v. I p. 244.

[3] Geschichte der Staatswissenschaften III. Bd. S. 357 ff.

[4] Geschichte der socialen Bewegung in Frankreich I. Bd. S. XLV ff. bis LXIX u. S. CXII ff.

[5] Marx, zur Kritik der ökonomischen Grundbegriffe 1859 S. IV ff. Über die Vorläufer der materialistischen Geschichtsauffassung s. Plechanow, „Beiträge zur Geschichte des Materialismus“ S. 62 ff. Danach fafste schon der Philosoph Holbach den Menschen als Produkt seines socialen Milieu auf. Doch blieb er in dem Zirkel stecken, dafs der Mensch auch seinerseits das sociale Milieu schaffe. Insbesondere soll die Regierung dies sociale Milieu zu erzeugen in der Lage sein. Diese Auffassung Holbachs berührt sich enge mit der des Marquis d'Argenson und ihr verdanken wir wahrscheinlich den an die Spitze dieses Kapitels gestellten Satz: „On n'y reflêchit pas“....

Und dieser Standpunkt ist auch der unsrige. Giebt man nämlich jenen individualistischen Standpunkt auf, anerkennt man in der Politik „die Wissenschaft von den Mitteln zur Erzielung der Staatszwecke“ [1], so ist eins der hervorragendsten eine zweckmäfsig vorgenommene Recht- und Pflichtverteilung. Derselben geht als Thatsache des Sociallebens die Verknüpfung des Individual- mit dem Staatsinteresse voran, derart, dafs mit der Befriedigung des ersteren auch die des letzteren erfolgt. Die Rechtsordnung schafft entweder diese Verknüpfung oder am besten und wirksamsten: sie findet sie schon vor; dann rechnet sie mit ihr, anerkennt die Individualinteressen als Rechte und sucht in deren Ausübung auch die Befriedigung des Gemeininteresses. Findet sie eine solche Verknüpfung nicht vor, so schafft sie Pflichten, Rechtspflichten.

Damit soll nicht gesagt sein, dafs dies Mittel der Recht- und Pflichtverteilung auch blofs das einzige geistige sei, dessen sich die Politik zu bedienen hat. Auch ethischer Fermente wird sie bei derselben Sachlage, der Verbindung von Individual- und Gemeininteressen in der oben geschilderten Weise, nicht entraten können. Ist ja doch unsere Recht- und Pflichtverteilung auch ein solch ethisches Ferment. Dafs die Politik zu diesen ethischen Mitteln greifen mufs, erklärt sich auch vom Standpunkt der Socialethik von selbst. Das Handeln für Staatszwecke ist ein durch die Arbeit vergangener Generationen bestimmtes, gegenwärtig, da die Staatszwecke aufserhalb ihrer Träger, der herrschenden Klassen, keine Realität haben, ein durch diese vorgezeichnetes. Diese dirigieren aber auch das, was im gegebenen Zeitpunkte als ethisches Produkt von der Vergangenheit übernommen worden ist. Nichts selbstverständlicher als dafs man, um ein bestimmtes Handeln für Staatszwecke zu erzielen, zu Normen

[1] S. Mohl, Geschichte der Staatswissenschaft III S. 341.

rekurriert, die gleichen Ursprungs sind[1]. Nur die beschränkte Auffassung einer Individualethik konnte dies verkennen, und dadurch, dafs sie jede Gemeinschaft mit der Politik ablehnte, diese als üble Staatskunst diskreditieren, sowie der Ansicht Raum geben, dafs das ausschliefslich handelnde Subjekt in der Politik, der Staat und nicht die Menschen im Staate seien. Diese Auffassung mufs als falsch bezeichnet werden. Die Politik ist ein „System der Kultur“[2], um einen Ausdruck von Dilthey zu gebrauchen, das die Menschen zur Vollführung eines gemeinsamen Zweckes verbindet, der selbst ein Ausschnitt inneren menschlichen Zwecklebens ist. Innerhalb dieses Systems der Kultur handeln die Menschen dem Zweck gemäfs teils aus eigenem Impulse, teils unter dem Zwange einer äufseren Organisation[3]. Der Staat ist also nicht ausschliefslich berechtigtes Subjekt der Politik. Auch jeder Einzelne. Die Griechen sollen auch hierin unsere Meister sein, ohne dafs wir in ihre Einseitigkeit der Identifizierung von ethischen und politischen Zwecken verfallen.

Mit dem Menschen als politischen Zweckeinheit rechnet demnach der Staat und er nimmt, wenn er ihn für seine Zwecke gewinnen will, eine Recht- und Pflichtverteilung, wie wir sahen, vor. Diese kann also ein politisches Institut darstellen. Als solches hat sie in der Politik eine verschiedene Bedeutung. Eine Rechtverteilung, wo die Staatsordnung Interessen und damit auch eine Interessenverknüpfung erst schafft, ist für die Politik weniger bedeutungsvoll, als eine Rechtverteilung, wo der Staat schon vorhandene Interessenverknüpfungen ausnützt. Unter diesen werden jene Recht- und Pflichtverteilungen eine hervorragende politische Rolle einnehmen, wo uno actu die Realisierung des Individual- und Gemeininteresses

---

[1] Sittlich sein bedeutet, das insbes. thun, was der Gattung entspricht, was allgemein als gattungsgemäfs aufgefafst wird. S. Simmel, Einleitung in die Moralwissenschaft I. Bd. S. 13.

[2] Dilthey, Einleitung in die Geisteswissenschaften 1883 S. 61--65,

[3] Dilthey a. a. O. S. 65 ff.

erfolgt, wie z. B. bei den Wahlrechten, dem Recht auf Selbstverwaltung. Unter diesen wieder die Kategorie, wo die Konkurrenz, das Angebot für die pünktliche Ausübung des subjektiven Rechts und damit die Gewähr, dafs auch das Gemeininteresse pünktlich befriedigt wird, eine gröfsere ist. Ich meine das Recht auf Selbstverwaltung, verglichen beispielsweise mit dem Wahlrecht des Individuums. Diesen letzten Punkt möchte ich noch des nähern ausführen, weil ich damit zur Lösung einer Streitfrage [1] beizutragen hoffe.

Dieselbe geht dahin, ob das staatliche Organ blofs ein Recht auf Anerkennung als Organ oder ein Recht auf Ausübung der in der Organschaft liegenden Befugnisse besitze. Um dies an einem Beispiel zu veranschaulichen: Hat derjenige, der das Wahlrecht ausüben will, ein Recht auf Anerkennung als Wähler oder wirklich das Recht zuwählen, d. i. die im Wahlakte liegenden Befugnisse auszuüben? Jellinek entscheidet sich für den ersten, Bernatzik für den zweiten Teil der Alternative [2]. Das Unzureichende der bisherigen Antworten auf jene Frage dürfte darin liegen, dafs sie für alle Rechtssysteme, und innerhalb derselben für alle Arten von Organen gegeben worden ist.

Wie oben [3] dargelegt worden ist, erfolgt durch einen Differenzierungsprozefs die Bildung von Organen aus der ursprünglichen Kollektivverantwortlichkeit des Individuums für seine sociale Gruppe. Ein ferneres Stadium in diesem Entwicklungsprozefs ist, dafs sich wieder in dem Organ die freie Sphäre seiner Individualität von seiner Organqualität scheidet [4]. Ob nun diese Scheidung vom Rechte auch an-

---

[1] Bernatzik, Archiv für öffentl. Recht Bd. V S. 297 ff. Bernatzik, Republik und Monarchie 1893. Dagegen Jellinek, System a. a. O. S. 137 ff. u. Archiv für öffentl. Recht VIII S. 175—178, wogegen wieder Tezner (im Anschlufs an Bernatzik) in Grünhuts Zeitschr. 21. Bd. S. 150 –155.

[2] Die Lösung dieser Streitfrage ist m. E. doch mehr als Wortspielerei, wofür sie Laband, deutsches Staatsrecht I. Bd. (3. Aufl.) S. 292 hält.

[3] II. T. S. 94 ff.

[4] Ich möchte aber nicht mit dem im Texte Gesagten zu dem Mifsverständnisse Anlafs geben, dafs beispielsweise der Herrscher im Patrimonialstaat ebenfalls auf die von mir gezeichnete Stufe gestellt werden

erkannt wird, erklärten wir oben als eine Frage der Politik und jedes positiven Rechtssystems. Hier seien nun die Momente angegeben, welche die Rechtsordnung zur Anerkennung jener socialen Differenzierung veranlassen können. Von der herrschenden[1] Doktrin wird zugegeben, dafs das Recht auf Organschaft auf einer eigentümlichen Interessenverknüpfung ruht, die zwischen Gemein- und Individualinteresse derart besteht, dafs mit der Befriedigung des einen auch das andere realisiert wird. Indem das Organ sein Interesse durch Ausübung seines Rechts befriedigt, erfüllt es auch die Befriedigung des Gemeininteresses. Die Frage ist nur die, worin eben die Ausübung des subjektiven Rechts, das dem Organ zusteht, bestünde. Nun sind allerdings die Fälle denkbar, wo das Organ ein subjektives Recht auf Ausübung der in der Organschaft liegenden Herrschaftsbefugnisse hat. Ebenso wie derjenige Fall möglich ist, wo das Recht eben nur das Individualinteresse, gerichtet auf blofse Anerkennung in der Stellung als Organ, schützt. Der letztere Fall ist sogar der regelmäfsige und der modernen Auffassung des Staats entsprechendere[2]. Nichtsdestoweniger kann es als ein Schritt nach vorwärts in jenem Differenzierungsprozefs, den die Bildung der Organe eines Gemeinwesens durchmacht, angesehen werden, wenn neben der Organqualität noch eine individuelle Rechtssphäre des Individuums anerkannt wird. Es braucht die Erkenntnis dieser Thatsache nicht als Rückfall in die privatrechtliche Auffassung des Verhältnisses von Organ und Staat betrachtet zu werden. Dem socialen Differenzierungsprozefs, der sich innerhalb der juristischen Organqualität vollzieht und die Anerkennung einer freien Individualsphäre neben der blofsen Qualität als Gemeinwillensträger verlangt, kann

darf. Hier liegt eben gar keine Sonderung der Organqualität und der Individualitätssphäre, wie sie durch subj. Recht auch jurist. umschrieben werden kann, vor.

[1] Bernatzik, Archiv für öffentl. R. V. Bd. S. 280 ff. Jellinek a. a. O. S. 136.

[2] Jellinek a. a. O. S. 138.

die Rechtsordnung Rechnung tragen; ob sie dies nun thut und ein subjektives Recht auf Ausübung einzelner in der Organschaft liegender Befugnisse oder blofs die Anerkennung in der Organstellung kreiert, wird, wie ich glaube, davon abhängen, ob sie bei jener Interessenverknüpfung zwischen Gemein- und Individualinteresse eine durch sociale Verhältnisse gegebene, genügend grofse Anzahl entsprechender Interessenträger gegeben findet, deren Individualinteresse uno actu mit dem Gemeininteresse zur Befriedigung gelangt. Ist dies nämlich der Fall, dann wird die Rechtsordnung, den ihr entsprechenderen Organbegriff aufrecht haltend, niemals jene Differenzierung innerhalb der Organqualität anzuerkennen nötig haben. Sie wird blofs das Interesse auf Anerkennung in der Organschaftsstellung schützen. Ist aber das Angebot jener Interessenträger ein geringes, und ist sie dennoch auf jene Interessenverknüpfung angewiesen, dann wird sie, um sich deren Nutzen zu erhalten, das Individualinteresse in weiterem Mafse rechtlich anerkennen, sie wird insbesondere Deviationen des Individualinteresses bei seiner Befriedigung Raum lassen, während sie im ersten Falle die Befriedigung des Individualinteresses genau vorschreiben kann. Der juristische Ausdruck, der diesem politischen Gedanken entspricht, ist für den Fall des gröfseren Angebots der, dafs die Ausübung des subjektiven Rechts, die Handlung, wodurch das subjektive Recht realisiert wird, sogar mit ihren Motiven, und wenn sie aus mehreren Teilhandlungen kombiniert ist, mit ihren successiven Motiven rechtlich vorgeschrieben, dem individuellen Entschlufs so wenig als möglich Spielraum geboten wird. Wir werden gewöhnlich bei Ausübung des Wahlrechts von einer Anerkennung in der Funktion als Wähler sprechen dürfen. Umgekehrt: bei geringerem Angebot. Da wird die Rechtsordnung bei Formulierung des subjektiven Rechts der Befriedigung des Individualinteresses weitere Demarkationen ausstecken und das Recht des Organs als Recht auf Ausübung der in der Organschaft liegenden Befugnisse festsetzen. Dies ist bei dem subjektiven Recht des Monarchen meistens der Fall, während beispielsweise der Präsident einer Republik gewöhnlich nur ein Recht auf Anerkennung in dieser Eigenschaft hat[1].

Wir sehen, wovon die Lösung jener Streitfrage abhängt: 1. von politischen Thatsachen und socialen Wertungen, die in verschiedenen Rechtssystemen verschieden sind und 2. von der Thatsache, welche Organschaft man in Betrachtung zieht.

Die Frage selbst, die ursprünglich bloſs für die Organschaft gestellt worden ist, und ihre Beantwortung ist über die staatlichen Organe hinaus auch auf alle Interessenträger auszudehnen, deren Individualinteresse uno actu mit dem Gemeininteresse realisiert wird, also beispielsweise auch auf die örtlich geschlossenen Kollektivverbände, sofern ihnen ein Recht auf Selbstverwaltung[2] gegeben ist.

Da das konkurrierende Angebot hier ein geringes ist, so werden die Linien, innerhalb deren das örtliche Kollektivinteresse, um nur doch mit dem Staatsinteresse verknüpft zu sein, variieren kann, ziemlich weit gesteckt. Daher wird das Recht auf Selbstverwaltung meistens ein Recht auf Ausübung der in ihm liegenden Herrschaftsbefugnisse, nicht ein Recht auf bloſse Anerkennung in dieser Ausübung sein[3].

---

[1] Jellinek, System a. a. O. S. 149. Bernatzik, Republik und Monarchie a. a. O. faſst den Präsidenten nur als Beamten auf, im Gegensatz zum Monarchen, der Organ ist. M. E. sind beide Organe; der Monarch hat jedoch ein subjektives Recht auf Ausübung seiner Herrschaftsbefugnisse, der Präsident gewöhnlich nicht. Übergangsformen sind jedoch denkbar.

[2] Bernatzik, Archiv für öffentl. R. V. Bd. S. 303 ff. faſst auch die Gemeinden in Ausübung dieses Rechts auf Selbstverwaltung als Organe des Staats auf, aber, wie ich oben darzuthun versuchte, mit Unrecht.

[3] Unbegreiflich ist, wie Tezner, Grünhuts Zeitschr. 21 Bd. S. 214 in Jellineks Behauptung, daſs die Gemeinde ein subj. Recht auf Ausübung der darin enthaltenen Herrschaftsbefugnisse habe, eine Inkonsequenz gegenüber Jellineks früherer Behauptung, daſs das Recht des Organs nur ein Recht auf Anerkennung in der Organstellung sei, finden kann. Jellinek behauptet doch, daſs die Gemeinde in der Ausübung ihres subj. Rechts auf imperium kein Organ sei. Wir haben auch im Vorausgehenden

Wenn wir demnach das Resultat der vorhergehenden Untersuchung zusammenfassen, so ergiebt sich, dafs eine Recht- und Pflichtverteilung zur Erzielung von Staatszwecken ein politisches Mittel ist und dafs die Selbverwaltung, d. i. Heranziehung örtlich geschlossener Kollektivverbände für Staatszwecke, da sie ebenfalls eine solche Recht- und Pflichtverteilung ist, ebenfalls ein politisches Institut darstellt. Unter den zur Verteilung gelangenden Rechten und Pflichten spielt das Recht auf Selbstverwaltung eine ganz besondere Rolle und ist ein subjektives Recht auf Ausübung der in demselben liegenden Herrschaftsbefugnisse.

Wie jede Recht- und Pflichtverteilung, die als politisches Mittel verwendet wird, trägt auch die Selbstverwaltung einen eigentümlichen dialektischen Zug zur Schau. Sie birgt nämlich den Keim ihrer eigenen Auflösung in sich, denn als Recht- und Pflichtverteilung entspricht sie immer nur einem gegebenen Querschnitt der herrschenden socialen Wertungen. Diesen wird sie vom Gesetzgeber angepafst. Aber nur selten wird sie von sehr langem Bestande sein können, da die socialen Wertungen im ständigen Flufs sind. Was ursprünglich entsprechend der socialen Anschauung nur als rechtliche Pflicht gedacht und juristisch gefafst wurde, kann im Laufe der Zeit schon zum Individualinteresse werden, das reif scheint, subjektives Recht zu werden und umgekehrt. Sorgsam mufs der Gesetzgeber diesem Interessenwandel nachgehen, um sich die uns bekannte Interessenverknüpfung zu erhalten. So trägt die Selbstverwaltung als politisches Institut, als Recht- und Pflichtverteilung ihr politisches Agens immer in sich.

Um diesen Prozefs der inneren Auflösung und Wiedergeburt der Selbstverwaltung uns zu veranschaulichen, möchte ich nur ein Beispiel geben:

Das bayrische Staatsrecht kennt einen „eigenen“

darzuthun versucht, dafs neben der Organqualität auch eine freie Individualsphäre als subj. Recht des Organs anerkannt werden kann. Und dies ist bei den Gemeinden der Fall.

Wirkungskreis der Gemeinde, der durch diejenigen Angelegenheiten, welche die Gemeinde allein berühren, umschrieben ist. Sieht man genau zu, so ist gegenwärtig dieser Kreis von Gemeindeangelegenheiten nicht identisch mit den Gemeindebedürfnissen[1]. Auch nicht mit dem Kreise der Selbstverwaltung, die, wie richtig hervorgehoben wird, auch in Agenden des „übertragenen" Wirkungskreises hineinreicht. Der eigene Wirkungskreis mufs erst für das bayrische Staatsrecht durch sorgfältige Gesetzesinterpretation gefunden werden[2]. Wie erklärt sich dies? Einfach aus der Thatsache, dafs der zur Zeit der Abfassung des bayrischen Gemeindeedikts fixierte Agendenkreis der Gemeinde mit damaligen Gemeindebedürfnissen sich deckte und die Formel zeichnete, die wir oben für den „eigenen" Wirkungskreis gegeben fanden. Das änderte sich nun im Laufe der Zeit. Die Selbstverwaltung dehnte sich auch auf den übertragenen Wirkungskreis aus, denn die Agenden der Selbstverwaltung, die hier zur Abfassungszeit des Gesetzes bezogen waren, sind gegenwärtig zu Interessen der Gemeinden geworden. Die örtlichen Kollektivinteressen sind eben im Flufs der Zeit und der vorhandene Interessenwandel spottet einfach jeder gesetzlichen Fixierung für alle Ewigkeit. So läfst sich auch nur immer ungefähr bestimmen, welche von den verwendeten Rechten und Pflichten, sofern sie der Rechtstechnik der Selbstverwaltung angehören, wirklich in einer bestimmten Zeitperiode auch noch unter den politischen Selbstverwaltungsbegriff fallen. Jedenfalls alle diejenigen, die noch immer durch ein entsprechendes örtliches Kollektivinteresse gedeckt sind. Daher wäre es unrichtig, zu sagen, dafs eine Selbstverwaltung der Agenden des übertragenen Wirkungskreises ein Unding sei[3]. Auch die formal juristisch gefafste Pflicht der örtlich geschlossenen Kollektivverbände kann als ihr

[1] S. Seydel, bayer. Staatsrecht (2. Aufl.) 3. Bd. S. 39 ff.
[2] S. Seydel a. a. O. S. 39, 40.
[3] So Blodig, die Selbstverwaltung als Rechtsbegriff, 1894, S. 38 und ihm beistimmend Hauke, krit. Vierteljahrsschrift für Gesetzgebung und Rechtswissenschaft, 3. Folge, I. Bd. S. 461.

eigenes Interesse empfunden werden und gehört dann zu ihrer Selbstverwaltung. So erhebt sich der Selbstverwaltungsbegriff — und darin liegt eben seine politische Bedeutung — über die formal-juristische Verteilung von Rechten und Pflichten, gerade ebenso wie er vom Begriff der juristischen Korporation unabhängig ist.

Die Recht- und Pflichtverteilung ist nämlich — und das müssen wir unserm nur nach Realitäten suchenden Geist vorhalten — ein Mittel der Politik.

Von vornherein werden wir es daher als einen groben Irrtum bezeichnen, wenn von politischen Selbstverwaltungskörpern gesprochen wird. Denn abgesehen davon, dafs die Selbstverwaltung eines bestimmten politischen Systems auch aus passiv-öffentlich-rechtlichen Verbänden, die doch keine juristischen „Körperschaften“ sind, sich zusammensetzen kann, wie dies unsere historische Grundlage nachzuweisen unternahm: der Begriff der politischen Selbstverwaltung mufs auch aus einem anderen Grunde über den Korporationsbegriff hinausgehen. Denn das „juristische Person-Sein“ bezeichnet den Träger subjektiver Rechte, es bezeichnet den Verband aber nur in seinem statischen Zustande. Es kennzeichnet nicht — gerade das, was die Politik verlangt — den Verband in seiner Aktion, in seinem dynamischen Zustande. Der Begriff des „Körpers“ der Korporation pafst sonach seiner Struktur nach nicht in eine Definition des politischen Begriffs der Selbstverwaltung. Wie könnten wir auch beispielsweise von den preufsischen Verwaltungsgerichten des Kreises als Selbstverwaltungskörpern sprechen? Und doch sind hier zur Bildung der Verwaltungsgerichte Verbände auf territorialer Grundlage, aber nicht Körperschaften, herangezogen.

Für das Bestehen dieser Verwaltungsgerichte und ihren Zusammenhang mit dem Territorialverbande des Kreises gilt nicht die juristische Formel der Korporation. Und doch wird man nicht zweifeln können, dafs der genannte Territorialverband für die Zwecke der Verwaltungsgerichtsbarkeit herangezogen wird, wenn auch bloſs einzelne seiner Angehörigen Richter werden, ebenso wie niemand daran zweifeln wird, daſs die englischen Quarter sessions der Friedensrichter die Grafschaft in richterlicher Aktion darstellen.

Ähnlich werden wir, wenn beispielsweise in den französischen Gemeinden dem Maire[1], in den preuſsischen Städten mit einer Einwohnerzahl über 10 000 dem Magistrate die Sicherheitspolizei übertragen ist, von Selbstverwaltung mit voller Berechtigung reden können. Kommen aber diese örtlich geschlossenen Kollektivverbände hier irgendwie als „Körperschaften" in Betracht[2]? Und doch wirken sie für die ihnen übertragenen Staatsagenden, sie bringen oft groſse materielle Opfer für diese Art der Selbstverwaltung, um doch nur den damit verbundenen politischen Einfluſs sich zu bewahren[3].

Denjenigen allerdings, die immer nach „Entitäten" suchen, für jedes politische Institut gleich etwas greif- und fühlbares haben möchten, bleibt dies alles unverständlich. Sie stehen noch allzusehr unter dem Banne der konstitutionellen Doktrin, welche Selbstverwaltung und Recht auf Selbstverwaltung identifizierte[4]. Dieses letztere kann allerdings nur Korporationen zukommen.

---

[1] S. Mayer, Theorie des französischen Verwaltungsrechts S. 63 ff.

[2] Herm. Schulze, preuſs. Staatsrecht I. Bd. S. 439 ff., dem die Selbstverwaltung in der korporativen Selbstverwaltung aufgeht, begnügt sich damit, zu konstatieren (S. 452), daſs die preuſs. Gesetzgebung hier nicht ganz korrekt vorgegangen sei. Natürlich! Die Gesetzgebung soll sich Schulze's „korporativer" Selbstverwaltung anpassen! Juristisch sind allerdings die Städte nicht als Korporationen herangezogen.

[3] Loening, Revue du droit public a. a. O.

[4] Diesem Irrtum scheint u. a. auch Haenel, Staatsrecht d. deutschen Reichs I S. 135 ff. anheimzufallen. Er spricht von „korporativer" Selbstverwaltung und meint, das Recht auf Selbstverwaltung, diese Identifizierung verschuldet es auch, daſs er der Thätigkeit der deutschen Gliedstaaten nach Art. 4 der Reichsverfassung im Gegensatz zu Laband den Charakter der Selbstverwaltung abspricht, mit der Begründung, daſs die Gliedstaaten von dieser ihrer Thätigkeit nicht in ihrer Totalität erfaſst würden. Ist dies aber wirklich auch notwendig? Nur dann, wenn man unter der Selbstverwaltung „korporative Selbstverwaltung" versteht.

Man mufs sich jedoch vor Augen halten, I. dafs es auch Verbände giebt, die keine „Körper“ sind und doch der Selbstverwaltung als politischem Institute angehören, — die Institutionen in Preufsen mahnen gewifs oft daran und werden stets zeigen, dafs der von der konstitutionellen Doktrin überkommene Selbstverwaltungsbegriff unzulässig ist, und II. dafs die Selbstverwaltung sich auch aus mehreren „Körpern“ und aus Verbänden, die nicht Körperschaften sind, zusammensetzen kann. Befreien wir uns doch endlich von jener Sucht nach „Entitäten“, die in der Politik wie in den anderen Geisteswissenschaften nur zu falschen Resultaten führen kann!

Viertes Kapitel.

Die Selbstverwaltung als Seitenstück zum Staatsamt.

Die Erkenntnis der Selbstverwaltung als Heranziehung örtlich geschlossener Kollektivverbände für Staatszwecke durch das Mittel einer entsprechenden Recht- und Pflichtverteilung bietet uns nur eine Seite des politischen Selbstverwaltungsbegriffes.

Dies war nämlich die kausale Betrachtungsweise, hervorgerufen durch eine andere, die teleologische, welche ja stets das jene ergänzende Princip ist[1]. Die teleologische Betrachtungsweise zeigt uns die Selbstverwaltung als Seitenstück zum Staatsamt als politischem Institute. Sie ist es ja auch, welche unsere Erkenntnis der Selbstverwaltung als Heranziehung örtlich geschlossener Kollektivverbände vermittelt. Diese teleologische Betrachtung müssen wir uns wieder vor Augen halten, und dann wird uns erst das Gesamtbild der politischen Selbstverwaltung erstehen.

Die historische Entwicklung der Selbstverwaltung leitete uns dahin, dafs sie ein dem politischen Institut des

[1] Sigwart, kleine Schriften II. Bd. S. 43 ff.

Staatsamts paralleles Glied der Staatsverwaltung sei. Die historische Entwicklung zeigte uns, wie die Selbstverwaltung auf dem Kontinente aus einem Kampf gegen das Staatsbeamtentum herausgewachsen ist, wie ein Teil des von diesem occupierten Gebiets der Staatsverwaltung für die Selbstverwaltung aus dem Titel eines „Grundrechts“ in Anspruch genommen worden. Daher warfen wir die Frage auf: Wie gewinnt der Staat Individual-, wie Kollektivwillen für seine Zwecke? Insbesondere wie gewinnt er Kollektivwillen, um örtliche Kollektivbedürfnisse als Teil der Staatsverwaltung zu bewältigen und zu befriedigen?

Die Antwort auf diese Frage war: durch politische Selbstverwaltung. In ihr erblickten wir jenen socialen Mechanismus, wodurch zwei Klassen von Interessen durch eine und dieselbe Handlung zur Befriedigung gelangen könnten: die örtlichen Kollektiv- und Staatsinteressen. Zwischen dieser Interessenverknüpfung und dem Staatsamt mufs nun ein durchschlagender Parallelismus bestehen.

Ebenso wie beim Staatsamt als politisch besonders wichtig hervorgehoben wird[1], dafs der Staatsbeamte sein Amt als Lebensberuf erfüllen soll, so ist auch jene Interessenverknüpfung als eine immer dauernde gedacht. Wie beim Staatsamt der Staatsbeamte nur immer so handeln soll, wie wenn der Monarch[2], der Staat selbst handeln würde, ist bei jener Interessenverknüpfung es aus natürlichen Gründen von selbst gegeben, dafs die örtlich geschlossenen Kollektivverbände so handeln wie der Staat selbst; denn in ihren eigenen Kollektivinteressen befriedigen sie zugleich auch uno actu staatliche Interessen.

Wie ferner der Staatsbeamte seine Rolle als Mittler

---

[1] S. die ausgezeichnete Schrift von Perthes, der Staatsdienst in Preufsen, 1838, S. 44 ff.

[2] Perthes a. a. O. S. 32 ff.

zwischen Volk und Staat zu erfassen hat, um ersterem die Kenntnis politischen Lebens nahe zu bringen [1], so wird auch die Selbstverwaltung mit Recht als die beste Schule des Bürgers für das öffentliche Leben angesehen.

Und so liefsen sich der Parallelismen noch eine Reihe aufführen. Der wichtigste ist jedoch darin wohl gelegen, dafs, wie beim Staatsamt die Dienstbereitwilligkeit politisch wichtig ist und in der Pflicht zur Dienstbereitwilligkeit rechtlichen Ausdruck [2] findet, ebenso hier durch jenen Mechanismus, den wir Selbstverwaltung nennen, die Möglichkeit geboten wird, immer neu aufstrebende örtliche Kollektivinteressen als Staatsinteressen anzuerkennen, ihnen Befriedigung durch eine und dieselbe Handlung zu sichern. Ebenso wie der Beamte nach Perfektion des Dienstvertrags innerhalb der Vertragsmodalitäten zu jeglichem Dienste innerhalb eines durch des Beamten technische Vorkenntnisse genau abgegrenzten Wirkungskreises verwendet werden kann, so auch der örtlich geschlossene Kollektivverband innerhalb jener Interessenverknüpfung. Aber eben diese ist die unerläfsliche Bedingung, um die Selbstverwaltung zu jener politischen Wichtigkeit, wie sie das Staatsamt hat, zu erheben. Damit also dem örtlichen Kollektivverbande immer neue aufstrebende Interessen überwiesen werden können, und damit die Selbstverwaltung immer ausreichende Gewähr dafür biete, müssen die Quellen jener Interessenharmonie homogen sein. Dies ist nur bei den örtlich geschlossenen Kollektivverbänden gegeben. Nur hier finden wir jene Homogenität der Interessenquellen. Jeder Gemeindebürger ist Staatsbürger, jedes Gemeindeterritorium Staatsterritorium. Diese Homogenität der Interessenquellen

---

[1] Perthes a. a. O. S. 50 ff.

[2] So schon Perthes a. a. O. S. 35: „Staatsdienst verpflichtet zur Arbeit überhaupt, Staatsamt zu einem Kreis von Arten bestimmter Art, deren Umfang genau festgestellt ist.“ S. ferner Rehm, „die rechtl. Natur des Staatsdienstes“ in Hirths Annalen 1885 S. 84.

verbürgt auch, daſs immer neu aufstrebende örtliche Kollektivinteressen vom Staate als von ihm zu lösende Aufgaben aufgefaſst werden, und nur sie gewährleistet das Vorhandensein jener unumgänglichen Qualität der Selbstverwaltung, welche der Dienstbereitwilligkeit der Staatsbeamten entspricht[1]. Daher werden Kollektivverbände, welche nicht auf örtlicher Grundlage ruhen, nicht für die Selbstverwaltung in Betracht kommen, selbst wenn sie sonst auch öffentliche Agenden führen[2]. Nur das örtliche Kollektivinteresse hat jene Eigenschaft, auf der der ganze Mechanismus und die Selbstverwaltung beruht. Selbstverwaltung nur auf Kollektivinteressen gestellt, die vielleicht vorübergehend auch als Staatsaufgaben aufgefaſst werden, hält dem Wandel der Zeit nicht Stand. Die Interessenharmonie schwindet und die Aufnahme neuer Kollektivinteressen, anderer, als für die jener Verband einmal eingerichtet worden ist, ist durch nichts gesichert. Dieses Schicksal traf beispielsweise die Innungen, Zünfte, die landständischen Korporationen.

Nie werden wir deren Verwaltung als Selbstverwaltung bezeichnen dürfen. Abgesehen nämlich von dem Anachronismus, der darin liegen würde, machte ihre Privilegienbasis sie dazu ganz untauglich. Das Privileg, auf Grund dessen sie eigentliche Staatsaufgaben befriedigten, schnitt ihnen, weil es nicht „über den Einzelfall hinaus interpretiert werden durfte,“ den Lebensfaden ab.

In ähnlicher Weise wächst die ganze moderne Municipal-

---

[1] Daraus folgere ich die Unzulässigkeit der Anwendung der Selbstverwaltungsbegriffe auf die Stiftungen. A. A. Bernatzik, Archiv f. öff. R. V. Bd. S. 307 ff.

[2] Die Handelskammern vertreten Berufsinteressen, die keine öffentlichen sind. S. Neumann, die Steuer und das öff. Interesse, 1887, S. 154 ff. Zu weit geht Leuthold in Hirths Annalen 1884 S. 329 ff., wenn er überhaupt für den Begriff des öffentlichen Interesses die Beziehung auf eine örtliche Grundlage als wesentliches Merkmal annimmt. Wir glauben, daſs die örtliche Grundlage nur für die Selbstverwaltung nötig ist.

verwaltung in England aus einem Kampfe hervor[1], der seinen Ursprung eben einem Privilegiensystem verdankt, mittels dessen vor dem Municipalgesetze von 1835 die Befriedigung neuer, nach und nach auftretender örtlicher Kollektivinteressen in den englischen Städten stückweise zu lösen versucht wurde. So wollten viele Privatgesellschaften, welche die Wasser-, Gasversorgung etc. in den grofsen englischen Städten unternahmen, das ihnen durch Privileg gesicherte Gebiet der öffentlichen Verwaltung nicht ohne weiteres preisgeben und suchten die Thätigkeit der Kommunalorgane immer zu hindern, was ihnen um so leichter gelang, als auch die öffentlich-rechtliche Stellung der Städte, wie wir sahen, auf Privilegienbasis ruhte, d. h. ein Eingreifen dieser aufserhalb des Rahmens ihrer Charten nicht gestattet wurde. So kam es, dafs weder die Privatgesellschaften noch die Kommunalverwaltung ihre Aufgabe in entsprechender Weise vollständig lösten. Wir sehen das Unzulängliche einer solchen Selbstverwaltung, die auf einer Privilegienbasis ruht. Erst die neue Gesetzgebung von 1835, insbesondere erst das Gesetz des Jahres 1882 hat hier Wandel geschaffen, eben in der Erkenntnis, dafs mit der älteren Tradition, selbst des Municipalgesetzes von 1835 gebrochen werden müsse; denn dieses hatte durch Schaffung eines Existenzminimums[2], in welchem sich die kommunale Thätigkeit bewegen sollte, doch zu sehr dem alten Privilegiumgedanken Rechnung getragen. Auch jetzt noch hat dieser nicht ganz den Boden verloren.

Unsere Behauptung, dafs aus der Homogenität von Staats- und örtlichen Kollektivinteressen die Beschränkung des Begriffs der Selbstverwaltung auf örtlich geschlossene Kollektivverbände folge, könnte vielleicht die Meinung hervorrufen, als würden wir die Ansicht jener teilen, die zu

---

[1] S. Hugo, die Städteverwaltung und der Municipalsocialismus in England, 1897, S. 22 ff.

[2] Goodnow, Municipal home rule, 1895, p. 234 ff. Hugo a. a. O. S. 23.

demselben Resultate, aber von andern Prämissen aus, gelangen, nämlich von der Gleichartigkeit der Zwecke von Staat und Gemeinde aus, sei es nun, dafs man diese Gleichartigkeit in Form einer totalen, sei es, dafs man sie in Form einer nur partiellen Übereinstimmung[1] gelten lassen will.

Die Kritik dieser Auffassung kommt uns um so gelegener, als sie ganz besonders geeignet erscheint, die von uns gegebene psychologische Fundierung des Selbstverwaltungsbegriffs scharf hervortreten zu lassen.

Von einer Gleichartigkeit oder Ungleichartigkeit[2] des Zwecks des Staates und der Gemeinde zu reden ist methodisch falsch, denn der Begriff des Staatszwecks hat gar keinen bestimmten Inhalt aufserhalb des Individuums, er ist selbst blofs eine psychologische Funktion, er sagt nur, dafs ein Zweck vorliege, der von den Zwecken der dem Staat eingegliederten Persönlichkeiten verschieden sei, er sagt aber nicht, dafs dieser Zweck auch einen Inhalt haben müsse[3].

Simmel[4] hat für das Gebiet der Ethik nachgewiesen, dafs die Einheitlichkeit des Begriffs des Sittlichen auf Grund einer ganz eigentümlichen „Substanzialisierungsgewohnheit" zur Herrschaft des ethischen Monismus geführt hat, welcher die thatsächlich gegebene Einheit des Sittlichen durch eine Einheit der sittlichen Zwecke in Gestalt eines sittlichen Endzwecks erklärt hat. Er selbst erklärt die Einheit des Sittlichen als durch eine psychologische Funktion entstanden[5], die in der jedem Menschen eigentümlichen Form

---

[1] So aus neuester Zeit insbes. Gluth a. a. O. S. 97 ff., 102.

[2] So insbes. Rosin in Hirths Annalen 1883 S. 300 ff., insbes. 302. Dagegen treffend Laband, deutsches Staatsrecht (3. Aufl.) I. Bd. S. 617 u. 657. Über die Unzulänglichkeit eines Princips, welches das gegenseitige Verhältnis von Gemeinde- und Staatssteuern auf der Gleichartigkeit und Ungleichartigkeit von Staats- und Gemeindezweck aufbaut, s. v. Reitzenstein in den Schriften des Vereins für Socialpolitik 12. Bd. S. 161 ff.

[3] S. Bernatzik, Archiv f. öff. R. V. Bd. S. 236.

[4] Einleitung in die Moralwissenschaft, 1893, II. Bd. S. 306—360.

[5] a. a. O. S. 310.

der Zwecksetzung besteht. Simmel zeigt, wie jener von ihm bekämpfte sogenannte formale Monismus in einer objektiven Teleologie[1] seine Ergänzung finden mufs durch Annahme wirklich objektiv vorhandener Zwecke, die dann in einer Pyramide zum obersten Endzweck zusammenlaufen, während Simmel selbst mit der Subjektivität der Zwecksetzung „Ernst macht“ und die Zwecksetzung nicht aufser uns, sondern in uns sucht. Diese Methode mufs dazu führen, die Einheitlichkeit der sittlichen Zwecke nicht in einem objektiven Endzweck, nach dem man seit Jahrhunderten vergeblich auf der Suche ist, sondern in einer psychologischen Funktion zu finden, die jedem Menschen eigen ist. Es ist die Form der menschlichen Zwecksetzung[2] in Gestalt des „Sollens“ als psychologischer Funktion. — Er selbst nennt seine Auffassung einen funktionellen Monismus.

Zu einer ähnlichen Auffassung des Staatszwecks müssen wir gelangen[3], wenn wir seine geschichtliche Begriffsentwicklung seit dem Beginn unseres Jahrhunderts überblicken[4]. Aus der Reaktion gegen den Polizeistaat erwuchs die Auffassung, dafs der Staatszweck in der Funktion bestehe, jedem Individuum sein Recht zuteil werden zu lassen; der Staatszweck ist Rechts- und Sicherungszweck[5]. Das

---

[1] a. a. O. S. 337 ff.

[2] S. a. a. O. S. 355 ff.

[3] Zur Anwendung der Resultate Simmels auf die Staatszweckstheorie bin ich insbesondere durch die Vorlesungen des Herrn Professor Jellinek „über allg. Staatslehre“ angeregt worden. Unabhängig von Simmel betonte Jellinek zuerst die im Texte ausgeführte Subjektivität des Staatszwecks.

[4] Eine Zusammenstellung der verschiedenen Auffassungen des Staatszwecks bis in die 40er Jahre unseres Jahrhunderts giebt Murhard, „der Zweck des Staates“, 1832. Die weitere Entwicklung der Staatszwecksdoktrin bei Mohl, Encyklopädie der Staatswissenschaften S. 80—85.

[5] So insbes. im Anschlufs an Kant, Wilhelm v. Humboldt „Ideen zu einem Versuch, die Grenzen der Wirksamkeit des Staats zu bestimmen,“ 1851, der merkwürdigerweise, noch ehe Kant die Folgen seines Systems für die Staatslehre zog, schon die oben entwickelten Gedanken präcisiert. S. die Einleitung zu obiger Schrift S. XXIV ff. Der Schwerpunkt der Abhandlung liegt S. 102 ff. S. ferner die Litteratur bei Murhard a. a. O. S. 83 ff.

Ungenügende dieser Auffassung wurde zu keiner Zeit verkannt[1].

Man setzte hierauf neben diesen Zweck den Wohlfahrts- und Machtzweck, indem man den Rechtsrealisierungszweck als Haupt-, den Wohlfahrtszweck als Nebenzweck statuierte oder umgekehrt[2]. Auch dagegen erhob sich dann die herrschende Meinung und sie wollte im Staatszweck die objektivierte Sittlichkeit[3] finden, eben weil ihr die gegebenen Staatszweckdefinitionen zu unwürdig schienen, um das Leben des Staates ganz auszufüllen. Als Steigerung dieses Gedankens, wenn auch bewufsterweise nur als Negation desselben vorgenommen, erscheint dann die theokratische Auffassung Stahls, welcher die Verwirklichung des Gottesstaates als Staatszweck betrachtet.

Allen diesen Konstruktionen haftet das Bestreben an, aus den in der Wirklichkeit objektiviert gedachten Staatszwecken[4] gewissermafsen eine Pyramide aufzubauen, auf der als oberster Staatszweck der eine oder andere der drei vermeintlichen objektivierten Staatszwecke, der Rechtsrealisierungs-, Macht- und Wohlfahrts- oder Sittlichkeitszweck thront. Die Unzulänglichkeit dieser Erkenntnis, die bis in die 60er Jahre unseres Jahrhunderts vorherrscht,

---

[1] Insbes. unter dem Einflufs von Haller, der in seiner „Restauration der Staatswissenschaften“ (Bd. I. S. 467—477, Bd. III S. 189 ff., Bd. IV S. 38 ff.) die Existenz eines Gemeinzwecks überhaupt negierte.

[2] S. die Litteratur bis in die 40er Jahre unseres Jahrhunderts bei Murhard a. a. O. S. 152 ff. u. S. 165 ff.

[3] So im Anschlufs an die aristotelische Staatsauffassung Hegel, Grundlinien der Philosophie des Rechts (8. Bd. der Gans'schen Ausg. S. 221 u. § 258), ferner Vorlesungen über die Philosophie der Geschichte (9. Bd. der Gans'schen Ausg.) Einl. S. 44 ff. Schleiermacher, System der Sittenlehre, 1835, 3. Bd. S. 275, 277, 279—81. Über die Verwandtschaft der Hegel'schen und Schleiermacher'schen Auffassung s. Rössler, System der Staatslehre S. 85 ff., 215 ff.

[4] Eine eigentümlich ausgeprägte Form nimmt diese Objektivierungstendenz bei Ahrens, Philosophie des Rechts u. des Staats S. 107 ff., 852, dann bei Escher, Handbuch der praktischen Politik, 1863, S. 42 ff., an. S. auch Holtzendorff, Politik S. 216, der die Frage aufwirft, ob die Aufgabe des Staats nur als eine durch das Gemeinleben verstärkte oder beschränkte Aufgabe des Individuums aufgefafst werden dürfe. S. Bluntschli, die Lehre vom modernen Staat I. Bd S. 361 ff.

versucht nun Mohl in der Weise zu überwinden, dafs er überhaupt die Staatszwecke nicht mehr specialisiert, sondern die Förderung aller berechtigten Interessen der Menschen als Staatszweck[1] ansieht. Einen Fortschritt repräsentiert diese Auffassung gegenüber der früheren Doktrin darin, dafs sie den Monismus zu überwinden sucht[2], was ihr aber nicht gelingt: ist, die Objektivierung zu überwinden. Mohl denkt sich ebenso wie Kant, Humboldt, Ahrens, Hegel, Schleiermacher und Stahl jene berechtigten Interessen als wirklich objektiviert. Seine objektiv-teleologische Auffassung des Staatszwecks zwingt ihn, auch mehr oder minder berechtigte[3] Zwecke der „Förderung" zu unterscheiden, bei denen man doch fragen mufs, warum ihnen die eine oder andere Stellung zukommt.

Erst in neuester Zeit beginnt man sich zu besinnen, dafs diese Objektivierung, d. h. die Loslösung des Staatszwecks, der öffentlichen Interessen von der Person ihrer Träger bedeutungslos sei. Es wird als gegenwärtig herrschende Auffassung[4] zu betrachten sein, dafs man das Staats- wie jedes öffentliche Interesse als Durchschnittsinteresse der Interessenten, d. i. einer unbestimmten Personenmenge, an menschlichen Handlungen und Werken auffafst. Damit ist — wie ich glaube — die Bahn betreten zur richtigen Erkenntnis, dafs wir den Staatszweck wie den Gemeinzweck jedes Verbandes nicht von seinen Trägern losgelöst denken dürfen, dafs der Staatszweck wie jeder

[1] Mohl, Encyklopädie der Staatswissenschaften S. 73 ff., der übrigens trotz seines lebhaften Protestes in dieser Definition des Staatszwecks an die von Vollgraff, ökumenische Politik, 1828, S. 66, gegebene erinnert: „Staatszweck — die gemeinschaftliche Ausbildung der Humanität oder sittlichen Natur des Menschen."

[2] Freilich wird dies Mohl von seiten Bluntschlis übel vermerkt a. a. O. S. 358, der die alte „Einheit" der Staatszwecke vermifst und lobend Holtzendorff nennt, der a. a. O. S. 216 die Harmonie der Staatszwecke (Macht-, Wohlfahrts- und Rechtszweck) betont hat.

[3] a. a. O. S. 74. Sehr gut fragt Holtzendorff a. a. O. S. 214 wo das Kriterium für die Erlaubtheit oder das Berechtigtsein jener Zwecke liege.

[4] Leuthold in Hirths Annalen 1884 S. 332 ff. Neumann, die Steuer a. a. O. S. 165. Bernatzik, Archiv für öff. Recht V. Bd. S. 235.

Gemeinzweck eine psychologische Funktion[1], der Begriff des Staates ein auf Grund dieser psychologischen Funktion aufgebauter logischer Zweckbegriff ist. Als psychologische Funktion ist der Staatszweck, wie er in seinen Trägern lebt, fähig, die verschiedensten Interessen, Individual- und Kollektivinteressen, religiöse, nationale, örtliche u. a. m. aufzunehmen.

Nur in uns kann daher jenes Herausfinden der Homogenität zwischen Staats- und örtlichem Kollektivinteresse, wie sie für den Selbstverwaltungsbegriff grundlegend ist, vor sich gehen. In uns findet die Wertschätzung statt, in welcher jene dem Selbstverwaltungsbegriff zu Grunde liegende Interessenverknüpfung ihre Wurzel hat. So können wir uns auch vorstellen, weshalb gewisse Interessen als die zur Förderung berechtigten im Sinne Mohls über andern stehen. Ihr Berechtigtsein nehmen sie von der Thatsache her, daſs uns einige Interessen im Sinne der herrschenden Klassen als die mehr oder minder berechtigten anerzogen werden. Aber all dies vollzieht sich nur in uns.

Wollte man den Staatszweck objektivieren, so wäre er nur eine leere Form ohne Inhalt[2].

Wenngleich sich für Rechtszwecke[3] die Notwendigkeit ergiebt, den Staatszweck festzustellen und zu fassen, wie beispielsweise bei der juristischen Fixierung der Expropriation, der Steuer[4], Gebühr, bei der Abgrenzung und

---

[1] Sigwart, Logik II. Bd. S. 260. Ansätze zu einer richtigen Erkenntnis schon bei Holtzendorff, Politik S. 220 ff.

[2] Dies meint übrigens auch schon Haller, Restauration I S. 471, wenn er die Existenz eines Staatszweckes überhaupt leugnet und nur die Existenz von Privatzwecken zugiebt. Wogegen sich Haller eben mit Recht wendet, ist diese Objektivierung der Staatsinteressen. Daſs Haller übrigens auch Gemeininteressen anerkennt, geht aus Bd. I S. 471 deutlich hervor. Was er auch bereits richtig erkennt, ist der Monismus, der in der Staatszwecksdoktrin seiner Tage schon vorwaltet. I S. 466 ff.

[3] S. die schönen Ausführungen von Leuthold und Neumann a. a. O.

[4] Neumann a. a. O. S. 170 ff. Das Interesse, so objektiviert, nimmt dann aber ausschlieſslich für Rechtszwecke die Form an: „Das Interesse solcher Ziele oder Zwecke an menschlichen Handlungen und Werken, welche um ihrer groſsen Bedeutung willen nach herrschender Annahme

Fixierung der sachlichen Kompetenzen der staatlichen Organe[1], so sind das eben nur Versuche, der Wirklichkeit beizukommen. Diese erfassen eben nur einen Querschnitt, der in einem Zeitmoment gegebenen socialen Wertungen. Nichts verbürgt jedoch dem Gesetzgeber, daſs die in der Steuer, der Kompetenz der Behörden u. s. w. fixierten Gemeininteressen auch immer als Staatszweck empfunden werden. Ebenso steht es mit dem Begriff der Selbstverwaltung, wenn man ihn, wie wir, als Interessenverknüpfung auffaſst. Ihr objektives Bild ist die Recht- und Pflichtverteilung, die jener Interessenverknüpfung entsprechend von der Rechtsordnung vorgenommen wird. Aber sie ist eben nur ein unvollkommenes Bild der Selbstverwaltung, denn über sie hinaus unterliegt jene Interessenverknüpfung dem ständigen Wandel.

Weil wir dem Staatszweck und dem Gemeinzweck des örtlichen Kollektivverbandes jede Bedeutung absprechen, wenn man sie objektiv, d. h. losgelöst von den Interessenten, die sie tragen, denkt und in Vergleich zieht, bieten beide, für sich genommen, gar keine Vergleichungspunkte. Mit demselben Recht könnte man die Gleichartigkeit und die Ungleichartigkeit von Staats- und Gemeindezweck behaupten, je nachdem man die ihnen entsprechenden Gemeininteressen in dem einen oder andern Augenblick des Interessenwandels, losgelöst von den Menschen, die sie tragen, herausheben würde. Staats- und Gemeinzweck überhaupt sind von ihren Trägern losgelöst, eben bloſse Festsetzungen a posteriori, abgezogen aus den jeweilig herrschenden und von ihren Trägern gefühlten Interessen. Sie werden oft für Rechtszwecke objektiviert, entsprechen aber nur unvollkommen ihren Quellen, d. i. den entsprechenden Gemeininteressen, wie sie von den Menschen wirklich empfunden werden.

---

eine Auferlegung von Opfern gerechtfertigt erscheinen lassen." Neumann a. a. O. S. 271.

[1] Rehm in Hirths Annalen 1885 S. 78 ff. Bernatzik, Archiv für öff. R. V. Bd. S. 236.

Daher können sie nicht zum Vergleiche miteinander herangezogen werden. Miteinander verglichen sagen sie, was insbesondere im Rechtsleben von Bedeutung ist, dafs beispielsweise ein Gemeinzweck der Gemeinde vorhanden ist, der von dem Staatszweck verschieden sei, sie sagen aber nicht, welchen Inhalt diese Zwecke haben[1].

Jene Objektivierungssucht der Gemeininteressen verhinderte, zu erkennen, dafs die Selbstverwaltung als politisches Institut nur in uns, nicht aufser uns Bestand hat, weil sie auf jener uns bekannten Interessenverknüpfung ruht. Jene Objektivierungssucht vermochte auch die Selbstverwaltung mit ihrer Rechtstechnik zu identifizieren. Jene Objektivierungssucht, in ihrer Unzulässigkeit einmal erkannt, giebt uns auch den Schlüssel in die Hand, zu erkennen, weshalb wir die Selbstverwaltung nie etwa als Rechtsinstitut werden fassen können, obwohl sie doch ein Seitenstück zum Staatsamt ist, welches sowohl als politisches, wie auch als Rechtsinstitut Bedeutung hat. Denn während hier der Dienstvertrag der „ruhende Pol in der Erscheinungen Flucht“ ist und eine rechtliche Fixierung des Staatsamts überhaupt ermöglicht, vertritt, wie wir gezeigt haben, seine Stelle im Selbstverwaltungsbegriffe jene Interessenverknüpfung. Diese spottet jeder juristischen Erfassung.

Die konstitutionelle Doktrin allerdings dachte die Interessenverknüpfung im Grundrecht der Gemeinde juristisch gefafst zu haben. Ihr flofs daher Selbstverwaltung und „korporative“ Selbstverwaltung in eins. Den Irrtum des Grundrechts der Gemeinde hat man glücklich überwunden; die Selbstverwaltung aber als etwas, was nicht aufser uns, sondern in uns lebt, noch nicht erfassen gelernt.

[1] S. Bernatzik, Archiv f. öff. R. V. Bd. S. 236.

Anhang.

Zur Entstehung der passiven öffentlich-rechtlichen Verbände in England.

(Beilage zum ersten Kapitel des ersten Teiles.)

Quellen und Litteratur zur Beilage.

Abreviatio placitorum (ed. Record Commission) 1811 (Ric. I. — Ed. II.).
Ashley, englische Wirtschaftsgeschichte, deutsch von Oppenheim, 1896.
Benedictus of Petersborough, „Gesta Hen. II." ed. Stubbs, 1867, 2 vol. (Roll Series).
Biener, das englische Geschworenengericht, 3 Bde.
Bracton, de legibus et consuetudinibus Angliae, ed. 1640.
„Bracton und Azo", select passages (ed. Selden Society), 1896.
Brunner, Entstehung der Schwurgerichte, 1872.
Chronicon Saxonicum, ed. Thorpe, 2 vol. 1861 (Roll Series).
Codex diplomaticus aevi Saxonici, ed. Kemble, 6 vol. 1846.
Delisle in der Bibliothèque de l'école des Chartes. 2. série, t. 5.
Domesday-book (ed. Record Commission) 1816, 4 vol.
Ellis, Introduction to the Domesday-book, 1833, 2 vol.
Fleta, seu commentarius juris anglicani, ed. 1685.
Gervase of Canterbury, The chronicle of the Reigns of Stephan ed. Stubbs 1879 (Roll Series).
Gierke, das deutsche Genossenschaftsrecht, I. Bd.
Gneist, Geschichte des englischen Selfgovernments, I. Bd. 1863.
—, englische Verfassungsgeschichte, 1882.
—, Bildung der Geschwornengerichte in England, 1849.
Glasson, histoire du droit de l'Angleterre, III. Bd.
—, histoire du droit de la France, 5. Bd.
Giry, les établissements de Rouen, 2 vol. 1883.
Gross, The Gild merchant, 2 vol. 1890.
Grand coutumier (Ausgabe von Bourdot), t. IV, 1724.
Hovedene, Rogeri de, „Chronica". ed. Stubbs, 1879 (Roll Series).
Kemble, the Saxons in England, 2 vol. 1849.
Leo, Rectitudines singularum personarum, 1842.
Liebermann, Über die leges Eduardi Confessoris, 1896.
Madox, history and antiquities of Exchequer, 1769.
—, firma burgi, 1726.
Maquardsen, Über Haft und Friedensbürgschaft bei den Angelsachsen, 1852.
G. von Maurer, Über die Freipflege, 1849.
—, Geschichte der Dorfverfassung.

K. Maurer, kritische Überschau der deutschen Gesetzgebung, I. Bd.
Merewether and Stephens, history of municipal Corporations, 3 vol., 1835.
Morier, „Selbstregierung“, aus dem Engl. von Beta, 1876.
Malmesburiensis Wilhelmi „Gesta Regum“ ed. Stubbs, 2 vol.
Mathaeus, Parisiensis „Chronica majora“, ed. Luard 1876 (Roll S.).
Norwich, Leet Jurisdiction in the city of (ed. Selden Society) 1892.
Nasse, Über die mittelalterliche Feldgemeinschaft in England, 1869.
Palgrave, Rise and Progress of the English Commonwealth, 2 vol., 1832.
Pipe Roll 31 Hen. I. ed. Hunter (Record Commission), 1833.
— — Hen. II. (ed. Pipe Roll Society) vol. 3—16.
Parliamentary Writs, ed. Palgrave (Record Commission), 2 vol., 1827—1834.
Rotuli de oblatis et finibus tempore Johannis, ed. Hardy (Rec. Comm.) 1835.
Rotuli Hundredorum, 2 vol. ed. Caley (Record Comm.) 1812—1818.
Rotuli litterarum clausarum, ed. Hardy (Rec. Comm.) 1833—1844.
— — patentium, ed. Hardy (Rec. Comm.) 1835.
Reeves, History of English Law, I. vol. 1814.
Riess, Geschichte des Wahlrechts zum engl. Parlament, 1885.
Royal Letters (Hen. III.), ed. Shirley, 2 vol., 1866 (Roll Series).
Rymer, foedera, ed. (Rec. Comm.) 1816, I. vol.
Robertson, Scottland under the early kings, 1862, 2 vol.
Select civil Pleas (1200—1203), ed. (Selden Society) 1888.
—, Pleas of the Crown (1200—1225) (Selden Society) 1888.
Seebohm, die englische Dorfgemeinde, deutsch von Bunsen, 1885.
Sohm, die altdeutsche Reichs- und Gerichtsverfassung, I. Bd., 1871.
Stubbs, Constitutional history, 1891, 3 vol.
—, Select Charters, 1895.
—, The early Plantagenets, 1876.
Spelmann, Glossarium archaiologicum, 1687.
Statutes of Realm (ed. Rec. Comm.) 1810, I. vol.
Thorpe, Ancient Laws and Institutes of England, 1840.
Three early Assize Rolls for the country of Northumberland XIII. saec. (ed. Surtees Society) 1891.
Waitz, deutsche Verfassungsgeschichte (3. Aufl.), 1880.

Zur Entstehung der englischen Kommunalverbände als passiv öffentlich-rechtlicher Verbände.

(Grafschaft, Hundertschaft, Tithing.)

Das Beweisthema.

Der Aufgabe, die passiv-öffentlich-rechtlichen Verbände in England nachzuweisen, kann man nur gerecht werden, wenn auf ihre Entstehung zurückgegriffen wird. Diese mufs — und das lehrt schon ein oberflächlicher Blick auf die englische Rechtsgeschichte — ungefähr in die Zeit der ersten Plantagenets verlegt werden; denn was England Bleibendes im Verwaltungsorganismus hat, läfst sich stets bis in die Zeit der Normannenkönige und in die sogenannte „organische" Entwicklungsperiode [1] der ersten Plantagenets zurückverfolgen.

Abgesehen von diesem allgemeinen Gesichtspunkt bestimmen uns noch andere schwerwiegende Gründe, die Entstehung der passiv-öffentlich-rechtlichen Verbände in jener Zeit zu suchen. Durch die Forschungen von Merewether und Stephens [2], Gneist, Pollock [3] u. a. ist festgestellt, dafs

---

[1] Gneist, englische Verfassungsgeschichte. S. 283, 287.

[2] Merewether and Stephens, History of Boroughs, 1835, p. V, XXXIII 7, 55, 781, 988, 919, 1013, 2311.

[3] Pollock and Maitland, History of English Law. I p. 471 ff. Gross. „Merchant Gild" I p. 93, 94 verkennt natürlich den von uns ge-

wir den Korporationsgedanken in seiner Fassung, als sei der Verband Träger subjektiver Rechte und Pflichten, vor dem 15. Jahrhundert in England nicht suchen dürfen. Wenn auch seit den frühesten Zeiten die Idee der Kirche als Anstalt im Rechtssinn vorhanden war, und durch das kanonische Recht lebhaft propagiert wurde: für das weltliche Recht hat sie erwiesenermaſsen bis ins 14. und 15. Jahrhundert gar keine Bedeutung gehabt. Dann allerdings mit gleicher Kraft, wie das hereindringende römische Recht. Wird nun mit dem Fehlen des Korporationsgedankens bis etwa ins 15. Jahrhundert die Thatsache zusammengehalten, daſs im 13. und 14. Jahrhundert der Ausdruck „communa" in Gesetzestexten und Urkunden, und nicht bloſs zur Bezeichnung der Städte, sondern auch der Grafschaft, Hundertschaft, des Tithing verwendet wird, dann drängt sich uns mit Notwendigkeit die Frage auf: Was sind diese „communa" juristisch genommen? Warum erhebt sich ein Teil von ihnen, nämlich die Städte, in der Folge zu juristischen Personen des Civilrechts, der Rest, die Grafschaften etc. nicht? Ein korporationsähnlicher Charakter wird ihnen von den neuesten Forschern englischer Rechtsgeschichte zugestanden [1], ja es wird von derselben Seite zugegeben, daſs die Grafschaften noch heute eine juristische Einheit vorstellen, ohne Korporation zu sein [2]. Dies Zugeständnis allein schützt schon vor dem Gedanken, als hätte man in jener „Communa-Grafschaft" bloſs ein Übergangsstadium zum Korporationsgedanken zu erblicken.

So haben sich denn auch die Grenzmarken unserer Untersuchung ergeben. Es genügt nun nicht, die „communa"

machten Unterschied zwischen juristischer Person und passiv-öffentl.-rechtl. Verband. „Communa" und juristische Person sind ihm identisch und deshalb setzt er die Inkorporationen der Städte ein Jahrh. früher an. Übrigens nennt auch Gross erst die Städte des 15. Jahrhunderts: a responsible aggregate individual". a. a. O. p. 97.

[1] Pollock a. a. O. I p. 495. Stubbs, Constitutional History. I. p. 440, 442, II p. 219.

[2] Pollock a. a. O. I p. 520, 672—673, 677, 678. Und s. unsern I. Tl. S. 28 ff. und den dort citierten englischen Juristen Madox.

wie sie Gesetzestext und -sprache verwenden, einfach mit modern-rechtlicher Analyse zu behandeln und sie blofs schon deshalb als passiv-öffentlich-rechtlichen Verband zu erklären, weil zur Zeit ihrer Entstehung der Korporationsgedanke fehlt.

Jede Untersuchung, die in vergangenen Rechtsepochen den Korporationsgedanken oder den Gedanken eines juristischen Verbandes überhaupt aufdecken will, mufs sich vor einem doppelten „Anthropomorphismus" hüten: einem, der der Vergangenheit und ihrem Denken anhaftet, und einem der Gegenwart, dem der Forscher erliegen kann.

Der Anthropomorphismus der Vergangenheit ist nämlich die Thatsache, dafs wir in der Rechtsgeschichte dem Korporations- bezw. Verbandsgedanken begegnen, wo in Wirklichkeit d. h. in den Rechtsverhältnissen weder von einer Korporation noch von einem Verband die Rede sein kann. Dem menschlichen Denken wohnt jedoch ein Zug inne, schon blofse Menschenagglomerationen, die der Aufsenwelt als solche gegenübertreten, mit einem Kollektivnamen zu belegen, der aus der physischen Beschaffenheit des Menschen entlehnt ist. Ja es wird sogar infolge eines ganz unerklärlichen anthropomorphistischen Denkens die Natur des Menschen überhaupt einer solchen Menschenagglomeration zugeschrieben, ohne dafs an Rechtsbeziehungen dieser Person als Einheit im Rechtssinne gedacht wird. Dies ist das Hindernis, welches das Denken der Vergangenheit unserer Untersuchung in den Weg legt. — Andrerseits machen wir uns selbst nur mit Mühe von einem Anthropomorphismus frei, der in unserm eigenen Denken liegt. Wir kommen leicht in Versuchung mit modern-rechtlichen Analysen den Stoff der Korporationsgeschichte behandeln zu wollen. Hier soll sich jedoch stets die Frage erheben: Was gilt in einer gegebenen rechtsgeschichtlichen Periode als Korporationsmesser, d. i. als Kriterium, wonach die juristische Person von anderen blofs gesellschaftlichen Menschenagglomerationen geschieden werden soll? Die

Frage hat hier ungefähr eine analoge Bedeutung, wie in der Wirtschaftsgeschichte die nach dem jeweiligen Preismesser. Nur ihre jedesmalige sorgfältige Beantwortung schützt vor dem oben bezeichneten Denkfehler, den ich in gewissem Sinne Anthropomorphismus der Gegenwart nennen möchte. Den Anthropomorphismus der Vergangenheit kann man in der Weise interpolieren, dafs man das Werden des Verbandsgedankens nachweist. Man mufs die konstituierenden Faktoren jedes Verbandes, Gemeinwillen und Gemeinzweck, am besten in ihrem Entstehungsprozefs erweisen, zeigen, wie sich eine Zweckbeziehung der andern ansetzt, und so fort, bis eine derartige Verzweigung der Zweckbeziehungen entsteht, dafs nicht mehr an sie als Summe von Zweckbeziehungen gedacht werden kann, sondern als Einheit. Man mufs ferner zeigen, wie diese Einheit der Zweckbeziehungen auch juristisch als Gemeinzweck anerkannt wird.

So werden wir auch zuerst in der angelsächsischen Zeit den Hundertschafts- und Zehntschaftsverband aus ursprünglich blofs polizeilichen Zweckbeziehungen der ihm eingegliederten Individuen herauswachsen sehen. Wir werden sehen, wie sich diese ursprünglich blofs polizeilichen Zweckbeziehungen immer mehr verallgemeinern, derart, dafs der Gedanke eines Gemeinzweckes mit einem auf seine Realisierung gerichteten Gemeinwillen unvermeidlich wird; wie sich dann der so konstituierte Hundertschafts- und Zehntschaftsverband in die Grafschaft, die bis dahin nur Verwaltungsbezirk im Staat ist, einzwängt und dieser die eigene Verbandsqualität, den Stempel des passiv öffentlich-rechtlichen Verbandes aufdrückt.

In der angedeuteten Weise glaube ich die Klippen umschiffen zu können, die einer rechtsgeschichtlichen Untersuchung von juristischen Verbänden eine nicht zu unterschätzende Gefahr sind. Zugleich wird mit dem oben Gesagten auch der Beweis geliefert, dafs eine Untersuchung, die die passiv-öffentlich-rechtlichen Verbände in England erweisen will, in ihrer Entstehungszeit einsetzen mufs.

I. Die angelsächsische Periode.

A. Die Grafschaft (scira).

Ähnlich, wie Sohm[1] für die altdeutsche und fränkische Gerichtsverfassung es nachgewiesen, hat sich auch in England seit seiner Besiedlung durch germanische Volksstämme erst allmählich ein dem Hundertschaftsverband, dem pagus des Tacitus, übergeordneter Verband, der pagus der Lex Salica[2], der Grafschaftsgau der karolingischen Epoche, die scira der Angelsachsen erhoben. Vor den Zeiten König Alfreds, also vor dem 9. Jahrhundert finden wir in England noch keine Spuren der Grafschaft (scira)[3]. Die Hundert- und Zehentschaft sind die einzigen staatlichen Verwaltungsbezirke, welchen als gesellschaftliche Genossenschaftsbildungen Mark und Dorfgemeinde entsprechen[4]. Allmählich dringt die Einteilung des Reichs in scirae durch. Ursprünglich sind diese gleich der Grafschaft der lex Salica nur staatliche Verwaltungsbezirke blofs für Administrativzwecke, während die Gerichtsbarkeit ausschliefslich in den Hundertschaftsgerichten geübt wird. Allmählich saugen entsprechend der Rechtsbildung auf dem Kontinent die Grafschaften die Gerichtsbarkeit der Hundertschaften auf. Dieser organische Prozefs wird in England erst in der folgenden Periode (der Normannenzeit) zum Ende geführt. Aber auch in unserer Epoche schon zeigen sich die Grafschaften im Vollbesitz einer Gerichtsbarkeit, ähnlich wie auf dem Kontinent in der Rechtsprechung zwar nicht die Hundertschaftsversammlung durch die Grafschaftsversammlung, wohl aber der hundertschaftliche Tunginus durch den grafio ersetzt wird. Im übrigen weist unsere Epoche seit Alfred[5] bis zum Ausgang des 11. Jahr-

[1] Sohm, die altdeutsche Reichs- und Gerichtsverfassung. 1871, I. Bd. S. 9 ff., 151 ff., 180 ff., 539 ff.

[2] Sohm a. a. O. S. 78 ff.

[3] Stubbs, Const. History I p. 123. Maurer, Krit. Vierteljahrschrift, I. Bd. S. 75, 81.

[4] Sohm a. a. O. S. 209. Maurer, a. a. O. S. 73.

[5] Kemble, Saxons in England II p. 78 ff. Stubbs, I p. 123. Maurer a. a. O. S. 76 ff. S. 85.

hunderts eine der kontinentalen Reichs- und Gerichtsververfassung der Karolingerzeit entsprechende Ausbildung auf. Wir können sie ungefähr in folgenden Zügen zusammenfassen.

Die Entstehungsgeschichte[1] der scirae, die zum Teile aus ursprünglichen Königreichen der Heptarchie herausgewachsen, zum Teile von den westsächsischen Eroberern, wie Alfred u. a., in den eigenen, wie auch in den eroberten Ländern eingeführt worden sind, weist darauf hin, dafs es den Königen darum zu thun war, ein starkes Königtum zu begründen, und sie deshalb am allerwenigsten geneigt waren, den so gebildeten scirae ein eigenes selbstthätiges Leben zu belassen, bezw. zu gewähren. Die scira ist deshalb blofs staatlicher Verwaltungsbezirk. Sie besitzt eine eigene Gerichtsbarkeit[2]. Dies unterscheidet sie wesentlich von der gleichzeitigen kontinentalen Entwicklung. Denn im Frankenreich giebt es keine entsprechende Gauversammlung, weil es überhaupt keine Grafschaftsversammlung giebt[3]. Selbst nicht in der Karolingerzeit. Gerichtsversammlung ist hier nur die Hundertschaftsversammlung[4]. Anders im angelsächsischen Rechte. Hier übt die scir-gemot eine Gerichtsbarkeit[5]. Allerdings nur in beschränktem Mafse[6]. Denn die Gesetze Cnuts bestimmen II c. 17:

> „Nemo namium capiat in comitatu vel extra comitatum priusquam ter in hundreto suo rectum perquisierit. Si tertio vice rectum non habeat eat quarta vice ad conventum totius comitatus, quod Angliae dicitur scyregemotus et ipse comitatus ponat ei quartum terminum“.

---

[1] Stubbs a. a. O. I p. 124. Pollock a. a. O. I p. 518.

[2] Eadgar III c. 5 bei Thorpe, Ancient Laws and Institutes of England, 1840, p. 113.

[3] Sohm a. a. O. S. 83.

[4] Sohm a. a. O. S. 57 ff., 278 ff.

[5] Stubbs a. a. O. I p. 130.

[6] S. Spelmann, Glossarium Archaiologicum, 1687 p. 261. Die von diesem genannte minder solenne scir-gemot beruht nur auf einer Konjunktur und ist durch nichts erwiesen. S. Stubbs I p. 128.

Die Gerichtsbarkeit der Grafschaft ist somit auf den Fall des sogenannten defectus justitiae[1] in der Hundertschaft beschränkt. Unsere Stelle zeigt uns ferner, daſs die Gerichtsbarkeit der scira noch sehr ungelenk im angelsächsischen Gerichtsorganismus dasteht, und dies deutet eben darauf, daſs die Rechtssprechung nicht ursprüngliche Funktion des Grafschaftsgerichts ist, daſs die Grafschaft ursprünglich bloſs für Administrativzwecke eingerichtet ist[2].

Jene ungelenke Verbindung von Grafschaft und Hundertschaft in Rücksicht der streitigen Gerichtsbarkeit, welche absolut den Gedanken ausschlieſst, daſs die scir-gemot die Oberinstanz der Hundertschaftsversammlung war, erklärt auch die Thatsache, daſs in der Grafschaftsversammlung von einer Vertretung der Hundertschaften nicht die Rede ist. Scheinbar widersprechend ist die Stelle in den Gesetzen Ethelreds III c 3[3]:

> . . . „and that a gemot be held in every wapentake; and the XII senior thanes go out, and the reeve with them and swear on the relic that is given to them in hand, that they will accuse no innocent man, nor conceal any guilty one“.

Abgesehen davon, daſs in dieser Stelle keine ausdrückliche Bezugnahme auf das Verhältnis der Hundertschaftsthane zum Grafschaftsgericht vorhanden ist, wird von Brunner[4] nachgewiesen, daſs es sich hier um keine Rügejury handle, daſs diese 12 Thane nur ein nach Umständen zur Verwendung gelangendes Beweismittel, jedoch keine ständige Vertretung der Hundertschaft im Grafschaftsgericht, wie die Rügejury der späteren Zeit, seien.

Daſs übrigens die Anzeigepflicht der 12 Thane durchaus nicht aus einer Gerichtspflichtigkeit der Hundertschaft

---

[1] S. Spelmann a. a. O.
[2] Kemble a. a. O. I p. 74 ff.
[3] Thorpe a. a. O. p. 125.
[4] Brunner, Zur Entstehung der Schwurgerichte S. 402 ff.

zum Grafschaftsgericht zu folgern ist, ergiebt sich aus dem Zusammenhalt obiger Stelle mit der nächstfolgenden (Ethelred III § 4), wo bestimmt wird, dafs die Wirkung jener Rüge der 12 Thane, nämlich die Notwendigkeit des dreifachen Ordeals, das der so Diffamierte bestehen mufs, durch das günstige Leumundszeugnis seines Lords und zweier Thane paralysiert werden kann, d. h. der Beschuldigte soll dann nur ein einfaches Ordeal bestehen. Man wird daher ebensowenig wie aus dem III. § 4, aus jener ersten Stelle III. § 3 die Gerichtspflichtigkeit der Hundertschaft schliefsen dürfen, sonst müfste man auch die Entlastung durch den Lord als Ausflufs der Gerichtspflichtigkeit der Hundertschaft und nicht, was es wirklich ist, als blofses Beweismittel ansehen. Demnach werden wir in unserer Periode kaum von einem innigeren Zusammenhang zwischen Grafschaft und Hundertschaft sprechen dürfen.

Quellenmäfsig belegt ist nur, dafs das Grafschaftsgericht von den grofsen Grundbesitzern, den Kronbeamten und den villae (später townships[1]) besucht wird. Die letzteren sind gewöhnlich durch vier Mann und den Vorsteher (praepositus, reeve) vertreten[2]. Natürlich sind diese villae in unserer Periode erwiesenermafsen[3] jede einem Lord unterworfen.

So besteht das Grafschaftsgericht aus den eorls (Adligen) und den ceorls (Unfreien) der townships[4].

Aufser der Funktion der Grafschaftsversammlung als Gericht (scir-gemot) hat sie als folc-gemot den Charakter

---

[1] In dieser Zeit sind villa, villata u. burgus identisch. Blackstone „Commentaries“ sagt: „tithing towns or villa are of the same signed function in law“.

[2] S. Domesday-book (ed. Record Commission) 1816 I p. 179, 269 u. a. Stubbs, a. a. O. I p. 128.

[3] Seebohm, die englische Dorfgemeinde, 1885, deutsch von Bunsen. S. 86 ff.—98. Ashley, englische Wirtschaftsgeschichte (deutsch von Oppenheim) 1896, I. Bd. I. Kap.: „Dorfgemeinde“.

[4] S. Codex diplomaticus aevi Saxonici ed. Kemble 1846 IV Nr. 732.

einer Repräsentativversammlung mit gesetzgeberischen Befugnissen[1] und übt die aufserstreitige Gerichtsbarkeit insbesondere bei Vergabungen[2].

An der Spitze der Grafschaft steht der scir-gerefa (Sheriff), der in unserer Periode schon königlicher Beamter ist, obwohl er ursprünglich der Volksgewalt seine Stellung zu verdanken haben mochte. Er hat die Leitung des Grafschaftsgerichts und ist gewissermafsen dessen „constituting officer“[3]. Das deutet darauf, dafs er schon in unserer Periode — wie in der folgenden — Teil des Kollektivwillens der im Grafschaftsgericht versammelten Grafschaftsangehörigen ist. Seine Thätigkeit wird im Grafschaftsgericht durch den ealdorman[4], den ehemaligen Unterkönig der Heptarchie, und durch den Bischof kontrolliert. Der „ealdorman“ praesidiert im Grafschaftsgericht[5] und in der folcmot.

Ist demnach die Grafschaft in unserer Zeit blofs staatlicher Verwaltungsbezirk[6], so mufs es als ein durch nichts gerechtfertigter Apriorismus bezeichnet werden, wenn man jene Selbstthätigkeit der Grafschaft, die den Kern des englischen Selfgovernments bildet, schon in unsere Epoche verlegen will[7]. Nur eine oberflächliche Betrachtung der Sachlage vermag dies zu behaupten. Die Grafschaft ist jetzt nur Verwaltungsbezirk. In dieser Richtung gleicht sie ganz dem karolingischen comitatus. Aber sie trägt im Gegensatz zu diesem Keime künftiger Entwick-

---

[1] Palgrave, Rise and Progress of the english commonwealth I p. 63. Kemble, a. a. O. II p. 233, 234. Sehr gut beschrieben eine folcgemot in Cod. Dipl. Nr. 1125.

[2] Kemble, a. a. O. II p. 158.

[3] D. h. ohne ihn kann die Grafschaftsversammlung nicht tagen. Kemble, a. a. O. II p. 158, 159.

[4] Kemble, a. a. O. II p. 125 ff. Stubbs, a. a. O. I p. 125.

[5] Kemble, a. a. O. II p. 158.

[6] Kemble, a. a. O. I p. 75. Maurer, a. a. O. S. 85.

[7] So Morier, „Selbstregierung“, deutsch von Beta, 1876, S. 39 ff. Warum nicht gar, wie Montesquieu die engl. Verfassung, so das Selfgovernment aus den germanischen Urwäldern herleiten!

lung und Selbstthätigkeit in sich, die sie zum öffentlichrechtlichen Verbande in den folgenden Perioden machen.

Vor allem besitzt die angelsächsische Grafschaft eine Gerichtsbarkeit, die karolingische nicht. Die angelsächsische Grafschaftsversammlung ist Repraesentativversammlung, indem hier auch die ceorls vertreten sind; die karolingische[1] Grafschaft hat keine solche Versammlung. Der comes im Karolingerreich ist königlicher Beamter[2], der ealdorman[3], ja selbst der scir-gerefa[4] bewahren Spuren ihrer ursprünglichen Bestellung durch das Volk. Der scir-gerefa insbesondere ist Teil des Kollektivwillens der Grafschaft[5].

So ist der Boden für die kommende Entwicklung der Grafschaft, als öffentlich-rechtlicher Verband, vorbereitet.

Wir werden nun sehen, wie die Hundertschaft, die sich in unserer Periode zum selbstthätigen Kommunalverband ausgebildet hat, in das Grafschaftssystem der folgenden Periode eindringt und diesem den Stempel ihrer eigenen Qualität aufdrückt. Schon in unserer Periode deuten Spuren auf dieses Eindringen der Hundertschaft. Die sächsische Chronik des Jahres 1008 berichtet[6], dafs jede Grafschaft verpflichtet war, entsprechend ihrer Zahl von Hundertschaften Schiffe zu rüsten. Schon bildet übrigens die Grafschaft — und dies unterscheidet sie ebenfalls wesentlich von der karolingischen — eine Steuereinheit[7] wahrscheinlich auf Grundlage der Hundertschaftsverfassung.

---

[1] Stubbs, a. a. O. I 130.

[2] Sohm, a. a. O. S. 83, 164.

[3] Stubbs, a. a. O. p. 125.

[4] Kemble, a. a. O. II p. 158.

[5] Wir werden diese Doppelstellung der Grafschaftsorgane auch in der Folgezeit unter nachdrücklicher Hervorhebung der Gesetze verfolgen können. Diese Doppelstellung haben schon die Intruktionen Eduards II. voll erfafst. Sie erinnert lebhaft an die Doppelstellung der modernen Gemeindebeamten auf dem Kontinent.

[6] Chronicon Saxonicum ed. Thorpe p. 336, 337. Codex dipl. III Nr. 716.

[7] Die firma burgi ist der jurist. Ausdruck dafür. S. Domesday-book I p. 154, 219, 238.

B. Die Hundertschaft (hundredus) und Zehentschaft (tithings).

Der Hundredus — mitunter auch wapentake genannt — ist die dem tacitaeischen pagus entsprechende angelsächsische Bezeichnung des letzteren. Dieser als Territorialbezirk ist jedoch durchaus nicht mit der ursprünglichen Besiedlungsform von ungefähr je 100 Mann zu identifizieren [1]. Die Entstehung der Hundertschaft aus einer Anzahl von 100 Kriegern, 100 Äckern etc. mag vor der Zeit der angelsächsischen Besiedlung Englands in der germanischen Heimat ihre Richtigkeit haben. Für die Zeit der Besiedlung müssen wir aber den Gedanken durchaus ablehnen [2]. Auch die Herleitung der Hundertschaft und Zehentschaft aus der einer späteren Entwicklung angehörigen Friedensbürgschaft (frithborgh) [3] ist entschieden abzulehnen. Die herrschende Ansicht der Rechtshistoriker Englands geht dahin, daſs die Hundertschaft aus dem ursprünglich bloſs persönlichen Zusammenhange von 100 Kriegern in historischer Zeit sich bereits in einen Territorialbezirk verwandelt, indem das Hundertschaftsgericht ein festes lokales Centrum für die Beziehungen im Nachbarverband abgegeben habe. Um dieses feste Centrum seien die Hundertschaften zu Territorialbezirken geworden [4].

Die Hundertschaft ist bis zum Ausgang des 10. Jahrhunderts nur staatlicher Verwaltungsbezirk, der allerdings noch in angelsächsischer Zeit Spuren des ursprünglich [5] genossenschaftlichen Zusammenhanges an sich trägt. Die Hauptmasse der angelsächsischen Judikatur wird in den

---

[1] So Maurer, a. a. O. S. 77 ff. im Anschlusse an Eichhorn. Dagegen Stubbs, a. a. O. I p. 105 ff.

[2] Bei Maurer, a. a. O. S. 76 ff. finden sich die verschiedenen bezüglichen Ansichten.

[3] So Spelman, a. a. O. S. 302 ff. Leo „Rectitudines singularum personarum", 1842, S. 178 ff.

[4] So Palgrave, a. a. O. I d. 97. Stubbs, a. a. O. I p. 203.

[5] Ich meine die bekannte Stelle bei Tacitus c. 12: Eliguntur in iisdem conciliis et principes, qui jura per pagos vicosque reddunt.

Hundertschaftsgerichten erledigt. Die Hundertschaften dienen auch, allerdings erst seit dem 11. Jahrhundert für Steuereinschätzungs-[1] und Marinezwecke[2]. Auch wird von ihnen für Polizeizwecke Gebrauch gemacht. Sie sollen nämlich in Abteilungen von je hundert Mann Diebe verfolgen[3].

An der Spitze der Hundertschaft steht ein Beamter, ähnlich wie im Frankenreich zwei Beamte: der hundredealdorman mit den Befugnissen des fränkischen tunginus und sacebaro. Beider Machtvollkommenheiten liegen in seiner Hand. Als tunginus ist der hundredealdorman Volksbeamter, als sacebaro Einsammler königlicher Bufsen[4] und königlicher Schultheifs. Auch hier also diese Doppelstellung als Gemeindeorgan und königlicher Beamte. Ähnlich wie im Frankenreich seit den Karolingern der tunginus ganz verschwindet und der sacebaro zum Büttel des Grafen herabsinkt[5], so vollzieht sich derselbe Prozefs auch hier. Auch der hundredealdorman wird Gerichtsbüttel[6] und wird im Vorsitze des Hundertschaftsgerichts durch den scir-grefa ersetzt[7], der entweder selbst erscheint oder sich durch einen gingra, junior[8] vertreten läfst.

---

[1] Stubbs, a. a. O. I p. 105.

[2] Chron. Saxon. ed. Thorpe, II p. 114.

[3] Eadgars Gesetze I c 5 bei Thorpe a. a. O. p. 109. Man hat in dieser Einrichtung, denen auf dem Kontinente analoge Institutionen der fränkischen Könige Childebert und Chlotar entsprechen, die Entstehung der Hundertschaften überhaupt erst finden wollen. So Robertson, Scottland under her early kings, II p. 335. Ebenso wie man das fränkische „centenas fierent" des Capitulare Chlotars ebenfalls erst als eine Neuschaffung der Hundertschaften aufführte. S. Sohm, a. a. O. S. 182 ff. Dieser und Stubbs I p. 108 ff. weisen die Unrichtigkeit dieser Ansicht nach, indem sie darlegen, dafs die centena als Wachabteilung eben die Hundertschaft als Territorialbezirk voraussetze.

[4] Domesday-book a. a. O. III p. LXV ff.

[5] Sohm, a. a. O. S. 91 ff., 257 ff., 265 ff.

[6] Über die ursprüngliche Stellung des hundredealdormans, Palgrave a. a. O. I p. 98 ff. Dann Stubbs, a. a. O. I 114.

[7] Ebenso wie der fränkische tunginus durch den grafio. S. Sohm, a. a. O. S. 147 ff. Stubbs, a. a. O. p. 116.

[8] Gesetze Alfreds § 38 bei Thorpe, a. a. O. p. 39, ferner Cod. dipl. II p. 14, 25, 34.

Die Zehentschaft, welche die Angelsachsen ebenfalls aus der germanischen Heimat mitgebracht, hat sich als staatlicher Verwaltungsbezirk in unserer Periode noch wenig zur Geltung gebracht. Ihre hauptsächlichste Verwendung erfolgt für Militärzwecke, seit Eadgar auch für Polizeizwecke. Doch sie besteht als Verwaltungsbezirk[1]. Der diesem entsprechende Gerichtsbezirk ist der gutsherrliche mannor (manerium)[2]. Das entsprechende sociale Milieu ist durch das Kirchspiel (township), die angelsächsische Dorfgemeinde gegeben.

Ein selbstthätiger Kommunalverband ist die Zehentschaft bezw. die Dorfgemeinde in unserer Zeit noch nicht, wenigstens nicht rechtlich. Wir müssen uns überhaupt in eine Zeit hineindenken, in welcher der Staat seine Einwirkung auf das Individuum mit der Gesellschaft teilt. Nur gewisse Zweckbeziehungen der ihm eingegliederten Personen hebt der Staat bezw. die Rechtsordnung hervor und bezieht das Individuum in jene auch rechtlich ein. Diese Zweckbeziehungen sind im angelsächsischen Reich zumeist nur Militär- und Polizeizwecke. Hiefür ist die Zehentschaft Verwaltungsbezirk. Die Gerichtsbarkeit ist in unserer Periode auch schon verstaatlicht. Die Dorfgemeinde als Gericht ist der mannor des Gutsherrn.

Seebohm[3] hat in überzeugender Weise dargethan, daſs die Angehörigen einer englischen Dorfgemeinde in unserer Periode durchwegs Unfreie waren. Auch nehmen nun — wie oben bereits gesagt worden — die englischen Rechtshistoriker die Identität von mannor und Dorfgemeinde,

---

[1] Palgrave, a. a. O. II p. C XXI. Smith, the parish, 1857, p. 24, 25. G. v. Maurer, Über die Freipflege, 1849, S. 12 ff. Ferner Stubbs, a. a. O. I p. 92 ff. Liebermann, Über die leges Edwardi Confessoris, 1896, p. 78 ff.

[2] Seebohm, a. a. O. S. 10 ff., 59 ff., 87 ff., 114 ff. Ellis, Introduction to Domesday-book, 1833, I p. 240 ff. Pollock, a. a. O. I p. 594 ff. Schon Palgrave, a. a. O. I p. 80 ff. im Zusammenhalte mit I p. 26 ff. scheint dieser Ansicht nicht fern zu stehen.

[3] Seebohm, a. a. O. S. 88 ff., 113 ff.

villa, an[1]. Im gutsherrlichen Gericht finden die wichtigsten, das Leben der Dorfgemeinde berührenden Interessen ihre Regelung[2].

Die englische Dorfgemeinde, die uns so bald als mannor, bald als Zehentschaft begegnet, ist noch aufserdem Feldgenossenschaft[3] und entwickelt in dieser Hinsicht eine grofse Selbstthätigkeit. Nur eines fehlt der englischen Feldgenossenschaft, im Gegensatz zur kontinentalen, aber — ich möchte sagen — das wichtigste: die Bedeutung der genossenschaftlichen Beziehungen, für die Verfassungsentwicklung des Staates, für die Rechtsentwicklung überhaupt. Während für die kontinentale Entwicklung die herrschende Lehre seit Waitz dahin geht, dafs der Grundbesitz in der Gemeinde die politische und rechtliche Stellung des Individuums in der Verfassung bedingte[4], wird man als die bei den Rechtshistorikern Englands feststehende Ansicht[5] annehmen, dafs für die Stellung des angelsächsischen ceorl die Grundbesitzverhältnisse in der Dorfgemeinde ganz irrelevant waren. Mit einem Wort: die Rechtsverhältnisse der Dorfgenossen in Deutschland sind in England nie mehr als sociale Regelungen gewesen.

Daher müssen wir den Gedanken ablehnen, als wäre die Selbstthätigkeit der Hundertschaft und der Zehentschaft, wie wir sie in England im 11. Jahrhundert finden, in der Idee der älteren germanischen Genossenschaft[6] zu suchen.

---

[1] Die oben citierten und aufserdem Domesday-book I 299, 299b, 300, 302, 302b, 327b, 328.

[2] Selbst by-laws der Dorfgemeinde werden hier erlassen. Palgrave, a. a. O. I p. 80. Pollock, a. a. O. I p. 595.

[3] Darüber Nasse, Über die mittelalterliche Feldgemeinschaft in England, 1869, S. 7 ff. Seebohm, a. a. O. S. 54 ff.

[4] S. Sohm, a. a. O. S. 333 und 335 und die dort citierten.

[5] Stubbs, Const. History I p. 89 ff. Gneist, englisches Verwaltungsrecht I p. 61 f.

[6] Gierke, das deutsche Genossenschaftsrecht I S. 53 ff., II S. 42 ff. In England ist absolut kein Gesamtrecht der Genossenschaft zu erweisen. S. Pollock, a. a. O. I p. 610. Ferner für die Eigentumsverhältnisse der seit dem 11. Jahrhundert selbstthätigen Verbände (Hundertschaft und Zehentschaft [tithing]), s. Domesday-book III p. 66, Madox, firma burgi,

Das Bestehen einer der Hundertschaft entsprechenden Markgenossenschaft ist in England kaum, oder besser gesagt, gar nicht zu erweisen[1]. Das Rückgrat, das demnach die fränkische Hundert- und Zehentschaft an der Mark- und Feldgenossenschaft hatte[2] und das ihr Zerfallen — allerdings nur in unvollkommener Weise[3] — verhinderte, fehlte in England. Die Hundertschaft und Zehentschaft wären hier nie selbstthätige Kommunalverbände geworden, wenn nicht gegen Anfang des 11. Jahrhunderts ein auf ganz andere Zwecke gerichtetes Rechtsinstitut ihnen zu Hilfe gekommen wäre: die Friedensbürgschaft (fritborgh). Diese verschob den Schwerpunkt der bisherigen Hundert- und Zehentschaftsverfassung; indem sie ihn auf sich lud, prägte sie Hundertschaft und Zehentschaft aus staatlichen Verwaltungsbezirken zu öffentlich-rechtlichen Verbänden um.

Über die Entstehungszeit der Friedensbürgschaft ist in unserem Jahrhundert von englischen und deutschen Rechtshistorikern ein Litteraturstreit geführt worden, der sich in folgenden Extremen bewegt. Die bis zu den epochalen Untersuchungen von Marquardsen[4] und Waitz[5] herrschende Ansicht[6] ging davon aus, daſs die englische Friedens- und Gesamtbürgschaft ein angelsächsisches Rechtsinstitut sei, das wohl in die Zeiten Alfreds, Athelstans und Eadgars, also ungefähr in das 9. Jahrhundert zurückreiche. Diese Ansicht stützte sich auf Gesetzesstellen und insbesondere auf das Zeugnis zweier englischer Historiker des 12. Jahr-

p. 37–43. Merewether and Stephens, history of Municipal Corporations II p. 1098.

1 Nasse, a. a. O. S. 21 ff. Anders auf dem Kontinent. S. Thudichum, Gau- und Markverfassung, S. 127 ff. Sohm, a. a. O. S. 209 f.

2 Gierke, a. a. O. I S. 210 ff.

3 Sohm, a. a. O. S. 209–211.

4 Marquardsen, Über Haft- und Friedensbürgschaft bei den Angelsachsen, 1852.

5 Waitz, deutsche Verfassungsgeschichte (3. Aufl.), 1880, I. Bd. S. 459–483.

6 S. die Litteratur bei Maurer, kritische Vierteljahrschrift a. a. O. S. 87 ff., aus welcher insbesondere Palgrave, a. a. O. I p. 96 ff. und II C XX ff. und G. v. Maurer, Über die Freipflege, 1849, hervorzuheben wären.

hunderts: Ingulphus und William von Malmesbury[1]. Sie schoſs über ihr Ziel hinaus, indem sie die Gesamtbürgschaft nicht bloſs als angelsächsisches, sondern auch als altgermanisches Rechtsinstitut zu erweisen unternahm. Begreiflicherweise konnte die Reaktion dagegen nicht ausbleiben. Und so unternahmen es Marquardsen, Maurer und insbesonders Waitz, die Quellenbelege, die irgend eine Beziehung zu Friedensbürgschaft haben möchten, einen nach dem andern, in allerdings scharfsinniger Weise zu zerpflücken. Nach dieser Theorie sollte die Friedensbürgschaft erst von Wilhelm dem Eroberer eingeführt worden sein.

Auch diese Theorie leistete in ihrer Weise des Guten zu viel und übersah manche Argumente, die bei weniger Eifer in der Sache unmöglich hätten übergangen werden können.

Deshalb geht die gegenwärtig herrschende[2] Ansicht dahin, daſs die Friedensbürgschaft angelsächsischen Ursprungs und ungefähr in der Zeit des ausgehenden 10. und beginnenden 11. Jahrhunderts, vielleicht zur Zeit König Cnuts, zur Entstehung gekommen sei.

Wir wollen nun die besonders wichtigen Argumente für diese Ansicht im folgenden hervorheben, weil sie am besten auch die Anknüpfung der Friedensbürgschaft an die Hundert- und Zehentschaft verdeutlichen.

Palgrave[3] hat die einzelnen gesetzlichen Bestimmungen aus der angelsächsischen Zeit, die für eine Friedensbürgschaft zu sprechen scheinen, mit dem Bemerken aufgeführt, daſs sie sich ebenso gut auf die borgh, den manupastus, die Mund des Grundherrn über seine Unfreien be-

---

[1] Ausführliche Citate bei Waitz, a. a. O. I S. 479 f.

[2] Palgrave, a. a. O. II p. C XX. v. Maurer, a. a. O. S. 16 ff. Gneist, Geschichte des engl. Selfgovernments I S. 94 ff. Stubbs, Const. History. I p. 95 ff. doch schwankend. Pollock, a. a. O. I p. 558. Liebermann, a. a. O. S. 80 ff. und Maitland in einem bei Liebermann cit. Aufsatz.

[3] Palgrave, a. a. O. p. 196 f.

ziehen könnten. Dieser manupastus, diese Bürgschaft, die sich auch sonst bei den Germanen vorfindet, hat nun in England beiläufig unter Eadgar eine besondere Form angenommen, die der Friedensbürgschaft der späteren Zeit so ziemlich nahe kommt. Wir finden diese Bürgschaft des Lord für den Unfreien schon in den Gesetzen König Athelstans genügend präcisiert. Judicia civitatis Lundoniae art. 9[1]:

„That we have ordained respecting those thieves, whom one cannot discover to be guilty: that the lord or the kinsman should release him". . . .

Nun müssen wir uns vergegenwärtigen, dafs die Hauptmasse der englischen Hundertschaftsbewohner und Dorfgenossen um diese Zeit durchwegs noch unfreie ceorls sind[2]. Eine Friedensbürgschaft von Freien, wie sie auf kollektiver Grundlage uns im 11. Jahrhundert begegnet, hat unsere Zeit vorzusehen nicht nötig Man mufste nur darauf bedacht sein, dafs der Unfreie immer von seinem Lord vor Gericht gehörig vertreten werde. Was unsern manupastus ganz besonders von ähnlichen kontinentalen Rechtsbildungen unterscheidet, ist die bis nun übersehene Kollektivverantwortlichkeit der ceorls einer Dorfgemeinde, einer Hundertschaft untereinander, vermittelt durch die Person des Lords.

Wir finden in den leges Henrici I. c. 44[3] folgende Stelle:

„Si quis a domino suo missus sit in plegium et ostendere possit, quod ei ex sponsione et fidejussione illa dampnum venit non cogitur ex lege de quavis

[1] ed. Thorpe, p. 102.

[2] S. Seebohm, a. a. O. 114 ff. Ashley, englische Wirtschaftsgeschichte I S. 12 ff. Auch Pollock, a. a. O. S. 557 f. nimmt an, dafs die frithborgh sich ursprünglich aus Unfreien zusammensetzte. Die früheren juristischen Untersuchungen über Friedensbürgschaft insbes. jene gründliche Arbeit von Marquardsen gehen noch von der irrtümlichen Annahme aus, dafs die Hauptmasse der Bevölkerung in Hundertschaft und Zehentschaft Freie waren. S. Marquardsen, a. a. O. S. 48 ff. sehr zum Schaden seiner ganzen Theorie.

[3] S. Thorpe, a. a. O. p. 236.

pecuniali implicitatione respondere ei, donec totum restituat quod amiserit pro eo". . .

Hier wird im Anschlufs der Haftung des Lords für seinen Unfreien, der Fall vorgesehen, dafs der Unfreie in die Lage kommt, für den Lord aus dem Grund einzustehen, weil er von diesem in plegio missus est und durch die fidejussio, offenbar für einen anderen Unfreien[1], Schaden leidet. Der Lord mufs ihm dies ersetzen; thut er es nicht, so wird der Unfreie dem Lord solange die implacitationes pecuniales (Gerichtssporteln) vorenthalten dürfen, bis dieser Ersatz leistet. Damit ist die Kollektivhaftung sämtlicher ceorls untereinander ausgesprochen, mit subsidiärem Regrefs an den Lord. Wenngleich nun diese Gesetzesstelle erst in dem 12. Jahrhundert abgefafst wurde, so steht doch nichts im Wege, hier die Spuren einer angelsächsischen Rechtsnorm zu finden. Denn schon zur Zeit König Athelstans findet sich eine Vorschrift, die von der Abhaltung des Hundertschaftsgerichts folgendermafsen spricht[2]:

„Haec est conciliatio, quomodo centenarius conventus observari debet. Imprimis quidem quod semper circa quattuor septimanas congregetur, et quique alii rectum faciat". . .

Das alii rectum facere gilt auch in der späteren Zeit als gleichbedeutend mit Bürgschaftstellen.

Eine andere, nur zu wenig geschätzte Quellenstelle ist Eadgar II c. 6[3]:

„And let every man so order that he have a borh and let the borh . . . bring and hold him to every justice" . . . .

Man hat ganz richtig in dieser Stelle nichts von einer Friedensbürgschaft, auf Gegenseitigkeit ruhend, gefunden[4].

Es wird jedoch hier von Eadgar ausdrücklich angeordnet,

[1] Denn der Unfreie konnte nur für einen Unfreien als Bürge stehen.
[2] Mitgeteilt von Palgrave, a. a. O. II C XXI nach einem Manuskript.
[3] Thorpe, a. a. O. p. 113.
[4] Marquardsen, a. a. O. S. 46 ff. Maurer, a. a. O. S. 89 ff. Waitz, a. a. O. I S. 470 ff.

dafs jeder freie Mann einen Bürgen haben mufs, der für ihn nötigenfalls vor Gericht einstehen soll. Die Bedeutung dieser Stelle liegt darin, dafs nicht erst für jeden Einzelfall besonders eine Bürgschaft bestellt werden mufs, sondern eine Bürgschaft von vornherein für eventuell eintretende Fälle vorgesehen wird. Diese Bedeutung unserer Stelle wird wohl zugestanden[1]. Aber im Eifer jenes Litteraturstreits hat man übersehen, dafs jene Bestimmung Eadgars eine sehr wichtige Konsequenz in faktischer Beziehung nach sich ziehen mufste, der als rechtliche Konsequenz die Einführung der Friedensbürgschaft folgte.

Die neuesten wirtschaftlichen Resultate, welche begreiflicherweise jenen Theorieen nicht bekannt waren, werfen ein klares Schlaglicht auf diese Gesetzesbestimmung Eadgars und auf die folgende Rechtsentwicklung. Zur Zeit Eadgars sind die Freien in Dorfgemeinde und Hundertschaft nur spärlich vorhanden. Es ist leicht zu übersehen, welcher Freie für den anderen stets Bürge steht. Daher genügt jene Gesetzesbestimmung. Aber in der Folge mehrt sich die Anzahl der Freien[2]. Die Zahl der entstandenen Bürgschaftsverhältnisse läfst sich nicht mehr übersehen, weil oft jeder Freie durch seine Person eine ganze Reihe von Bürgschaftsverhältnissen vermittelt. Diese Kompliziertheit der Bürgschaftsverhältnisse veranlafst nun in der Zeit König Cnuts, unter dem auch ein grofser Zuzug freier Dänen stattfindet[3], die Bürgschaftsverhältnisse der leichteren Übersichtlichkeit wegen auf eine genau begrenzte Zahl von 10—12 freien Männern zu beschränken. Vorstufen dieser Entwicklung, die für Freie, ebenso wie für Unfreie statthat, zeigen sich schon in den Gesetzen König Athelstans. Die Episcopi et alii sapientes de Kaucia bedanken sich in einem Decretum[4], dafür, dafs der König angeordnet habe:

[1] G. von Maurer, a. a. O. S. 8 ff. Marquardsen, a. a. O. S. 36 ff. 46 ff.

[2] Ashley, a. a. O. S. 18 ff. Marquardsen, a. a. O. S. 48 nimmt umgekehrt eine Minderung der Zahl der Freien für diese Zeit an.

[3] Seebohm, a. a. O.

[4] Bei Thorpe, a. a. O. p. 91. Darüber auch Palgrave, a. a. O. II C XXII Note 30.

„Septimum, ut omnis homo teneat homines suos in fidejussione sua contra omne furtum. Si tunc sit aliquis, qui tot homines habeat, quod non sufficiat omnes custodire, praeponat sibi singulis villis praepositum unum, qui credibilis sit ei et qui concredat hominibus. Et si praepositus alicui eorum concredere non audeat inveniat XII plegios cognationis suae, quae ei stent in fidejussione."

Hier wird als Privileg der Männer von Kent bezeichnet, daſs die Bürgschaftspflicht des Lord für seine Unfreien, auch der leichteren Übersichtlichkeit wegen, auf je 12 Männer zusammen beschränkt wird, daſs der Lord, bezw. sein praepositus nicht für alle Unterthanen einzustehen haben, sondern diese Haftung auf je 12 Männer der nächsten Umgebung (cognatio)[1] abwälzen können. Hierin liegt deutlich das Streben der Gesetzgebung, jene Bürgschaftsverhältnisse übersichtlicher zu gestalten. Ein gleiches Streben müssen wir auch für die nun sich stets mehrenden Bürgschaftsverhältnisse der Freien annehmen. Diese Vereinfachung nimmt nun das Institut der Friedensbürgschaft vor, indem es je 10 Männer mit gegenseitiger Haftung für Polizeizwecke zur frithborgh — (dem norm. francum plegium) — vereinigt.

Zur Zeit König Cnuts ist diese Entwicklung bereits zum Ende gebracht. Denn in den Gesetzen des Königs (The Laws secular c. 20[2]) heiſst es:

„And we will, that every freeman be brought into a hundred and into a tithing, who wishes to be entitled to lad or to wer in case any one shall slay him after he is XII years of age; or let him not afterwards be entitled to any free rights, be he heartfaest, be he follower. And that every be brought in to a hundred and in borh and let the borh hold

[1] Denn die Haftung der Sippe bestand ja ohnedies de jure. Dazu hätte es keines Privilegs bedurft.

[2] Thorpe, a. a. O. p. 166.

and lead him to every plea. Many and powerful man will, if he can and may defend his man, whatever way it seems to him, that he may the more easily defend him, wheter as a freeman or a theow. But we will not allow injustice". . .

Als Zweck dieser Gesetzesbestimmung wird angegeben, dadurch solle verhindert werden, dafs ein Lord einen ceorl bald als Freien, bald als Unterthanen vor Gericht vertrete — d. h. Bürgschaft stehe. Deshalb soll jeder freie Mann in einer Hundert- und Zehentschaft, jeder Unfreie in der Hundertschaft oder dem borh (manupastus) seines Lords sein. Dieser vollkommene Parallelismus der Bestimmungen für den freien Mann und den Unfreien, weist entschieden darauf hin, dafs in obiger Gesetzesstelle eine dem plegium des Lord analoge Bürgschaft für den Freien durch die Hundertschaft und Zehentschaft begründet werde. Hundert- und Zehentschaft sind hier die juristischen Formen der Friedensbürgschaft[1].

So dürfte die Friedensbürgschaft im technischen Sinn noch vor den Zeiten König Cnuts zur Entstehung gekommen sein. Jedenfalls ist neuestens erwiesen worden, dafs die Zwangsvereinigungen von je 10 Mann und von je 100 Mann mit den Territorialbezirken der Zehent- und Hundertschaft, die ihnen entsprechen, gegen das Jahr 1087 verschmolzen sind[2].

Wie wir uns diese Verschmelzung zu denken haben, ist oben bereits angedeutet. Rein losgelöst von der territorialen Grundlage wird wohl die Friedensbürgschaft nie bestanden haben. Die zum Zwangsverband vereinigten sind wohl immer Nachbarn einer schon bestehenden Hundert- und Zehentschaft. Mit dem Ausdruck Verschmelzung soll nur die Thatsache bezeichnet werden, dafs eben Zehent- und Hundertschaft als Verwaltungsbezirke

---

[1] Palgrave, a. a. O. II p. C XX.
[2] Liebermann, a. a. O. S. 81 ff.

mit der fritborgh als Vereinigung von 10 bezw. 100 Männern nun identisch geworden, d. h. zu entsprechenden Zwangsverbänden sich umgebildet haben.

Die Anknüpfung der Friedensbürgschaft an die schon bestehenden Territorialbezirke verändert nämlich den Charakter der letzteren vollständig. Die Zwangsvereinigungen der Friedensbürgschaft sind jetzt der Mittelpunkt der rechtlichen Beziehungen in Hundert- und Zehentschaft und vermögen wegen ihrer Anpassungsfähigkeit an die verschiedensten Polizeizwecke, eine Menge Zweckbeziehungen im Nachbarkreise durch die gegenseitige, rechtlich normierte Haftung zusammenzuhalten. Diese Zweckbeziehungen erhalten nun, weil sie durch die Friedensbürgschaft gesichert werden, deren eigentümliche Struktur: Kollektivhaftung und Kollektivpflicht der fritborgh nebst Einzelpflicht des ihr Eingegliederten.

Hier haben wir den Grundtypus der künftigen passiv öffentlich-rechtlichen Verbände in England. Die Hundert- und Zehentschaft, welche bis nun nur Verwaltungsbezirke waren, bilden sich zu Verbänden um, ohne irgend ein genossenschaftliches Gesamtrecht, ohne ein subjektives Recht auf Ausübung staatlichen Imperiums. Ursprünglich nur für die Zwecke der Sicherheitspolizei gedacht dehnt die Friedensbürgschaft ihr System auch auf andere mit der Sicherheitspolizei damals verbundene Administrativzwecke aus, die unter dem Namen der trinoda necessitas zusammengefafst wurden. Es sind dies: furis comprehensio expeditio et arcis munitio[1].

---

[1] Stubbs a. a. O. I p. 82. Waitz a. a. O. IV S. 30 ff. v. Maurer, Geschichte der Dorfverfassung S. 335 ff. Cod. dipl. Nr. 260 und 300: „Terra praedicta liberet securus . . . sine . . . furisque comprehensione sine expeditione et pontis instructione“. — Man vergleiche nun mit dieser ursprünglichen Form der trinoda necessitas, wie sie auch im Frankenreich bestand, ihre Gestalt nach Einführung der Friedensbürgschaft. Im Domesday-book I p. 100 heifst es: „Civitas de Exonia . . . Quando expeditio ibat per terram aut per mare, serviebat haec civitas quantum V hidae“. Ferner a. a. O. I. 108, 209, 238, wo die Kollektivpflicht eines burgus, der einer Hundertschaft gleichkommt, deutlich zum Ausdruck kommt.

Lasteten diese Pflichten des Grundbesitzers bis zur Einführung der Friedensbürgschaft blofs auf Grund und Boden, ebenso wie dies im Frankenreich der Fall war, so erhalten sie jetzt eine ganz andere Struktur. Zur Einzelpflicht des Grundbesitzers tritt die Kollektivpflicht der fritborgh, und seit der Verschmelzung derselben mit den Territorialbezirken der Zehent- und Hundertschaft, die Kollektivpflicht dieser letzteren.

Erwägt man, dafs nun eine Fülle administrativer Zweckbeziehungen die uns bekannte Struktur der Friedensbürgschaft annehmen, so ergiebt sich das Bild eines passiv öffentlich-rechtlichen Verbandes. Daher wird auch bald nach Einführung der Friedensbürgschaft die Anzahl von drei Hundertschaften zu einer Einheit für die navipletio (Schiffsausrüstung) zusammengefafst [1]. Andere Belege für das vollkräftige Bestehen der Hundert- und Zehentschaft als passiv öffentlich-rechtliche Verbände, d. h. als Verbände, wo der Kollektivwillen nicht durch Zuteilung von Rechten und Pflichten an den Verband als Einheit, sondern durch Verteilung von Rechten und Pflichten an die einzelnen dem Verbande Angehörigen gewonnen wird, bieten schon die Schatzrollen der ersten Normannenkönige [2].

So scheint die Behauptung jener Rechtshistoriker, welche die Hundert- und Zehentschaft aus der Friedensbürgschaft entstehen lassen, ein Körnchen Wahrheit zu haben. Allerdings ist dies nicht, wie sie glauben, eine Neuschaffung, sondern ein Erstehen zu neuer Form, zur Form der passiv öffentlich-rechtlichen Verbände.

---

[1] Chron. Sax. 1008 ed. Thorpe a. a. O. II p. 114. Cod. dipl. VI. Nr. 240.

[2] So schon in den Pipe Rolls Hen. I., ed. Hunter, p. 34, 47, 74. Diese Stellen erwähnen die Kollektivhaftung einer villa pro petito auxilio. Auf p. 45, 70 wird die Haftung einer Hundertschaft pro murdro erwähnt. Diesen Zusammenhang des frankpledge mit der murdrum-Haftung übersieht noch Palgrave a. a. O. vollständig. Richtig Stubbs a. a. O. I p. 95. Unter Heinr. II. die Haftung einer villa pro via domini regis arata. Pipe Rolls Heinr. II (ed. Pipe Roll Society) 5. Bd. p. 134. 11. Bd. p. 31, die Haftung einer villa pro plegio fugitivo. Andere Beispiele bei Madox, history of Exchequer p. 386 ff.

II. Periode:
Die Grafschaft in der Zeit der Normannenkönige und der ersten Plantagenets (bis 1215).

A. Der Sheriff und die coronatores.

Aus der angelsächsischen Zeit haben die Normannenkönige den eal-dorman und den scir-gerefa als Vorstände der Grafschaft übernommen. Während im ealdorman sich noch Reste der ehemaligen selbständigen Stellung als „Unterkönig“ erhielten, war der scir-gerefa nur königlicher Beamter[1]. Unter den ersten Normannenkönigen wird nun der angelsächsische ealdorman zum ‚earl‘, und ihm wird die Sheriffwürde erblich verliehen[2] oder es wird neben ihm einem anderen die Sheriffwürde ebenfalls erblich verliehen[3]. In der späteren Normannenzeit wird der ‚earl‘ ganz bei Seite geschoben, indem sein Name einen bloſsen Ehrentitel bezeichnet[4]. Der Sheriff gewinnt den Platz, den der ‚earl‘ früher einnahm. Ihm obliegt die Leitung der Gerichts-, Militär- und Finanzverwaltung der Grafschaft[5].

Der König bestellt den Sheriff[6], wenn dessen Würde nicht etwa erblich geworden ist, wovor sich die Könige nach Wilhelm dem Eroberer wegen der damit verbundenen Gefahr[7] wohl hüteten.

Trotz der Bestellung durch den König und trotz seiner Qualität als königlicher Beamter ist der Sheriff Teil des Gemeinwillens der Grafschaft, der in dieser Periode zur Entstehung und Ausbildung kommt.

---

[1] Stubbs, const. history I p. 125—127.
[2] Stubbs a. a. O. I p. 389 ff.
[3] Stubbs a. a. O. I p. 295.
[4] Stubbs a. a. O. I p. 394.
[5] Stubbs a. a. O. I p. 299. Glasson, histoire du droit de l'Angleterre III p. 359 ff.
[6] A. A. Glasson a. a. O. p. 360; siehe aber Rotuli de oblatis et finibus (Johannis), ed. Hardy (in der Record Commission), 1835, p. 38. Madox, ‚Exchequer‘ p. 279.
[7] Stubbs a. a. O. p. 295.

Insbesondere geht dies für die Gerichtsverwaltung aus Glanvilla tractatus de legibus l. I c. 30 hervor. Hier ist von den schlechten Summonitores (Vorlader der Parteien) für das Grafschaftsgericht die Rede; es heifst:

> „Si in comitatu hoc (nämlich die summonitio) eis (den summonitores) injunxerit (sc. vicecomes) . . . illi sc. summonitores in misericordia remanebunt, quia comitatui in hoc contradicere non possunt.“

Für die Finanzverwaltung wird dieselbe Thatsache durch das Bestehen der firma und durch Dialogus de scaccario II c. XII[1] bestätigt.

Die Thätigkeit des (vicecomes) Sheriff in unserer Periode ist namentlich in der Gerichtsverwaltung eine grofse[2], durch nichts — namentlich nicht durch das spätere Institut der reisenden Richter — geschmälert[3]. Erst unter Heinrich II. dringen diese in die Wirkungssphäre des vicecomes ein und schränken sie bedeutend ein.

Durch die ‚Artikel‘ vom Jahre 1194[4] werden die Coronatores (coroners) eingeführt, welche mit der Abhaltung von Inquisitionen der der Krone vorbehaltenen Gerichtsfälle betraut werden. Auch sie bilden, ähnlich wie der Sheriff, trotz ihrer Qualität als königliche Beamte, einen Teil des Gemeinwillens der Grafschaft[5].

B. Das Grafschaftsgericht.

a. Die Zusammensetzung

erfolgt durch Erfüllung einer öffentlichen Pflicht jedes freeholder, was man sectam facere nennt. Diese öffentliche Pflicht lastet in unserer Periode auf dem Grundbesitze.

---

[1] S. Stubbs, Select Charters p. 233.

[2] S. die Zusammenstellung seiner Thätigkeitsformen in der Gerichtsverwaltung bei Glasson a. a. O. p. 363. 364.

[3] S. Glanvilla tractatus de legibus (Ausgabe 1640) lib. I.

[4] Stubbs a. a. O. I p. 544. Glasson a. a. O. IV p. 272 ff.

[5] S. Palgrave, Rise and Progress a. a. O. I p. 297. Dann ‚Select Pleas of the Crown‘ ed. Selden, Society (1200—1225) Nr. 62.

So finden wir noch im 13. Jahrhundert in den Rotuli Hundredorum[1] II p. 483:

„Will. de la G^{a}ve tenet duas virgatas terrae de Abb^{e}. Et facit sectam comitatus Canterbr. et hundredae pro una virgata" ....

„Et pro alia virgata terrae reddit Abb^{i} V s(olidos) per annum et sectam curiae de Brouhton bis per annum."

Wie jedoch beinahe jede öffentliche Pflicht durch das System der frankpledge (Friedensbürgschaft) in dieser Epoche wirksamen Nachdruck erhält und durch dasselbe realisiert wird, so wird auch die Erfüllung der Sectapflicht mit der frankpledge in Verbindung gebracht. Wann dies für die secta zum Grafschaftsgericht (secta ad comitatus) durchgeführt worden, läfst sich genau nicht bestimmen. Die ältesten Quellenspuren können hier nur so weit zurückverfolgt werden, als die Pipe Rolls, die Aufzeichnungen im ‚Exchequer' oder die königlichen Schatzrollen, zurückreichen. Denn hier wurden die Bufsen ‚pro defalta' (d. i. für das Nichterscheinen im Grafschaftsgericht) eingetragen. Die früheste Spur des Zusammenhanges von Sectapflicht und frankpledge finden wir in der Pipe Roll Henr. I. aus dem 31. Regierungsjahre[2] p. 34:

„Judices et juratores Eboracenses debent C li(bratas) ut non amplius sint judices nec juratores."

Mit Recht findet die neuere Forschung[3] in dieser Stelle eine Kollektivverantwortlichkeit der Grafschaftsangehörigen von York ausgesprochen. Diese Kollektivverantwortlichkeit kann von uns nur als Ausflufs der Verbindung von Sectapflicht und frankpledge gedeutet werden.

Wir werden m. E. nicht fehlgehen, wenn wir die Ver-

[1] S. Rotuli Hundredorum, 2 vol., ed. Caley (in der Record Commission) 1812.

[2] S. Pipe Roll 31 Henr. I. ed. Hunter (in der Record Commission) p. 34 u. auch p. 69.

[3] Stubbs a. a. O. I p. 429 (gegen Brunner).

bindung von frankpledge und Sectapflicht Wilhelm dem Eroberer zuschreiben[1].

Diese Verbindung von Sectapflicht und frankpledge hat nun wichtige Folgen:

1. das Eindringen der Hundert- und Zehentschaft in das Grafschaftssystem.

2. Da nunmehr im Grafschaftsgericht alle der Grafschaft eingegliederten Verbände vorhanden sind, wird Raum für die Annahme geboten, dafs die Gemeinwillensäufserungen des Grafschaftsgerichts Gemeinwille der Grafschaft sind[2].

Der Nachweis des Zusammenhanges von Sectapflicht und frankpledge soll noch hier besonders erbracht werden.

In den Schatzrollen Heinrichs II.[3] finden wir häufig: so z. B. Pipe Roll 14 Henr. II. vol. 12 p. 134:

„Idem vicecomes redd(it) comp(otum) de V m(arcis) de Northamton Hundreda pro defalta."

ferner a. a. O.:

„villa de Brugis debet II m(arcas) pro defalta."

oder a. a. O.:

„Ric. de Cullesloga et tota villata redd(it) comp(otum) de I m(arca) pro defalta"[4].

Daneben finden sich in den Schatzrollen auch Individuen, die ‚pro falta' gestraft werden. Das erklärt sich daraus, dafs entweder die Betreffenden in keiner decenna (Zehentschaft) waren[5] oder, dafs sie selbst Lords, die nach

---

[1] S. Palgrave a. a. O. I p. 201. S. Noorden in Sybels Zeitschrift 13. Bd. S. 48 ff. Darauf deutet m. E. auch die in den Leges Henr. I. (VI S. 1) gegebene Einteilung der Grafschaft in Hundertschaften und Zehntschaften (decaniae) hin.

[2] Pollock a. a. O. I p. 521 vermerkt bei dieser Gelegenheit, dafs dem ausgehenden 13. Jahrh. es als trivialer Gemeinplatz erschien, dafs Grafschaftsgericht und Grafschaft identisch seien.

[3] ed. Pipe Roll Society.

[4] Andere Belege in „Three early Assize Rolls for the County of Northumberland", Saec. XIII (ed. Surtees Society), 1891, p. 374—379; ferner Madox, ‚Exchequer' p. 384.

[5] Fälle dieser Art finden sich z. B. in „The Leet Jurisdiction in Norwich" (ed. Selden Society) passim.

der Anordnung der frankpledge nur für ihre Leute verantwortlich waren, ohne in einer Zehentschaft stehen zu müssen. Dieselben mufsten also gewissermafsen andere Bürgen stellen (System der freien Bürgschaft)[1].

Während nun ursprünglich die frithborg (frankpledge), die Zwangsvereinigung von je zehn Männern, wohl in erster Linie in Betracht kam, sofern es sich um die Erfüllung der Sectapflicht handelte, trat mit der Zeit gewissermafsen eine „Kondensierung“ der Friedensbürgschaftsverhältnisse ein. Die ursprünglichen Zwangsvereinigungen von je zehn Männern haben sich meist zu villae, villatae, auch wohl zu Hundertschaften erweitert[2]. Dieser Verschmelzungsprozefs ist schon von uns in der vorangegangenen Periode bemerkt worden. Die Verantwortlichkeit der frithborg verschwindet allmählich und es bleibt nur die Kollektivverantwortlichkeit der Zehent- und Hundertschaft für die Erfüllung der Sectapflicht.

So kommt es, dafs in unserer Periode sich nur Spuren des Zusammenhangs zwischen Sectapflicht und frankpledge vorfinden. Aber sie sind vorhanden. So heifst es in den Rotuli Hundredorum I. p. 97:

> „de sectis antiquis. Dicunt quod . . . Et idem Walterus removit villanos de Scipwasse in forinsec(us) et feoffavit liber' de eadem, in qua terra quidam tithemangi solebant sequi ad hundredum forinsec' praedictum et est secta ejusdem tethingae subtracta.“

oder in den Civil Pleas (1200—1203)[3] heifst es vol. I p. 43:

> „Jurata venit recognoscere, quas sectas manerium de Aldehā Abbatis de Westm.' debeat ad Hundredum St[i] Albani.“

---

[1] S. Dialogus de Scaccario II c. XIII bei Stubbs, ‚Select Charters‘ p. 235.

[2] Spuren, dafs die villata aus der frankpledge ausgewachsen ist, finden sich noch bei Fleta I c. 27 § 2, c. 30 § 1.

[3] Select Civil Pleas (1200—1203) vol. I p. 43 ed. Selden Society.

Die Jurata sagt nun, dafs sie gesehen, wie der ballivus der Hundertschaft im manerium des Abts von Westminster die Listen für den visus franci plegii aufgenommen. Daher erfliefst das Urteil zu Gunsten des Abts von St. Alban[1].

Schon in der Zeit Heinrichs II. hat sich dieser Zusammenhang von Sectapflicht und frankpledge derart verwischt, dafs nur eine Kollektivverantwortlichkeit der Hundert- und Zehentschaft (der villa, villata) im Grafschaftsgericht zu erscheinen vorhanden ist[2].

Wie der Sectapflicht, so wird auch die Pflicht des Beklagten vor Gericht zu erscheinen durch die frankpledge realisiert. Madox, ‚Exchequer' p 385 Note t:

„Fridborga de Caldemot debent 1 marcam, quia non habuerunt ad rectum homines de fridborga sua"[3].

Als die Assissa und Jurata als Beweismittel dauernd eingeführt waren, wurde auch die Pflicht als Geschworener vor den reisenden Richtern zu erscheinen durch frankpledge

[1] Auch in andern Fällen wird aus dem visus franci plegii auf die Sectapflicht der villa geschlossen, in welcher die Listen für jenen Zweck aufgenommen werden. S. Civil Pleas a. a. O. p. 135, 183. Fälle, in denen auf den Zusammenhang zwischen Sectapflicht und frankpledge hingewiesen wird, s. Rotuli Hundredorum a. a. O. passim sub v. ‚de sectis antiquis.'

[2] Schon der Dialogus de Scaccario II cap. XIII kennt nur eine Kollektivverantwortlichkeit der vorhandenen Kommunalverbände, insbesondere der civitas und des burgus. Von diesen sagt er, dafs wenn sie dem König etwas schuldeten, eine assissa communis stattfände. Dafs aber diese assissa communis auch bei villatae (townships) und anderen Kommunalverbänden stattfand, geht aus Madox, firma burgi p. 60 hervor: „de villata de Gomecestrae de tallagio mobilium omnium hominum ejusdem villatae assesso in communi" ... Diese assissa communis repräsentiert den juristischen Ausdruck für die Kollektivverantwortlichkeit der bestehenden Kommunalverbände. Nach dem ‚Dialogus' besteht die assissa communis darin, dafs für den Fall, als ein Mitglied eines Kommunalverbandes die Schuld an den König nicht bezahlen kann (das obcitierte Kap. XIII trägt die Überschrift ‚de distinctione personarum, quae solvendae non sunt sc. regi'), der Vicecomes den Kommunalverband zur Leistung an Stelle des Schuldners auffordert, damit die Bewohner desselben ‚parcentibus sibi invicem ejusdem condicionis hominibus' die Geldschuld des Insolventen aufbringen. Zu diesem Zwecke findet eine communis assissa statt. Diese communis assissa findet demnach auch statt, wenn der einzelne nicht die secta erfüllt, in Bufse verfällt und nicht zahlen kann.

[3] Andere Fälle bei Madox, ‚Exchequer' p. 384 ff.

realisiert, oder wenn sich die frithborg bereits zur villata oder villa oder Hundertschaft erweitert hatte, wurden diese kollektiv verantwortlich gemacht, wenn die aus ihrer Mitte bestimmten Geschworenen nicht pünktlich im Grafschaftsgerichte erschienen.

So z. B.: Madox, ‚Exchequer‘ p. 384 Note w:

„Cives de Norwico debent 4 X marcas quia non habuerunt juratam sicut summoniti fuerunt.“

Der Zusammenhang der Geschworenenpflicht mit der frankpledge, wie er vorhin angedeutet worden ist, ist heute übrigens allgemein anerkannt[1].

Die Zusammensetzung des Grafschaftsgerichts ist aus den Summonitionsformeln für die Zwecke der reisenden Richter zu entnehmen. Der Sheriff beruft alle Sectapflichtigen: das sind für gewöhnlich die Freien[2]. Das königliche Schreiben, auf Grund dessen summoniert wird, lautet:

Stubbs, Select Charters p. 385 f.: „Rex vic — saltm.“

„Summone per bonos summonitores omnes archiepiscopos episcopos abbates, priores barones milites, et omnes libere tenentes et de qualibet villa quatuor legales homines et de quolibet burgo duodecim legales burgenses per totam bailliam tuam“ ...

Unter den omnes liberi tenentes sind die Bewohner der Hundertschaften, der townships, der villae und villatae zu verstehen, welche unter des Königs Lehenshoheit (demesne) stehen. Die einem Lord unterthanen Städte, villae und villatae, werden speciell summoniert, während für die Freien eine allgemeine Kundmachung genügt.

Dies geht insbesondere aus dem Zusammenhalte obiger Summonitionsformel aus der Zeit Heinrichs III. mit einer

---

[1] S. Brunner, Entstehung der Schwurgerichte S. 467. Ich kann mir demnach eine Ausführung des Zusammenhangs der frankpledge mit der Rügepflicht der villata und der Hundertschaft, wie sie durch die Assize of Clarendon vorgeschrieben worden war, ersparen.

[2] Die Unfreien sind gewöhnlich eximiert, wenn ihr Lord sich die Freiheit von der Sectapflicht erwirkt hat (ut quietus sit de secta ad . . .). s. Madox, „firma burgi“ p. 38 Note d, u. Pollock a. a. O. I p. 523 Note 2,

Bestimmung, die sich in den Leges Henrici I. (VII § 2)[1] befindet, hervor:

§ 2: „Intersint autem (sc. comitatui) episcopi comites vicedomini ... vicarii centenarii, praefecti barones vavassores tungrevi et ceteri terrarum domini" ...

§ 7: „Si uterque (sc. baro et dapifer) necessario desit praepositus et quatuor de melioribus villae assint pro omnibus qui nominatim non erunt ad placitum summoniti" ....

Wir sehen, wen demnach die summonierten vier Männer der villa vertreten: den praepositus bezw. ihren Lord. Als Erklärung für die Thatsache, daſs die einem Lord unterthanen Städte und villatae speciell summoniert werden, werden wir anführen können, daſs für gewöhnlich die vom Lord erwirkte Freiheit von der Sectapflicht auch den Unterthanen zu Gute kam[2], und insbesondere, daſs die frankpledge-Kontrolle in den villae und villatae eines Lords noch nicht vollständig und regelmäſsig durchgeführt wurde. So ist es noch unter Heinrich III. zweifelhaft, ob der visus frankplegii des vicecomes sich auch auf die villae der Lords beziehe. Heinrich II. sieht sich genötigt, dies insbesondere einzuschärfen[3], ein Zeichen, daſs dieser Punkt in der Rechtspraxis strittig war.

b. Die Rechtsprechung.

Durch die Verbindung von Sectapflicht und frankpledge ist für den Gemeinwillen der Grafschaft im Grafschaftsgerichte in eigentümlicher Weise vorgesorgt worden. Dadurch nämlich repräsentiert das Grafschaftsgericht den Gemeinwillen der Grafschaft, da jeder freie Grafschaftsangehörige ebenso wie jeder der Grafschaft eingegliederte Verband als im Grafschaftsgericht anwesend gedacht und zwar juristisch gedacht wurde. So

[1] bei Thorpe a. a. O. Ancient Laws and Institutes of England, 1840.
[2] S. Madox und Pollock am zuletzt angeführten Orte.
[3] S. Assize of Clarendon art. 16 bei Stubbs, ‚Select Charters' p. 144.

finden wir die Thatsache erklärlich, daſs schon unter Heinrich II. die ganze Grafschaft ‚pro falso judicio' gestraft wird. Pipe Roll 17 Henr. II. (vol. 16)[1] p. 15:

„Id(em) vicecomes reddit compotum de C. III solidis VIII denariis de comitatus misericordia de Dorseta pro falso judicio" . .

Wir können diesen Gedanken, daſs das Grafschaftsgericht als Gemeinwille der Grafschaft aufgefaſst wird, gewissermaſsen in seinem Werden beobachten. Als Gradmesser hiefür soll uns die Verbindung von Sectapflicht und frankpledge dienen. Die Pipe Roll 31 Henr. I. enthält noch keine Strafe ‚pro falso judicio' der Grafschaft. Doch wird der comitatus schon ‚pro forisfactione' gestraft. Pipe Roll 31 Henr. I. p. 2:

„. . . ed id (sc. vicecomes) debet pro forisfactione comitatus"[2].

Die ersten Strafen ‚pro falso judicio' finden wir erst unter Heinrich II., aber auch hier noch sehr spärlich. Das erklärt sich daraus, daſs der Zusammenhang von Sectapflicht und frankpledge, wie er durch die ersten Normannenkönige eingeführt worden ist, allmählich ins Volksbewuſstsein und in die Rechtssprache eindringt. Das aus dieser Verbindung flieſsende Resultat, daſs das judicium den Gemeinwillen der Grafschaft darstelle, braucht Zeit. Die Hundertschaft, die schon in der vorhergehenden Periode zu einem selbstthätigen Kommunalverbande geworden ist, wird viel häufiger ‚pro falso judicio' in dieser Periode gestraft als die Grafschaft; in den Schatzrollen Heinrichs II.[3] kann man

[1] cit. nach der Ausgabe der Pipe Roll Society.

[2] S. Pipe Roll 31 Henr. I. ed. Hunter (i. Record Commission) 1833; andere Beispiele p. 4, p. 90; ‚pro falso' judicio werden, wie es scheint, unter Heinr. I. nur die judicatores et juratores gestraft. Pipe Roll 31 Henr. I. a. a. O. p. 27, 69. Das in den Leges Henrici I., X c. 1 genannte Vergehen des injustum judicium bezieht sich nur auf die falsa judicia der schon bestehenden Kommunalverbände, insbesondere der Hundertschaft.

[3] Siehe die Pipe Rolls aus der Zeit Heinr. II. in der Ausgabe der Pipe Roll Society vol. 4, 5. 11. 13. 16 sub verbo „falsum judicium" im Index Rerum.

das Verhältnis der Strafen, die einer Hundertschaft ‚pro falso judicio' auferlegt werden, im Vergleich zu den Strafen der Grafschaft aus dem gleichen Grunde in Zahlen wie 10 : 1 ausdrücken. Die Hundertschaft war eben schon zu Beginn der Normannenzeit selbstthätiger Kommunalverband.

Die Grafschaft in unserer Periode ist noch immer staatlicher Verwaltungsbezirk, aber sie hat schon einen Gemeinwillen. Das Eindringen der Jury als Beweismittel im Grafschaftsgericht, wie es in unserer Periode schon erfolgt[1], bewirkt die Ausbildung eines Gemeinzwecks in der folgenden Periode — wie wir weiter unten sehen werden.

Die Jury im englischen Recht knüpft nach ihrer Einführung durch die Normannenkönige an die schon vorhandene Kommunalverfassung an[2]. Diese Thatsache kommt nun juristisch in der Weise zum Ausdruck, dafs die Pflicht, als Geschworener zu erscheinen, eben als Modifikation der Sectapflicht betrachtet wird und ebenso, wie diese, ihre Realisierung durch die Verbindung mit der frankpledge findet. Anders nämlich als im normannischen Recht wird die Jury gerade in ihren ersten Anwendungsfällen aus den schon zum Grafschaftsgericht erschienenen freeholders genommen[3]. Dieses Hinübergleiten der Sectapflicht, in die Pflicht als Geschworener zu erscheinen, prägt sich deutlich in den ersten Quellenzeugnissen, die wir für das erste Auftreten der Jury in England haben, aus.

Ein hieher gehöriger Rechtsfall, der unter den Historiographen der damaligen Zeit als „contentio inter Gundulfum et Pichot" bekannt ist, wird von Palgrave[4] mitgeteilt:

> Gundulfus von Rochester besitzt Land, welches von der Krone ansprüchig gemacht wird. Die Grafschaft ist im Grafschaftsgericht unter Odo, Bischof von Baieux,

---

[1] Als ständige Einrichtung nach Einführung der magna assissa unter Heinr. II. S. darüber Brunner, Entstehung der Schwurgerichte S. 299 ff.

[2] S. Palgrave a. a. O. I p. 252 ff. Gneist, Bildung der Geschworenengerichte in Deutschland, 1849, S. 31 ff. Pollock a. a. O. I p. 623 f.

[3] Palgrave a. a. O. I p. 250 ff.

[4] Palgrave a. a. O. I p. 253.

als königlichem Justiciar, versammelt. Sie giebt ihr Gemeindezeugnis zu Gunsten der Krone ab. Odo, der Justiciar, mifstraut dem. Es werden sodann aus den versammelten Grafschaftsangehörigen die Juratores genommen und diese entscheiden ebenfalls zu Gunsten der Krone.

Ein anderer Rechtsfall aus der ersten Zeit der Jury in England Palgrave a. a. O. II p. CLXXVIII:

„Willielmus Rex Angliae Lafranco et aliis salutem. Mando vobis et praecipio, ut iterum faciatis congregari omnes scyras, quae interfuerunt ..... Quibus in unum congregatis eligantur plures de illis .. qui sciunt quomodo terrae jacebant ... et jurando testantur ..." [1].

Man vergleiche damit nun gleichzeitige Rechtsfälle aus der Normandie, wie z. B. den bei Brunner a. a. O. S. 266:

Der Bericht der reisenden Richter über eine vorgenommene Inquisitio setzt fort: „Ut certius res ad notitiam veniret plures, quam in ceteris rebus soleamus, juratores ... et de terris diversorum baronum apud Falesiam .... convenire et jurare fecimus" [2].

Im normannischen Rechte werden demnach die juratores schon vor der Verhandlung bestimmt; die Geschworenenpflicht ist nicht Modifikation der Sectapflicht. Für das englische Recht ergiebt sich dagegen aus den obangeführten Rechtsfällen das Gegenteil. Auch Glanvilla im „Tractatus de legibus" l. II c. 10—17 teilt mit, dafs die Geschworenen für gewöhnlich [3] durch vier Grafschaftsritter in pleno comitatu ausgewählt würden. Dieser Zusammenhang der Geschworenen- und Sectapflicht und dieser beiden mit der

---

[1] Andere Fälle, die hier als Belegstellen angeführt werden könnten, bei Palgrave a. a. O. II p. CLXXX—CLXXXVIII.

[2] S. auch Grand Coutumier (cit. nach der Ausgabe von Bourdot 1724) IV p. 29: „E pour ce doibt l'en sçavoir, que l'en doibt sumondre aux jureurs les plus prudez hommes et les plus loyaulx et les plus prochains" ....

[3] Bei den petitorischen Civilklagen s. Pollock a. a. O. II p. 642 f.

frankpledge ergiebt, daſs das veredictum der Geschworenen im Grafschaftsgericht als Gemeinwille der Grafschaft galt.

Allerdings braucht auch dieser Gedanke Zeit zu seiner Entwicklung; geradeso wie der Gedanke, daſs das judicium des Grafschaftsgerichts Gemeinwille der Grafschaft sei. Wir können sein Wachsen deutlich beobachten.

Noch in einem Rechtsfall aus dem Beginn des 13. Jahrhunderts (Select Pleas of the Crown Nr. 62 [1]) heiſst es:

> Die Geschworenen der Grafschaft haben in ihrem Verdikt, die Grafschaft und die coronatores in ihrem Urteil die falsche Behauptung vertreten: „quod N. N. non fuit utlagatus." „Et XII juratores dicunt in veredicto suo, ut scriptum eorum testatur et ore dicunt, quod non fuit utlagatus. Et ideo ad judicium de juratoribus [2]. Comitatus et coronatores recordantur, quod non fuit utlagatus et rotuli coronatorum et rotulus vicecomitis testantur, quod fuit utlagatus. Et ideo ad judicium de comitatu et coronatoribus."

Hier sehen wir demnach veredictum der Geschworenen und Urteil der Grafschaft bezw. deren Gemeinwille noch getrennt. Aber es giebt schon Spuren, selbst in unserer Periode, daſs das veredictum als Gemeinwille der Grafschaft gelten kann [3]. Die Hundertschaft, die in unserer Periode schon vollkommen entwickelter passiv öffentlich-rechtlicher Verband ist, wird für das veredictum ihrer Geschworenen gestraft. Das veredictum der Hundertschaftsgeschworenen gilt als Gemeinwille der Hundertschaft. Ein Beispiel aus dem Civilprozeſs wäre in Select Pleas of the Crown Nr. 42 [4]:

---

[1] S. Select Pleas of the Crown (1200—1225) ed. Selden Society 1888. Andere ähnliche Fälle Nr. 21, Nr. 47, Nr. 75; ferner Placitorum abreviatio (ed. Record Commission) p. 71 b.

[2] d. h. sie werden gestraft.

[3] Im Domesdaybook (ed. Record Commission) I p. 57 b, 59, 63, 64, 132 u. 132 b findet die Identifizierung der Aussprüche der Grafschaftsjury mit dem Gemeinwillen der Grafschaft unter der Bezeichnung ‚testimonium scirae' statt.

[4] a. a. O. ed. Selden Society.

„Et Wido dicit quod ponit se super wapentacum, utrum."

Der Ausdruck ponere se super patriam[1] heifst so viel wie das Verdikt der Geschworenen durch sog. attincta angreifen und vom König das Privileg erkaufen, dafs eine Jury von gewöhnlich 24 Männern über das punctum saliens noch einmal inquiriert werde. Patria ist in jenem Ausdruck mit Jurata gleichbedeutend. Nun heifst es in unserm Fall ponere se super wapentacum (Hundertschaft) in demselben Sinne. Daraus folgere ich die Identität von veredictum der Geschworenen und des Gemeinwillens der Hundertschaft[2].

Ein Beispiel für Strafsachen. In der Pipe Roll Henr. II. Bd. 12 p. 67:

„Id vicecomes reddit compotum de Scriebech Wapentaco pro placitis concelatis"[3], d. i. für die Unterlassung des nach der Assize of Clarendon vorgeschriebenen Presentments der Hundertschaft[4].

In einem Rechtsfall, der schon in die nächste Periode hineinreicht, wird nun unsere Behauptung, dafs das veredictum der Geschworenen den Gemeinwillen bezw. einen Teil des Gemeinwillens der Grafschaft, der im judicium des Grafschaftsgerichts zum Ausdruck kommt, darstelle, vollinhaltlich bestätigt. In den Three early Assize Rolls[5] p. 195 heifst es:

„Praeceptum fuit vicecomiti, quod assumptis secum custodibus placitorum coronae et cet. . . in pleno comi-

---

[1] S. Brunner, Entstehung der Schwurgerichte S. 422 ff.

[2] Ähnliche Fälle für die villata und dem tithing, s. Select Pleas of the Crown a. a. O. Nr. 127; Nr. 175 trägt die Überschrift: „Veredictum Burgensium de Salopia cum hundredo".

[3] Andere Fälle pro placitis concelatis in der Ausgabe der Pipe Rolls Henr. II. ed. Pipe Roll Society passim.

[4] Fälle, in denen die villa des gleichen Vergehens wegen gestraft wird, Select Pleas of the Crown Nr. 15 a. a. O.; ferner Nr. 181, 184, und Placitorum abreviatio a. a. O. p. 72.

[5] „Three early A. Rolls for the County of Northumberland" ed. Surtees Society 1891.

tatu faceret loquelam, quae fuit in eodem comitatu per breve domini Regis inter X et Y, quem clamabat (X) ut nativum suum, unde idem (Y) queritur falsum sibi factum fuisse judicium in eodem comitatu" ...

Die Grafschaft soll sich hier vor dem Könige wegen eines judicium falsum verantworten. Sie soll mit Unrecht über einen das Urteil, er sei der „nativus" eines andern, gefällt haben. Nun geht aus Glanvilla[1] hervor, daſs die Frage, ob einer „nativus" eines andern sei, durch die Jury im Grafschaftsgericht beantwortet wurde, worauf erst das judicium des comitatus erfolgte. In unserm Rechtsfall muſs — wie wir sehen — die Grafschaft auch das veredictum der Geschworenen als Teil ihres Gemeinwillens verteidigen.

Mit der Thatsache, daſs das veredictum der Geschworenen gleichfalls als Gemeinwille der Grafschaft, gleich dem judicium, aufgefaſst wird, ist nun die Möglichkeit dafür gegeben, daſs in der folgenden Periode sich ein Gemeinzweck der Grafschaft bildet. Denn dadurch, daſs die Jury für die verschiedenartigsten Verwaltungs- und Gerichtsbarkeitszwecke verwendet wird, ist eine Form gegeben, in die sich der Gemeinwille der Grafschaft in massenhaften Anwendungsfällen gieſsen kann. Das macht eben den Gemeinzweck, wie wir weiter unten sehen werden.

Im französisch-normannischen Rechte liegen die Sachen ganz anders. Die frankpledge fehlt, denn sie ist ein specifisch englisches Rechtsinstitut[2]. Die Urteilsfinder werden im normannischen Rechte einfach durch den ballivus bestellt, und in seiner Willkür steht es, wie viele genommen werden[3]. Eine Anknüpfung der Sectapflicht an den Kommunalverband wie in England fehlt hier natürlich. Denn in der Normandie giebt es keine solchen selbstthätigen Kommunalverbände, die der englischen Hundertschaft und Zehentschaft entsprechen[4].

---

[1] Tractatus de legibus lib. V cap. 4.
[2] Waitz, deutsche Verfassungsgeschichte a. a. O. I S. 457 f.
[3] Grand Coutumier a. a. O. p. 6.
[4] S. Brunner a. a. O. S. 34.

Daher ist auch nach normannischem Rechte die ‚patria‘ nicht für den defectus des Beklagten, d. h. für sein schuldbares Ausbleiben vom Grafschaftsgericht, verantwortlich [1] wie nach englischem Rechte. Daher ist im normannischen Rechte die Einstimmigkeit der Geschworenen nicht erforderlich [2], wohl aber nach englischem Rechte [3]. Die ‚patria‘ des englischen Rechts ist ein organischer Kommunalverband [4], die ‚patria‘ des normannischen Rechts eine mechanische Nebeneinanderstellung der Geschworenen [5].

Daher wird auch die normannische balliva (viscontè) nie Kommunalverband, sie bleibt immer blofs staatlicher Verwaltungsbezirk [6]. Anders die englische Grafschaft. Diese wird Kommunalverband und die Ansätze hiezu sind im Vorausgehenden dargestellt worden.

Man könnte mit Recht den Ausspruch Gneists, dafs die Gemeindeverfassung der Angelsachsen Anteil habe an der Ausbildung der Jury [7], in sein Gegenteil verwandeln und sagen, die Jury habe Teil an der Ausbildung bezw. Fortbildung der englischen Gemeindeverfassung.

c. Die Aushebung der Landmiliz.

Watch and ward, d. h. Verfolgung des Übelthäters und Verteidigung des Landes gegen bewaffnete Feinde gelten schon in der angelsächsischen Zeit als Bestandteil der sog. trinoda necessitas, d. h. als alte Kommunallast [8]. An diese knüpfen die Normannenkönige und schon Wilhelm der Eroberer an:

---

[1] S. Brunner a. a. O. S. 164.
[2] S. Brunner a. a. O. S. 289.
[3] S. Pollock a. a. O. II p. 623 f.
[4] Pollock a. a. O. II p. 621 f.
[5] Grand Coutumier a. a. O. p. 29.
[6] S. Delisle in der Bibliothèque de l'école der Chartes 2. série t. 5 p. 259 ff., 265.
[7] Gneist, „Bildung der Geschworenengerichte in Deutschland“ S. 32. Dagegen Brunner a. a. O. S. 33. 34.
[8] Stubbs a. a. O. I p. 214.

„ut omnis liber homo foedere et sacramento affirmet, quod infra et extra Angliam Willelmo regi fideles esse volunt, terras et honores illius omni fidelitate cum eo servare et ante eum coram inimicis defendere“ [1].

Wie die Sectapflicht so ist auch die Wehrpflicht unter die Gewähr der frankpledge gestellt. Belege dafür sind:

1. der Parallelismus, mit dem Wilhelm der Eroberer einerseits die frankpledge [2], andererseits, wie wir eben gesehen haben, die Wehrpflicht durch einen allgemeinen Unterthaneneid sichert und demnach die Pflicht, einer frankpledge anzugehören und die Wehrpflicht aus der Unterthanenpflicht ableitet.

2. Wird in der Assize of Arms (1187) neben der Wehrpflicht jedes liber laicus (Freien), der über eine jährliche Grundrente von 16 marca verfügt (art. 2), in dem folgenden art. 3 die Bestimmung aufgenommen:

„Item omnes burgenses et tota communa liberorum hominum habeant et capellet ferrei et lanceam“ . . .

Es wird also auch die Kollektivpflicht der ‚communa‘ angeordnet. Was unter einer solchen ‚communa‘ zu verstehen sei, erklärt ein Militärprojekt aus der Zeit Johann's [3]. In jedem comitatus werden für die ‚communa‘ desselben Hauptconstabeln angestellt. Ebenso in jeder Hundertschaft, in jeder villa ein oder mehrere Constabeln. Mehrere Dörfer bekommen ebenfalls einen solchen. Der Bericht über dieses Militärprojekt setzt dann fort:

„eodem modo in burgis ubi prius communa non fuerat“ . . . sollen ebenfalls Constabeln angestellt werden.

---

[1] Stubbs, Select Charters p. 83; ferner Willelmus Malmesbiriensis „Gesta Regum“ (ed. Stubbs) vol. III p. 317.

[2] Palgrave a. a. O. I p. 201, vol. II p. CXXIV. Myrror of justice ch. I § 3 (cit. nach G. v. Maurer a. a. O.): „s'il ne fuist primes plenny de frank hommes et jure al Roy per serment de feaulté et puis reçu en decenery.“ § 16: „Et si ascun say profre de jurer fealtie al Roy soit primes plevy de ascun frankpledge et mise en dizein et puis jure fealtie al Roy.“

[3] Gervase of Canterbury, The chronicle of the Reigns of Stephen, ed. Stubbs 1879, vol. II p. 96. 97.

Unter der ‚communa' jenes art. 3 der Assize of Arms sind demnach die schon bestehenden Kommunalverbände, insbesondere der Hundertschaft, des burgus, der civitas (Stadt) zu verstehen. Die Kollektivpflicht dieser Kommunalverbände neben der Wehrpflicht des einzelnen würde nun vollständig in der Luft hängen, ohne jede Erklärung, wenn wir nicht annehmen, daſs auch die allgemeine Wehrpflicht jedes liber laicus durch frankpledge gesichert war.

3. Die Thatsache, daſs allerdings erst in der folgenden Periode das Erheben des uthesium (Gerüfte) durch die frankpledge gesetzlich formuliert erscheint[1], veranlaſst notwendig den Rückschluſs, daſs die damit innig verknüpfte Landesverteidigung (watch and ward) ebenfalls durch frankpledge realisiert wurde, zumal die bezügliche Bestimmung des ersten Winchesterstatuts durchaus nicht etwas neues einführte, sondern alte Pflichten von neuem einschärfte[2].

Das Aufgebot der Grafschaft (posse comitatus), welches sonach durch frankpledge zusammengehalten wird, stellt die ganze Grafschaft in Waffen dar. Im Aufgebot der Grafschaft stellt sich der Gemeinwille derselben für die Zwecke der Landesverteidigung dar, so daſs englische Historiographen unserer Periode von einem exercitus Eboracensis sciriae sprechen können[3].

d. Die Steuerbewilligung und Steuereinschätzung.

Ansätze zu einem Gemeinwillen der Grafschaft bei Ordnung ihrer finanziellen Obliegenheiten finden wir schon in der Zeit der angelsächsischen Könige. Das feorm-fultum, die firma der Grafschaft, der Inbegriff der dem Könige vom Individuum geschuldeten Naturalleistungen ist schon vor der Zeit der normannischen Eroberung in Geld ablösbar

[1] Stat. Wint. I (Ed. I.) bei Stubbs, Select Charters p. 472 f.

[2] S. Stubbs, ‚Select Charters' p. 153. 281. 359. 470 (Eingang zum Winchesterstatut).

[3] Benedictus of Peterborough, ‚Gesta Henrici II.', ed. Stubbs 1867, I p. 65.

und wird vom Sheriff unter eigener Mithaftung[1] für die Grafschaft entrichtet[2]. Auch in unserer Periode gilt die Rechtsvorstellung, dafs die Grafschaft die firma durch den Sheriff zahle, wobei dieser seinen Vorteil wohl finden mag[3]. In ähnlicher Weise ging die Legalauffassung dahin, dafs die Grafschaft das sog. „dane geld" zahle[4].

Die Rechtsentwicklung in unserer Periode geht nun dahin, diese Ansätze eines Gemeinwillens der Grafschaft in Finanzangelegenheiten zu einem Gemeinwillen der Grafschaft, der sich in der Steuerbewilligung und Steuereinschätzung kundgiebt, auszubilden. Die thatsächlichen und rechtlichen Verhältnisse bewirken, dafs die Keime einer Steuerbewilligung durch einen die Bevölkerung repräsentierenden Gemeinwillen zu allererst in der Grafschaft gesucht werden müssen.

Zwei Legalauffassungen, die einander widersprechen, beherrschen unsere Epoche, einmal diejenige, dafs jedes Individuum nur für sich ein bindendes Steuerversprechen abgeben könne[5]. Andererseits war in der Magna Charta c. 14 der Anschauung Ausdruck verliehen, dafs die im Parlamente anwesenden Reichsgrofsen bindende Steuerbewilligungen vornehmen könnten, wenngleich nicht alle zum Parlamente erschienen wären[6].

In diesem Widerstreit der Legaltheorien suchte man nach einem Ausweg und diesen bot die Bestimmung der Leges Henrici I. c. VII § 1[7]:

> Darin heifst es, dafs das Grafschaftsgericht nur in den gesetzlich normierten Intervallen einberufen werden

---

[1] Dialogus de scaccario II c. XII bei Stubbs, Select Charters p. 233.
[2] Stubbs, Const. history I p. 131.
[3] Stubbs a. a. O. I p. 410. 411.
[4] Stubbs a. a. O.
[5] Stubbs a. a. O. I p. 619.
[6] cap. 14 der Magna Charta: „et sic facta summonitione negotium ad diem assignatum procedat secundum consilium illorum, qui praesentes fuerint, quamvis non omnes summoniti venerint."
[7] bei Thorpe a. a. O. (Ancient Laws and Institutes) p. 222.

solle, „... nisi propria regis necessitas vel commune regni commodum saepius adjiciat."

Diese Gesetzesbestimmung läſst es demnach in das Belieben des Königs gestellt erscheinen, ob und wann das Grafschaftsgericht für Steuerzwecke einberufen werden soll.

Insbesondere veranlaſsten ökonomische Momente zu diesem Ausweg zu greifen[1]. Der bisherige Besteuerungsmodus mit seiner Belastung des unbeweglichen Vermögens erwies sich in dieser Periode schon als unzulänglich[2]. Man muſste auch das bewegliche Vermögen besteuern[3]. Ferner waren selbst in der Besteuerung des unbeweglichen Vermögens Reformen vorzunehmen, die insbesondere dahin tendierten, auch die Realsteuer, die nahe daran war, eine Reallast zu werden, weil sie noch immer nach der Katastrierung im Domesdaybook vorgenommen wurde[4], den veränderten Besitzverhältnissen anzupassen und zu diesem Zwecke neue Einschätzungen des unbeweglichen Vermögens vorzunehmen. Diese Reformen und der neue Besteuerungsmodus verlangten eine Mitwirkung der Besteuerten und das Grafschaftsgericht bot zufolge jener Bestimmung der Leges Henrici I. die nötige Handhabe.

Schon die Einschätzung für die Assize of Arms und für den Saladinzehnt[5] erfolgte im Grafschaftsgerichte und nun sollte zu jeder Steuer, sofern sie den freeholder mitbetraf, im Grafschaftsgerichte die Einschätzung vorgenommen werden. Damit war der Gemeinwille der Grafschaft, der zur

---

[1] S. Stubbs a. a. O. I p. 621 ff.
[2] Stubbs a. a. O. I p. 626. 627.
[3] Über einzelne Vorstöſse zu dieser Reform s. Mathaeus Parisiensis, „Chronica majora", ed. Luard 1876, vol. II p. 484. 492. 494. 500.
[4] S. Dialogus de Scaccario (a. a. O.) I c. 10.
[5] Über die schon im Jahre 1184 gemachte subventio terrae Jerosolimitanae s. Hovedene, ‚Chronica', ed. Stubbs 1870, II p. 304, und die zu diesem Zwecke veranstaltete Personalbesteuerung Stubbs a. a. O. I p. 622. Über den Saladinzehnt und die für diesen Zweck vorgenommene Einschätzung durch eine Kirchspielsjury s. Benedict von Peterborough a. a. O. II p. 31.

Steuerbewilligung notwendig schien, auch gegeben. Die Grafschaftsangehörigen gelangten so zur Selbsteinschätzung ihres Vermögens. Diese erfolgt nun in der uns bereits bekannten Form der Jury.

Diese stellt den Gemeinwillen der Grafschaft für die Zwecke der Steuerbewilligung und Steuereinschätzung dar. Warum es trotz des Vorhandenseins eines Gemeinwillens hier nicht zur Ausbildung eines selbständigen Gemeinzwecks kam, darüber wird uns die folgende Periode belehren.

III. Periode.

Die Grafschaft unter den späteren Plantagenets (seit 1216).

A. Der Sheriff.

Derselbe ist königlicher Beamter und als solcher dennoch Teil des Gemeinwillens der Grafschaft. Des Sheriffs Befugnisse lassen sich demnach in solche einteilen, wo er nur königliche Befehle exequiert, und in solche, wo er am Gemeinwillen der Grafschaft teilnimmt.

Diese Doppelstellung des Sheriffs führt gerade in unserer Periode [1] zu einem heifsen Kampf zwischen König und den Edlen der Grafschaft um die Form der Bestellung jenes. Die Provisions of Oxford vom Jahre 1258 [2] verfügen, dafs der Sheriff in der Grafschaft ansässig sein und daselbst über ein gewisses Realbesitzminimum verfügen müsse. Hierin liegt ein Zugeständnis an die Grafschaftsangehörigen. Im Jahre 1259 wird verfügt, dafs der Sheriff von dem obersten Kronbeamten aus einer Liste von vier durch die Grafschaft gewählten, angesehenen, Grundbesitzern entnommen würden. Dieser Stand der Dinge erhält sich

---

[1] S. insbes. Stubbs a. a. O. II p. 216. 217.

[2] S. Stubbs, ‚Select Charters' p. 391: „Les viscuntes seient purveus les genz et prodes hommes et tere tenant; issi ke en chacun cunte seit un vavassur del cunte memes viscunt .... ke ben et leuement trete la gent de cunte et dreitement."

bis zum Jahre 1300. Daneben wird das Recht, den Sheriff selbst zu wählen, von einigen Grafschaften erkauft[1]. Im Jahre 1300 überlassen die sog. Articuli super cartas den Grafschaftsangehörigen die freie Wahl des Sheriffs[2]. A. 1311 wird diese Bestimmung zurückgenommen. Und nach einigem Schwanken verfügt a. 1340 das Gesetz, dafs der Sheriff von den Kronbeamten des Exchequer ernannt wird.

Der Sheriff ist demnach Staatsbeamter, dessen Amt an ein Realbesitzminimum in der Grafschaft geknüpft ist. Seine Besoldung besteht in dem Plus der Gerichtssporteln über die Pachtsumme (firma), die er für die Grafschaftseinkünfte dem Könige zu leisten hat. Der Sheriff ist jedoch auch Teil des Gemeinwillens der Grafschaft, sofern er eben nicht königlichen Auftrag vollzieht. Daher erkaufen die Männer von Cornwall von König Johann ein Privileg[3]:

> „Et quod ipse vicecomes si forisfecerit non per comitatum vel per judicium comitatus sed per se ipsum de suo id Regi emendet.“

Gerade der Umstand, dafs hier ein Privileg zum Ausdruck kommt, weist darauf hin, dafs für gewöhnlich die Grafschaft für ein forisfacere des Sheriffs verantwortlich war, d. h. Sheriffwillen und Grafschaftswillen meist zusammenfallen[4].

Wo der Sheriff nur als Exekutivorgan[5] der Krone

---

[1] So z. B. die Grafschaften Cornwall und Devonshire. S. Madox, history of Exchequer p. 282: „quod rex constituat eis Vicecomitem de se ipsis et talem, qui omnino sit residens in hoc comitatu.“

[2] Statutes of the Realm I p. 139: „Le roi a grant a son people, qu'il eient eslecion de leur viscontes, et chescun conte ou visconte n'est mie de fee, s'il voelent.“

[3] Madox, Exchequer p. 283.

[4] Andere Belegstellen: Parliamentary Writs ed. Palgrave (Rec. Commission) vol. II. 1 p. 374 (Nr. 31), ferner Parl. Writs I p. 267 Nr. 3. Im ersten königlichen Schreiben heifst es: „quod totum servitium navium quod nobis debetis, habeatis apud Skynneburk.“ Dies Schreiben ist an die barones, ballivi und probi homines des Hafens von Dover gerichtet.

[5] Solche königl. Mandate sind z. B.: Gegenstände in seinem Amtsbereiche in Beschlag zu nehmen (‚Cape in manum nostram‘ Rotuli litterarum clausarum ed. Hardy I p. 357 b) oder auf Grund eines königl. Urteils jemanden in den Besitz einzuführen (‚habere facias saisinam‘ Rot. Claus. I

handelt, haftet er eben nur ad personam, nicht etwa auch die Grafschaft. Wenn er in seiner Eigenschaft als königliches Exekutivorgan Geld erpreſst, wird er natürlich ad personam gestraft. Stat. of the Realm I p. 33:

„Et qi nul Viscunte ne autre ministre le Rey ne preuge louer pour fere son office, mes seient paiez de ceo q'il preugent del Rey, et qui le fra rendra le double e serra puni a la volente le Rey" ....

Ähnlich wird der Sheriff und nur er gestraft, wenn er die Vorladung der Grafschaftsangehörigen, vor den justiciarii itinerantes zu erscheinen, versäumt[1].

Der Sheriff muſs eine Amtskaution stellen. In der gesetzlichen Bestimmung derselben heiſst es:

„que nul viscount ne soit desore, s'il nei terre suffisaument es liens ou ils sont ministres, dont repondre au roi et au people" ....

Hierin spiegelt sich deutlich die Doppelstellung von königlichen Beamten und Grafschaftsorgan.

In unserer Periode hat die Thätigkeit der reisenden Richter in des Sheriffs Amtsbefugnisse groſse Breschen geschlagen. Er ist mehr Exekutivorgan des Königs als Grafschaftsorgan.

B. Das Grafschaftsgericht (county court).

a. Die Zusammensetzung.

Auch während dieser Periode sind noch Belege dafür zu finden, daſs die öffentlich-rechtliche Pflicht des sectam facere auf dem Grundbesitz lastet. Aber schon finden sich Übergänge zur persönlichen öffentlich-rechtlichen Pflicht.

Diese Umwandlung beginnt schon im 13. Jahrhundert, insbesondere nach den Tagen von Lewes und Evesham[2],

p. 361) oder den Eid der Coronners abzunehmen (Rot. Claus. I. p. 364) oder eine Verhaftung (attachiamentum) vorzunehmen (Rot. Claus. I. p. 365).

[1] Stat. of the Realm I p. 37; andere Fälle der Personalverantwortlichkeit des Sheriffs Stat. of the Realm I p. 81. 89 u. a.

[2] S. Pollock a. a. O. I p. 529 f.

kommt jedoch in der Zeit, mit der sich unsere Untersuchung beschäftigt, nicht zum Abschlufs.

Über den Zusammenhang der Sectapflicht mit der frankpledge in unserer Periode werden wir durch eine Stelle bei Bracton[1] belehrt, welche im Zusammenhang mit einer Instruktion für die Ausführung des ersten Winchesterstatuts (Ed. I.) betrachtet werden mufs. Bracton p. 115b:

„quod omnes tam milites quam alii qui sunt XV annorum et amplius jurare debent quod utlagatos, murdritores .... non receptabunt nec eis consentient .... illos attachiari facient et si hutesium vel clamorem de talibus audiverint statim audito clamore sequantur cum familia et hominibus de terra sua. Ad quae notari possit, quod si quis feloniam fecerit et statim capturus fuerit levato hutesio cessabit secta. — Et unde si homo per infortunium oppressus fuerit .... statim levatur hutesium, sed sequi non opportet de terra in terram, villa in villam cum malefactor captus sit."

Hier sehen wir, dafs sectam facere also die Erfüllung der Gerichtspflicht auch auf das Erheben des hutesium des hye and crye ausgedehnt wird.

Nun erscheint das Erheben des Gerüfte (hutesium) in dieser Zeit durch die frankpledge gesichert, wie überhaupt die ganze trinoda necessitas. Es heifst in der Instruktion zum genannten Winchesterstatut (Parl. Writs I p. 388 Nr. 24) nach Aufzählung der drei Bestandteile der trinoda necessitas:

„et si dominus ad huius modi subboscum non sufficiat prosternendum tunc patria ei in auxilium ad hoc faciendum"[2].

Nachdem nun hier für einen Bestandteil der trinoda necessitas ausdrücklich die patria verantwortlich gemacht

---

[1] Bracton, de legibus et consuetudinibus Angliae, Ausgabe von 1640.

[2] Andere Belege, in denen die frankpledge teils für das Nichterscheinen eines ihr Angehörigen, teils für das non levare clamorem verantwortlich wird, s. in den „Three assize Rolls for Northumberland" (ed. Surtees Society) passim.

wird, so gilt dasselbe von der Sectapflicht natürlich auch in ihrer weiteren Bedeutung.

Deshalb heifst es in den Schatzrollen Heinrichs III. bei Madox, Exchequer p. 395 Note s:

„de Amerciamentis .. comitatus Eboracensis omnes illi qui debent sectam LV l. et XVI s. IX d. pro transgressione" (nicht erfüllte Sectapflicht).

Ein anderer schätzenswerter Beleg für unsere Annahme ergiebt sich aus den Gerichtsprotokollen von Norwich. Im court leet der Stadt Norwich erscheinen die capitales plegii als Vertreter ihrer frankpledge. Die Stadt Norwich besitzt vier court leet, deren jeder eine dem Hundertschaftsgerichte vergleichbare Jurisdiktion übt. Jeder court leet hat subleets, welche ohne besondere Jurisdiktion nur Zusammenfassungen mehrerer Kirchspiele sind. Jedes Kirchspiel wird durch einen capitalis plegius[1] vertreten; dessen Bestellung erfolgt durch Wahl[2]. Dieser mufs nun bei Strafe vor den coroners oder dem Sheriff, wenn der letztere im court leet den turnus vicecomitis abhält, erscheinen[3]. Den einzelnen doomsman (sectator), der zur frankpledge (tithing) gehört, trifft keine Strafe[4], wenn er nicht erscheint. Von ihm heifst es dann nur: „N. N. fecit defaltam ad hunc diem," ohne dafs dabei, wie bei den capitales plegii, stünde: ... „et in misericordia est." Die capitales plegii gelten daher auch als Repräsentanten ihrer frankpledge. Sie machen die von den Assizen von Clarendon und Northampton sowie vom ersten Winchesterstatut vorgeschriebenen Presentments[5] des tithing. Diese

[1] Der capitalis plegius ist gewöhnlich ein angesehener Mann, der in seinem tithing oder in dem Kirchspiel lebt, dem sein tithing eingegliedert ist. S. Leet jurisdiction in the City of Norwich (ed. Hudson in der Selden Society) 1892 p. LXX ff.

[2] Leet jurisdiction a. a. O. p. LI.

[3] Das Kirchspiel wird vorgeladen, die cap. plegii müssen erscheinen. S. Leet Jurisdiction a. a. O. p. LV. XXXI. p. 52.

[4] Nichtsdestoweniger scheint die gleichzeitige Verpflichtung jedes einzelnen, vor den Assisen der reisenden Richter zu erscheinen, de jure noch bestanden zu haben. Leet Jurisdiction a. a. O. p. 15. 19.

[5] Leet Jurisdiction a. a. O. p. XXVIII. Es heifst dann immer: „capitales plegii praesentant."

Presentments gelten dann als für die ganze decenna (den tithing) abgegeben[1].

Zum Überflusse sei für den Zusammenhang von Sectapflicht und frankpledge noch auf Fleta II c. 52 § 8 u. § 48 im Zusammenhalte mit „Leet Jurisdiction of Norwich“[2] p. 15 und p. 19 verwiesen.

In Beziehung auf die enge Verknüpfung von Sectapflicht und frankpledge gleicht diese Periode der vorhergehenden. Aber eine bedeutende Änderung hat sich in der Zusammensetzung des Grafschaftsgerichts bereits vollzogen. Teilnehmer desselben sind nicht mehr die einzelnen freeholder, sondern die Hundertschaften, villae, villatae, die im Grafschaftsbezirke vorhanden sind. Diese bilden die den einzelnen im Grafschaftsgericht vertretende Einheit („the suit-owning unity“)[3].

Dies dürfte wohl mit dem Umstand zusammenhängen, dafs die Landteilungen sich bedeutend gemehrt, die öffentlich-rechtliche Pflicht der secta aber nur auf einer Parzelle haften bleibt. Wenn A sein Grundstück unter B, C und D teilt, so übergeht die Sectapflicht auch nur entweder auf B oder C oder D[4]. Diese Grundstücksteilungen führen nicht selten dazu, dafs blofs ein Grundstück im Kirchspiel (township) mit der Sectapflicht belastet ist[5]. Die Folge davon ist, dafs man sich bezüglich der Erfüllung der Sectapflicht nicht mehr an den einzelnen, sondern an seine frankpledge[6] oder, wenn diese zur villa, villata, zur Hundertschaft sich erhoben, an diese hält. Denn unmöglich hätten dem reisenden

---

[1] Leet Jurisdiction a. a. O. p. 44: de Martino de Tudenham pro falsa praesentatione eo quod praesentavit .... quae quidem praesentatio non fuit advocata de decennariis suis nec de capitali plegio.

[2] a. a. O.

[3] Pollock a. a. O. I p. 533. 534. Belege dafür s. Three early assize Rolls for the county of Northumberland. Saec. XIII. (ed. Surtees Soc.) p. 112—113.

[4] Pollock a. a. O. I p. 527.

[5] So z. B. Rotuli Hundredorum (ed. Rec. Commission) II p. 488.

[6] Rotuli Hundredorum I p. 97: „Dicunt quod quidem hamletus ... qui vocatur Walletmill, qui facit sectam cum decenna de P...“ ... A. Beispiele Rot. Hundr. I p. 98. 101. 103.

Richter die vorgekommenen Landesteilungen bekannt sein können, um die Verpflichtung des einen oder andern Grundbesitzers beurteilen zu können [1]. Die Villae und Hundertschaften gewinnen dabei den Vorteil, durch Repräsentanten im Grafschaftsgericht erscheinen zu dürfen [2].

Allerdings müssen die Villae einen harten Kampf kämpfen [3], bis ihnen dies gestattet wird. Dieser Kampf erklärt uns auch, wie neben der Kollektivpflicht des Fleckens, der Stadt (villa, villata) auch noch das Individuum persönlich zur Secta verpflichtet war [4]. Die wiederholten Anordnungen unter Eduard I., dafs auch die Repräsentanten der villae genügten, nicht alle Einwohner erscheinen müfsten, spiegeln jenen Kampf deutlich wieder.

b. Die Rechtsprechung im Grafschaftsgericht.

Organe der Rechtsprechung sind in dieser Periode die sectatores (doomsman), Urteilsfinder und die juratores, Geschworenen [5] einerseits, die justiciarii itinerantes [6] andererseits. Als Grafschaftswillen erscheinen in dieser Periode nur die Willensäufserungen der sectatores und juratores. Die justiciarii itinerantes bewahren ihre Sondereigenschaft als Repräsentanten des königlichen Willens [7].

Die Organe des Grafschaftsgerichts, die sectatores und juratores, dürfen wir uns in dieser Periode nicht scharf

---

[1] villa, villata und hundredus können ihre Sectapflicht in Geld ablösen. Rot. Hundr. I p. 97. 101.

[2] So spricht ein Statut aus der Zeit Ed. II. (s. Statutes of the Realm I p. 175) von den ‚hundredors', die im Grafschaftsgericht erscheinen und denen die königlichen Mandate daselbst eingeschärft werden („que les execucions des briefs, que vendroient as viscontes, soient faites par hundredors conus et juretz en plein contee").

[3] Stat. of the Realm I p. 11. 25.

[4] „Leet Jurisdiction of Norwich" a. a. O. p. 15. 19.

[5] Da die That- und Rechtsfrage in den Assisen noch nicht geschieden ist, heifst sowohl der Geschworene wie der sectator bei Bracton noch judex.

[6] Die Gerichtsbarkeit des Sheriffs ist jetzt wohl eine ziemlich geringfügige, beschränkt auf eine niedere Strafgerichtsbarkeit im sheriff tourn der Hundertschaft.

[7] Madox, Exchequer p. 83.

gesondert vorstellen. Nur ungefähr dürfen wir sagen, daſs die sectatores über Rechts-, die juratores über Thatfragen entscheiden. Doch werden mitunter in einem veredictum der Geschworenen auch Rechtsfragen erledigt[1]. Bracton[2] verwendet das Wort judicium entsprechend diesen Verhältnissen bald für den Ausspruch der juratores, bald für das eigentliche Urteil. Daſs übrigens das judicium des Grafschaftsgerichts auch den Wahrspruch der Geschworenen mitumfaſste, geht aus „Placitorum abreviatio“ p. 254[3] hervor:

„Omnis conclusio boni et veri judicii sequitur ex bonis et veris praemissis et dictis juratorum.“

Der Wahrspruch wird hier also als Prämisse eines Schlusses angesehen, welcher durch das Urteil dargestellt wird.

Das judicium, worunter auch in unserer Zeit der Geschworenenwahrspruch fällt[4], ist die Gemeinwillensäuſserung der Grafschaft. Daher wird die ganze Grafschaft pro falso judicio gestraft. So finden wir bei Madox, Exchequer p. 386 Note n:

„Totus comitatus Norfolciae debet XI l pro falso judicio“[5].

---

[1] S. z. B. Parliamentary Writs I p. 383. Dann Brunner, Entstehung der Schwurgerichte S. 284 ff. Pollock a. a. O. II p. 627 f.

[2] Bracton a. a. O. p. 288 b ff. Palgrave a. a. O. II p. CLXXXIII—CLXXXVIII.

[3] S. Placitorum abreviatio (Ric. I. bis Ed. II.) ed. Rec. Commission 1811 p. 254. S. ferner a. a. O. p. 291: „Praesentatio in Leta (court leet) non est fundamentum judicii, eo quod illi, super quos praesentatio facta fuerit, habeant responsionem ad ea, quae super eos praesentata sunt.“

[4] Mit groſser Deutlichkeit geht dies aus einem oben S. 208 f. citierten Rechtsfalle aus den ‚Three assize Rolls for Northumberland‘ hervor. Ferner Year books of the Reign of King Ed. I. ed. Horwood (in den Roll Series) I p. 398.

[5] S. auch Placit. abreviatio I p. 85; Pollock a. a. O. I p. 522. 533. Die Geschworenen werden, wenn sie nicht rechtzeitig gegen das judicium protestieren (Placit. abrev. p. 71), auch gestraft; denn ihr Wahrspruch verschwimmt dann mit dem eigentlichen judicium. Läſst sich jedoch ihr Wahrspruch sondern, was namentlich dann der Fall ist, wenn sie sofort überführt werden können, dann wird nicht mehr der höhere Verband, dem die Geschworenen eingegliedert sind, zur Verantwortung gezogen, sondern nur jener, als dessen Vertretung sie im Gerichte des höheren Verbandes erscheinen. S. ‚Three early assize Rolls‘ a. a. O. p. 347 ff. Mitunter werden die Geschworenen ad personam gestraft, wenn sie nämlich ein Delikt bei ihrem Wahrspruch begehen. S. Bracton a. a. O. p. 288 b ff.

Die Gründe für die Identifizierung von Grafschaftswillen und judicium liegen in der vorigen Periode, die, wie wir sahen, den Gemeinwillen der Grafschaft als im Grafschaftsgericht zur Geltung kommend dachte.

Aus der Identität von Grafschaftswillen und judicium wurde auch die Einstimmigkeit bei Verdikten der Geschworenen als notwendig gefolgert[1].

Der so gebildete Gemeinwille der Grafschaft im Grafschaftsgericht realisiert einen Gemeinzweck, den die Magna Charta in cap. 39 mit den Worten präcisiert:

> „Nullus liber homo capiatur vel imprisonetur aut dissaisiatur aut utlagetur aut aliquo modo destruatur .... nisi per legale judicium vel per legem terrae"[2].

Gemeinwille und Gemeinzweck, die konstituierenden Elemente des öffentlich-rechtlichen Verbandes, sind gegeben. Nach doppelter Richtung hat unsere Periode einen Fortschritt gegenüber der vergangenen zu verzeichnen.

Vor allem wird der schon unter den Normannenkönigen vorhandene Gemeinwille der Grafschaft im Grafschaftsgericht fortgebildet, da die Jury nicht mehr so mechanisch zusammengestellt wird, d. h. einfach nach dem Belieben des vicecomes, wie früher. Die Magna Charta bestimmt cap. 18:

> „Recognitiones de nova disaisina (und die andern) .. non capiantur nisi in suis comitatibus et hoc modo: nos mittemus duos justiciarios per unumquemque comitatum per quatuor vices in anno, qui cum quatuor militibus electis per comitatum capiant .... assissas praedictas."

Hier stellt die Magna Charta das Repräsentationsprincip für die Bildung der Jury auf[3]. Diese tritt nun in sehr

---

[1] S. Pollock a. a. O. II p. 623 f.

[2] Wie lebhaft dieses judicium parium ebenso wie die Jury als öffentliches Gemeininteresse empfunden wurde, geht aus dem Klagelied eines französischen Ritters über das Abhandenkommen der Jury in Frankreich hervor, mitgeteilt von Brunner, Entstehung der Schwurgerichte S. 477. S. auch Reeves, History of English Law vol. I p. 249 ff.

[3] S. darüber vorzüglich Stubbs a. a. O. p. 620 ff.

enge Beziehung zum Grafschaftsverbande und ihr Verdikt wird nun um so eher als Gemeinwille der Grafschaft betrachtet.

Der Gemeinzweck der Grafschaft bildet sich erst in dieser Periode vollkommen aus. Dadurch dafs die Jury eine ständige Form abgeben konnte, in die sich der Gemeinwille der Grafschaft nach Umständen und Verhältnissen beliebig oft giefsen liefs, haben sich die Zweckbeziehungen im Nachbarverbande zu einem Gemeinzweck, den wir oben kennen gelernt haben, kondensiert. Während in der früheren Periode die Jury nur in einzelnen Fällen, beispielsweise bei Leistung einer fine (Gerichtsstrafe), als Beweismittel und zugleich Gemeinwillensäufserung der Grafschaft zur Verwendung kommt, ist die Jury nun ständig geworden und giebt insbesondere, seitdem Assissa und Jurata in unserer Periode verschmelzen [1], zur Bildung jenes Gemeinzwecks Veranlassung.

c. Die Steuereinschätzung und Steuerbewilligung im Grafschaftsgericht.

Während in der vorhergehenden Periode nur die Keime einer Gemeinwillensbildung für die Steuereinschätzung der Grafschaftsangehörigen gegeben sind, in ihrer Entwicklung durch die Kämpfe des Königs mit den Baronen [2] mannigfach gehemmt werden, wird in unserer Periode dieser Form der Gemeinwillensbildung eine geregeltere Anwendung zuteil. Unverkennbar hängt dies mit der das politische Leben damals erfüllenden Bewegung zusammen, dafs das Volk ein Recht auf Zustimmung zu den Steuerauflagen erhalte, wie dies ungefähr [2] durch das c. 14 der Magna Charta, durch die zahlreichen Konfirmationen derselben und schliefslich durch das Statut Eduards I. „de tallagio non concedendo" präcisiert wird.

---

[1] S. Biener, Das englische Geschworenengericht I. Bd. S. 129 ff.

[2] S. Riess, Geschichte des Wahlrechts zum engl. Parlament, 1885, S. 10 ff.

Nur deshalb wird auch die Steuereinschätzung in die Hände der Grafschaftsgeschworenen gelegt. Man sucht auf diese Weise einen Konsens der Grafschaft zu erlangen[1]. Dies folgt insbesondere aus Henr. III. Royal Letters I. Nr. CXXX[2]:

> Ein nach Yorkshire für die Zwecke der Steuereinschätzung abgesandter Kronbeamte berichtet, dafs die versammelten Grafschaftsangehörigen, insbesondere die Vertreter der Grofsgrundbesitzer, die Steuereinschätzung und Steuereinhebung deshalb verweigerten, weil ihre Herren von dieser Steuer überhaupt nichts wüfsten. Der Bericht setzt dann fort: „Unde ipsi (nämlich die Vertreter) dominis suis inconsultis huic tallagio dando non ausi fuerunt consentire, dicentes quod magnates de partibus illis sicut et alii de Anglia vel viva voce domini regis vel ipsius litteris ad hoc faciendum rogari debuerunt."

Hier kommt deutlich zum Ausdruck, dafs die Steuereinschätzung auch als Steuerbewilligung aufgefafst wird. Wir werden dennoch gut thun, diese beiden Angelegenheiten vorläufig gesondert zu betrachten.

Die Steuereinschätzung erfolgt in unserer Periode, viel häufiger als in der vorhergehenden, durch eingeschworene Grafschaftsangehörige, welche — weil im plenus comitatus gewählt[3] — als Repräsentanten der Grafschaft und als ihre Organe angesehen werden.

Die gebräuchlichste Form der Steuereinschätzung ist seit Eduard I. ungefähr folgende[4]: Es werden neben vier

---

[1] Stubbs a. a. O. II p. 224 f.

[2] ed. Shirley (in den Rerum Britannicarum medii aevi scriptores) 1866.

[3] S. Stubbs a. a. O. II p. 223. 224.

[4] Parl. Writs I p. 105 (Nr. 46): „Ce est la fourme que les taxors et les quillors del quinzieme dewent garder en mesme del quinzieme.
C' est a saver primes qe de chescune counte soient quatre Chwaillers chefs taxours et quillours esleuz par ceus de Counte et qe ceus Taxours et quillours en les Countees ou il seron mis par bone fei et bone examinacioun facent eslire de chescun ville de countee quatre ou deus leus hommes ou moins ou plus" . . .

durch die Grafschaft gewählten Haupteinschätzern auch noch Untereinschätzer in den einzelnen villae eingeschworen. Mitunter wird auch eine Mittelinstanz geschaffen, indem eine Anzahl von Hundertschaftsangehörigen ebenfalls zur Einschätzung ihrer Hundertschaft eingeschworen wird[1].

Der Wille dieser Steuereinschätzer gilt als Gemeinwille der Grafschaft bezw. der Hundertschaft oder villa, der jene angehören. — Dies zeigt der Schwur, den die Steuereinschätzer zu leisten haben: Parl. Writs I p. 24 Nr. 24:

> „Ceo est le serment a XII taxurs des Hundred ce est assaver ke bien et leaument a lur poer e a lur ascient taxerunt asserunt les bien et les mobles a checun del Hundred; dunt il sunt solom la fourme, ke baille lur est et solom ceo ke leur est enjoint de par le Roy."

In diesen Schlufsworten ist ihre Doppelstellung[2] als Grafschaftsorgane und königliche Funktionäre deutlich präcisiert[3].

Die Steuerbewilligung der Grafschaft wird gewöhnlich von im Grafschaftsgericht gewählten Grafschaftsangehörigen für die Grafschaft gegeben. Deren Wille gilt als Wille der Grafschaft. So heifst es Parl. Writs I p. 391 Nr. 28:

> „Rex omnibus ad quos t. c. salutem. Cum probi homines et communitas de Comitatu Cestriae quintam decimam omnium bonorum suorum nobis concesserunt..."

ferner Parl. Writs I p. 13:

> „Rex militibus, liberis hominibus et toti communitati Comitatus Suth(amptonensis) salutem. De eo, quod

---

[1] S. Rymer, foedera, conventiones (ed. Record Commission) I p. 177; ferner Parl. Writs I p. 12 (Nr. 10).

[2] S. darüber insbesondere Palgrave a. a. O. I p. 300.

[3] Einen andern Beleg für die im Texte vertretene Ansicht giebt Madox, Exchequer I p. 491 Note a. Die Bürgerschaft der Stadt London, die einer Grafschaft schon damals gleichkommt, verweigert die Steuereinschätzung für die Zwecke einer Tallage per capita. Diese giebt nämlich den Gegensatz zu einer Tallage in communi, wo die Stadt selbst eine fixe Summe ohne Steuereinschätzung zu zahlen hat. Es heifst dann: „et praedicti Thesaurarius et alii voluerunt assidere illud tallagium per capita et quod quilibet juraret catalla alterius" ...

nuper per quatuor milites ex parte communitatis Comitatus praedicti usque ad North. missos curialiter concessistis ....“

So werden dann auch die gewählten Grafschaftsangehörigen in Parl. Writs I p. 10 bezeichnet, als:

„IV milites de utraque comitatuum (Norfolciae et Suffolciae) pro communitatibus eorundem comitatuum habentes plenariam potestatem.“

So stellen die Steuerbewilligung und -einschätzung Gemeinwillensäufserungen der Grafschaft dar. Zur Ausbildung eines selbständigen Gemeinzwecks kommt es hier nicht. Denn Steuerbewilligung und -einschätzung durch die Grafschaft kommen nur öfters vor, sind jedoch nicht gesetzlich [1] vorgeschrieben. Jedenfalls ist das Eingeschätztwerden durch Grafschaftsangehörige als Gemeininteresse empfunden. Dies geht insbesondere aus der sorgsamen Erwähnung der Steuereinschätzungsweise, die bei jeder Steuerbewilligung von den Grofsen des Reichs vorgeschrieben wird [2], hervor.

d. Die Aushebung der Landmiliz.

Diese erfolgte — wie uns bereits bekannt ist — seit der Assize of Arms unter Heinrich II. durch den Sheriff nach vorangegangener Inquisitio der Grafschaftsangehörigen mit Hilfe einer Jury. Die nach ihrem Vermögen für den Waffendienst Eingeschätzten werden eingeschworen und

[1] Gesetzlich vorgeschrieben ist nur die Einschätzung bei Einhebung von amerciaments der ganzen Grafschaft. Mit Bezug auf das c. 20 der Magna Charta wird unter Edw. I. (s. Stat. of the Realm I p. 31) dies gesetzlich normiert. Jenes cap. 20 der Magna Charta sagt nämlich: „et nulla praedictarum misericordiarum ponatur nisi per sacramentum proborum hominum de visneto.“ Es ist aber klar, dafs dies blofs Ansätze zu einem Gemeinwillen sind.

[2] S. Mathaeus Parisiensis, ‚Chronica majora‘ vol. III p. 231: „Provisum est generaliter a praedictis fidelibus“, und folgt die Vorschrift des Steuermodus. S. auch Stubbs, the early Plantagenets, 1876, p. 172. 173. Die Ansätze zur Ausbildung eines Gemeinzwecks gehen jedoch unter Richard II. und Heinr. IV. in das Steuerbewilligungsrecht des Parlaments über. S. Riesz a. a. O. S. 108.

heifsen jurati ad arma. Sie stellen die communa der Grafschaft in Waffen dar (das „posse comitatus")[1].

Der Gemeinzweck, der durch die Landmiliz realisiert wird, ist die Herstellung von Ruhe und Ordnung in der Grafschaft und deren Verteidigung gegen Feinde. Das wird zusammen als watch and ward bezeichnet. Die Verbindung dieser Momente, so unscheinbar sie aussieht, bildet den Punkt, an dem der Gemeinzweck der Grafschaft stets neues Leben bekommt und bis in die moderne Zeit sich erhält. Denn nicht nur die Sicherheitspolizei, sondern auf der Brücke des watch and ward kommt die Wohlfahrtspolizei in der Grafschaft zur Realisierung. Die conservatio pacis kennzeichnet den Übergang in die moderne Zeit. Im Friedensrichteramt, das ursprünglich für die Sicherheitspolizei geschaffen wird, wird auch ein Amt der Wohlfahrtspflege geschaffen.

e. Die Conservatio pacis.

Anknüpfend an das System der Landmiliz (watch and ward) verpflichtet das bekannte erste Winchesterstatut (1285) c. II u. III die Grafschaft, Hundertschaft und den tithing (township) zum sectam-facere, d. i. zur Erhebung des Gerüftes (uthesium) nach einem Übelthäter, zur Gestellung einer Jury vor den nun eigens für die conservatio pacis bestellten custodes pacis und zur Kollektivverantwortlichkeit, wenn der Übelthäter nicht ausfindig gemacht wird. Die Mandate, die zu diesem Behufe an die custodes pacis (a. 1287) ergehen, bestimmen: Parl. Writs I p. 388—390 Nr. 24:

---

[1] Unter Ed. I. taucht der Gedanke auf, nicht blofs die freeholder der Grafschaft und die in-capite-tenentes aufzubieten, sondern auch die vavassores in der Grafschaft. Mit einem Worte, ein Nationalheer soll geschaffen werden. Das Muster zur Einschätzung und Aushebung der vavassores war durch die Assize of Arms gegeben. S. darüber Royal Letters a. a. O. I p. 456. Parl. Writs I p. 285 Nr. 13. 14, I p. 219, I p. 270, und insbes. Stubbs, Const. history II p. 290 f. Insbesondere wird hier gezeigt, wie dieser Gedanke für die socialen Verhältnisse der damaligen Zeit verfrüht war.

„vobis mandamus, quod de roberiis et foloniis infra comm. praedctm. . . perpetr^a^tis . . . . et qualiter de roberiis et feloniis illis satisfactum et cuius modi secte et inquisitiones secundum tenorem statutorum praedictorum postmodum facte fuerint inquiratis . . . .“

Die trinoda necessitas wird sodann in c. IV — VI des Winchesterstatuts eingeschärft. Die Kollektivverantwortlichkeit, die hiebei die Grafschaft, Hundert- und Zehntschaft nach dem Gesetze trifft, ist keine Neueinführung. Sie bestand schon seit der ersten und zweiten Periode unserer Betrachtung. Die hervorstechendsten Pflichten, die von dem System der frankpledge zusammengehalten und durchdrungen, wurden nur je nach Bedarf von Zeit zu Zeit neu eingeschärft, so schon seit der Assize of Arms Henr. II.

Neu ist in dem Winchesterstatut nur die gesetzliche Einführung eines neuen Elements in den Grafschaftswillen. Noch in den ersten Jahren Eduards I. nahmen die custodes pacis eine Stellung aufserhalb des Rahmens der Grafschaft ein[1]. Aber allmählich und zwar noch in den späteren Regierungsjahren Eduards I.[2] wird dem Gemeinwillen der Grafschaft, wie er sich für die Zwecke des watch and ward bereits gebildet hat, dies neue Element eingefügt. Zuerst wohl so, dafs der Sheriff zum custos pacis bestellt wird[3], mit oder ohne andere Delegierte des Königs. Meistens werden diese bis zur Zeit Eduards III. von der Grafschaft gewählt. Eduard III. verfügt nun im Jahre 1360, dafs sie vom Könige ernannt werden, jedoch in der Grafschaft ansässig sein müssen.

Daher können wir behaupten, dafs sich die neue Institution der Friedensrichter ohne weiteres vollkommen in den Rahmen der Grafschaft einfügte.

Der Gemeinwille des Grafschaftsgerichts, wie er sich

[1] Parl. Writs I p. 388 Nr. 24, I p. 384 Nr. 9.

[2] Palgrave a. a. O. I p. 311 ff.

[3] Parl. Writs II, 2 p. 6 Nr. 20, p. 11 Nr. 55, p. 17 Nr. 6, p. 76 Nr. 36—38.

in der Friedensbewahrung zeigt, ist kein anderer, wie für die Zwecke der Kriminalassissen. Die Friedensrichter judizieren gleich den justices of oyer and terminer über Verbrechen (roberiae und feloniae). Sie sind auch anfangs dazu berufen, die unzureichende und ungleichmäfsige Thätigkeit jener reisenden Richter zu ergänzen.

Allmählich kommt ihnen auch eine Verwaltungsjurisdiktion in Verbindung mit einer Jury zu. Sie sollen untersuchen, wer als „Kipper" und „Wipper" die Münzen beschneide, ob verbotene ‚Conventicula' abgehalten werden, ob unbefugterweise das königliche Fischereiregal verletzt werde u. a. m.[1].

Wie das Grafschaftsgericht in dieser Thätigkeit einen Gemeinwillen der Grafschaft darstellt[2], so werden auch die Friedensrichter als Teil dieses Kollektivwillens gedacht. Doch müssen sie für gewöhnlich kollektiv vorgehen. Vorläufer der uns bekannten Quorumklausel finden sich schon unter Eduard II.[3]. Ein selbständiger Gemeinzweck bildet sich hier nicht. Er fliefst unter dem terminus ‚jurisdiction' mit der Rechtsprechung zusammen.

f. Aufserordentliche Funktionen des Grafschaftsgerichts.

So wird zur Erforschung von üblen „Gewohnheiten" der Grafschaft (de inquirendis pravis consuetudinibus)[4], zur Erforschung der Forstfreiheiten einer Grafschaft[5] eine Anzahl vom Grafschaftsgerichte gewählter milites als Jury eingeschworen. Vier vom Grafschaftsgerichte gewählte Ritter sollen die Beschwerden der Grafschaft vor den König[6] und

---

[1] Parl. Writs II, 2 p. 76 Nr. 36—38, II, 2 p. 11 Nr. 55.
[2] Parl. Writs II, 2 p. 7 Nr. 31.
[3] Parl. Writs II, 2 p. 76 Nr. 36—38: „Assignati fuerunt Rot. fil. W., Thom. de S., Wills. de G. et Rob. de M. . . tres vel duo eorum quorum alterum ipsorum Will. et Rob. Rex vult unum esse in forma praedicta in Comm., quibus prius assignati fuerunt."
[4] Rotuli litterarum patentium (ed. Record Commission) I p. 180.
[5] Rot. claus. I p. 498 b.
[6] Rot. claus. II p. 153, II p. 212.

seine Delegierten bringen. Unter Eduard I.[1] werden von jeder Grafschaft zwei Ritter, die vom Grafschaftsgerichte gewählt werden, abgesandt: „cartas super confirmatione nostra cartarum praedictarum et litteras nostras super dicta concessione pro ipsa communitate recepturi ...“

Diese angeführten Fälle interessieren uns hier, abgesehen dafs sie uns Gemeinwillensäufserungen der Grafschaft in reicher Mannigfaltigkeit zeigen, auch noch deshalb, weil sie dem Gedanken Ausdruck geben, dafs die Grafschaft als öffentlich-rechtliche Verbandseinheit durch die im Grafschaftsgerichte gewählten Ritter vertreten werde. So hat sich der Repräsentationsgedanke für die Grafschaft durchgerungen.

C. Die Grafschaft als passiv öffentlich-rechtlicher Verband, als „communa“.

Wie wir nun nachgewiesen zu haben glauben, hat die Grafschaft in unserer Periode einen eigenen, von dem des Staats gesonderten Gemeinzweck und einen Gemeinwillen, der auf Realisierung dieses Gemeinzwecks gerichtet ist. Dieses sind konstituierende Merkmale eines öffentlich-rechtlichen Verbandes. Damit glauben wir dem Einwand zu begegnen, den wir oben vorweggenommen und der dahin gehen könnte, dafs wir uns hier von dem irreleiten liefsen, was von uns Anthropomorphismus der Vergangenheit genannt wurde[2].

Noch bleiben die Fragen zu beantworten: Was ist für unsere Zeit das juristische Kriterium eines öffentlich-rechtlichen Verbandes? Was ist das Kriterium der juristischen Person? Und wie verhalten sich diese Kriterien zum Grafschaftsverband?

In Gesetzestexten und Urkunden[3] wird zur Bezeich-

[1] Parl. Writs I p. 56 Nr. 12.

[2] S. oben S. 175.

[3] S. statt aller, Parl. Writs I u. II, 2 im sog. Calendar of Elections and Returns.

nung einer Stadt, einer Grafschaft der Ausdruck ‚communa' gebraucht. Es giebt einen technischen Ausdruck ‚communa' und einen untechnischen[1], in dem das steckt, was wir als Anthropomorphismus der Vergangenheit bezeichneten. Die konsequente juristische Anwendung des Ausdrucks ‚communa' auf Städte und Grafschaften läſst erkennen, daſs wir es hier mit einem juristischen terminus zu thun haben[2].

Jedes Zweifels überhebt uns Bracton[3], der im Anschluſs an Azo unter den juristischen „universitates" die Städte aufzählt. Faſst er sie jedoch als juristische Personen? Durchaus nicht. Vor allem geht dies daraus hervor, daſs er der ecclesia juristische Persönlichkeit zuschreibt, also die juristische Person in ihrer Form als Anstalt kennt[4], von den Städten aber nur im Anschluſs an Azo[5] zu berichten weiſs, daſs die res universitatis nur eine res communis (sc. omnium civium) sei[6]. — Erwiesenermaſsen kennt Bracton den Korporationsgedanken noch nicht[7]. Bracton giebt uns das Kriterium, was für die damalige Zeit als juristische Person galt. Es sind die kirchlichen Anstalten. Ihre Anwendung auf unsere Verbände entfällt. Ferner taucht der Korporationsgedanke erst im 15. Jahrhundert in England auf[8]. Die ‚Communa' im technischen Sinne ist daher ein öffentlich-rechtlicher Verband und dennoch keine juristische Person. Also auch die Grafschaft. Also auch die Stadt.

---

[1] Pollock a. a. O. I p. 520 ff.

[2] Pollock a. a. O.

[3] Bracton citiert bei Pollock a. a. O. I p. 479 f. Note 1.

[4] Bracton a. a. O. p. 226 b: „Et cum ecclesia fungatur vice minoris ac quiritur per rectorem et retinet per eundem sicut minor per tutorem." S. Pollock a. a. O. I p. 481 ff.

[5] S. ‚Bracton and Azo', Select passages, ed. Selden Society 1896, p. 171.

[6] Allerdings kommen bei Bracton, ähnlich wie bei Azo, Ansätze zum civilrechtlichen Korporationsgedanken vor, insbes. die Unterscheidung ‚dominio et usu' und ‚dominio et fructu'. S. darüber ‚Bracton and Azo' a. a. O. p. 95 ff., aber auch Pollock a. a. O. I p. 480 N. 1.

[7] S. ‚Bracton and Azo' a. a. O. p. 95 ff.

[8] S. oben S. 174 und die dort Citierten.

Doppelt schwer fällt — nach den vorausgegangenen Erörterungen — ins Gewicht, dafs beispielsweise die gleichzeitigen Verfassungen der Städte in der Normandie nach den neuesten Untersuchungen von Giry[1] und Glasson[2] juristische Personen des Civil- und Lehenrechts sind. Als solche üben sie ihre Jurisdiktions- und Administrationsgewalt, ihr Besteuerungsrecht. Nichts von alledem in England[3]. Hier sind die Privilegien der Städte nur Reflex objektiven Rechts[4]. Den Städten Englands geht die juristische Persönlichkeit ab, was um so bemerkenswerter ist, als der für die Stadt gebrauchte Begriff „communa" aus Frankreich herübergekommen ist[5].

Die Grafschaft ist wie die Stadt eine ‚communa', ist als solche öffentlich-rechtlicher Verband, hat kein vom Staate abgeleitetes imperium zu subjektivem Recht, ihr Kollektivwillen wird durch entsprechende Verteilungen von Rechten und Pflichten an die einzelnen Grafschaftsangehörigen gewonnen. Der Kollektivwillen der Grafschaft realisiert einen Gemeinzweck, der vom Staatszweck gesondert ist. Die Grafschaft hat mitunter wie die Stadt Privilegien, die aber nur als Reflex objektiven Rechts ausgeübt werden[6]. Die Grafschaft ist sonach ein passiv öffentlich-rechtlicher Verband.

---

[1] Giry, les établissements de Rouen, 1883, in der Bibliothèque des hautes études, vol. 55 p. 19—23, 26—40.

[2] Glasson, histoire du droit de la France t. V p. 36—42.

[3] So hat z. B. die Stadt Northampton in den Rot. Hundredorum II p. 13 folgende Privilegien: „. . . liberam curiam suam . . . . returnum et exactas brevium et prisonam . . . quatuor coronatores . . assissa pacis et servitia et omnes alias libertates" . . . Ähnlich der Inhalt einer Charte von Kingston upon Hull bei Madox, ‚Exchequer' p. 291 ff. Andere Beispiele von Charten bei Stubbs, ‚Select Charters' p. 307—315. Die Privilegien der englischen Städte haben also ungefähr den gleichen Inhalt von Befugnissen wie die Städte in der Normandie, aber nicht, wie diese, zu subjektivem Rechte.

[4] Sie können vom König nach Belieben zurückgenommen werden. Madox a. a. O. p. 283 Note l. Madox, firma burgi p. 163 r, 163 t, 164 w, 164 x, 253 v.

[5] S. Madox, firma burgi p. 35. Stubbs a. a. O. I p. 458 f.

[6] S. Madox, ‚Exchequer' p. 279; ferner Madox a. a. O. p. 290 Note t u. p. 290 Note s. Es heifst dann für gewöhnlich „quamdiu regi placuerit."

Auf den ersten Blick könnte man nun, namentlich mit Rücksicht darauf, daſs die Städte, also auch ‚communae‘, im 15. Jahrhundert durch Inkorporationscharten juristische Personen des Civilrechts werden, glauben, daſs unsere Grafschaften in jener von uns oben gezeichneten Gestalt unvollkommene Bildungen von juristischen Personen, Vorstufen zu solchen repräsentierten.

Gegen diesen Einwand schützt uns die Thatsache, daſs die Grafschaft-‚communa‘ noch im 18. Jahrhundert, ja selbst in unserm Jahrhundert als öffentlich-rechtlicher Verband vom Rechte erfaſst wird[1]. Die Dauer von 5—6 Jahrhunderten hat, wie ich glaube, gegenüber jedem Einwand unserm Grafschaftsverband die Qualität eines eigenartigen öffentlich-rechtlichen Verbandes gewissermaſsen ersessen.

Seine groſsartigste Kraftäuſserung entfaltet unser passiv öffentlich-rechtlicher Verband der Grafschaft in dieser Periode, d. i. im 13. Jahrhundert: er entsendet als öffentlich-rechtliche Einheit Repräsentanten zum Parlament. Ich sage deshalb: eine Kraftäuſserung, weil die Entsendung von Repräsentanten die Grafschaft als Verbandseinheit schon voraussetzt.

Ein Blick auf die Verfassungskämpfe des 13. Jahrhunderts seit Simon von Montfort[2] zeigt, daſs sich dieser geniale Mann das ganze Reich in Grafschaften und Städte als Verbandseinheiten zerlegt dachte, in ‚communae‘[3], die die ‚grande commune‘ des Reichs bilden. Durch Entsendung von Repräsentanten dieser Verbandseinheiten sollte im Parlament der Gemeinwille des Reichs zum Ausdruck kommen.

Abgesehen von diesem Plan Montforts geht aus der eigentümlichen Zusammensetzung des Grafschaftsgerichts (plenus comitatus) für die Zwecke der Wahl zum Parlament

---

[1] Pollock a. a. O. I p. 521 Note 1.

[2] Stubbs, Const. history a. a. O. II p. 195 ff.

[3] Ducange, Glossarium erwähnt vol. III p. 452 zu „communa“: „non semel apud Radulfum de Diceto et Rogerum Hoveden“, woraus hervorgeht, daſs eben eine technische Bedeutung von „communa“ im 13. und 14. Jahrh. vorhanden war, aber ausschlieſslich in England.

hervor, daſs die Grafschaften in ihrer Eigenschaft als Verbandseinheiten ihre Vertreter entsenden. Erwiesenermaſsen[1] ist in unserer Periode der Pflichtcharakter, der sonst dem Besuche des Grafschaftsgerichts anhaftet, für Wahlzwecke nicht mehr vorhanden. Hält man dazu die Thatsache der notwendigen Einstimmigkeit und vergleicht damit das Resultat der Wahl, daſs die Gewählten als Vertreter der Grafschaft galten, so muſs man die Grafschaft als schon bestehende Verbandseinheit voraussetzen. Wenn wir unser modernes Wahlsystem uns vor Augen halten, so bewirkt erst die Vereinigung bestimmt qualifizierter Wähler und die Majorität, die in der Wahlversammlung den Ausschlag giebt, daſs man die gewählten Abgeordneten als Repräsentanten der Wahlversammlung resp. der Interessengruppe, der die Wahlversammlung entspricht, auffaſst. Wenn nun in unserer Periode für das englische Wahlsystem im Grafschaftsgericht das Gegenteil von alledem gilt, muſs sich nicht, wenn trotz allem noch die Gewählten als Repräsentanten aufgefaſst werden, der Gedanke, daſs die Grafschaft eine Verbandseinheit sei, vollkräftig im Bewuſstsein der Bevölkerung durchgedrungen haben, so sehr, daſs man beispielsweise von der besonderen Qualifikation der Wähler absehen konnte?!

Resultat.

Wenn für jede der überblickten Rechtsperioden ihr Anteil an der Entwicklung des passiv öffentlich-rechtlichen Verbandes, insbesondere der Grafschaft, vindiziert werden soll, so werden wir sagen, daſs die angelsächsische Periode die Friedensbürgschaft zeitigte, die die Ausgestaltung der Hundert- und Zehntschaft aus ehemals staatlichen Verwaltungsbezirken zu passiv öffentlich-rechtlichen Verbänden

---

[1] Riess, Geschichte des Wahlrechts zum englischen Parlament, 1885, S. 44—58.

bewirkte; daſs die Normannenzeit durch die eigentümliche Verknüpfung von Sectapflicht und frankpledge die Hundert- und Zehntschaft dem Grafschaftssystem einfügte und damit einen Gemeinwillen der Grafschaft erzeugte; daſs schlieſslich die Periode der Plantagenets mit Hilfe der Einführung der Jury einen Gemeinzweck der Grafschaft ausbildete. So entstand die Grafschaft als passiv öffentlich-rechtlicher Verband, der Kern des englischen Selfgovernments.

Pierer'sche Hofbuchdruckerei Stephan Geibel & Co. in Altenburg.

FSC
www.fsc.org
MIX
Papier | Fördert gute Waldnutzung
FSC® C083411

Kolibri 360 GmbH
Ferdinand-Jühlke-Straße 7
99095 Erfurt, Deutschland
produktsicherheit@kolibri360.de